미치게
만드는
브랜드

미치게
만드는
브랜드

가심비의 시대 마음을 사로잡는 브랜드의 비밀

에밀리 헤이워드 지음 | 정수영 옮김

알키

영원한 베스트 프렌드, 미셸에게

이 시대 새로운 마케팅의 원리를 가르쳐주는 지극히 실용적인 설명서이다. 명확
하고, 유용하고, 숨이 탁 트일 만큼 명쾌하다. 팀 전체에 한 권씩 나눠주기를 권
한다.
— 세스 고딘, 《마케팅이다》 저자

명쾌하고 매력적인 브랜드 지침서이다. 어떤 새로운 일을 벌이든 '브랜드'가 왜
가장 근본적이고 인간적이며 매력적인 요소인지, 또 브랜드가 왜 기업의 얼굴만
이 아니라 DNA인지 알려준다. 기업의 존재 이유를 끊임없이 고민하게 하는 책
이다!
— 데이비드 벨, 아이디어팜벤처스 공동창업자 및 회장

우리는 모두 마음속에 '덕력'을 장착하고 있다. 아닌 척해도 다 안다. 왜인지 알
고 싶은가? 이 책이 보여줄 것이다.
— 샐리 호그셰드, 〈뉴욕타임스〉 베스트셀러 《당신을 보는 세상의 관점》, 《세상을 설득하
는 매혹의 법칙》 저자

나는 기업에 투자할 때 보통 사업모델이 경쟁력 있고 참신한지, 소비자를 진심
으로 이해하는 브랜드 만들기에 얼마나 초점을 맞추는지 살핀다. 이 책에서 에
밀리 헤이워드는 브랜딩의 실제 원리가 무엇인지, 그리고 브랜드가 왜 중요한지
펼쳐 보인다. 잠시도 눈을 뗄 수 없을 만큼 매혹적인 책이다.
— 커스틴 그린, 포어러너벤처스 공동설립자

우리가 캐스퍼를 창업했을 때 무엇을 어떻게 결정하든 브랜드 전략부터 생각했다. 에밀리 헤이워드는 이 책에서 그 비결을 제시한다. 창업하려는 사람이라면 반드시 읽어야 할 책이다.
— 필립 크림, 캐스퍼 공동창업자 및 CEO

스타트업 지형도는 시시각각 바뀌지만, 우리는 어느 산업이든 브랜드의 힘을 이해하는 사람에게 투자하기 위해 촉각을 곤두세운다. 브랜드를 제대로 잡고 싶은 창업자에게 에밀리의 귀중한 조언이 든 이 책은 필독서이다.
— 벤 레러, 레러히포 매니징파트너, 그룹나인미디어 CEO

시장 변화에 유연하게 적응할 수 있는 브랜드, 새로운 시장을 개척하고 고객과 각별한 관계를 맺는 브랜드를 만들고 싶지 않은 창업자나 마케터가 있을까. 이 책은 그런 창업자와 마케터가 활용할 수 있는 명확하고 알찬 설계도이다.
— 니르 이얄, 베스트셀러 《훅》, 《초집중》 저자

브랜드의 성공 방정식에 에밀리 헤이워드보다 깊이 통달한 사람은 없다. 이 책에서 헤이워드는 우리에게 감동을 주고 우리 일상을 풍성하게 해주는 여러 브랜드의 DNA를 밝힌다. 브랜딩 기술과 교훈을 정밀하게 분석함으로써 헤이워드는 우리들이 제품과 산업을 완전히 바꿀 브랜드를 만들고 이끌 수 있도록 훈련시킨다.
—스콧 벨스키, 비핸스 창업자, 《루틴의 힘》 공저자

미치게
만드는
브랜드
OBSESSED

  나와 긴밀히 협업한 기업들을 책 본문에 레드앤틀러Red Antler의
고객으로 명시했다. 다른 사례들은 내가 소비자로서, 또 브랜드 만
드는 사람으로서 관찰한 내용을 담았으며 사례 속 기업은 나와 직접
적인 관련이 없다. 둘 중 어느 경우든 이 책에 등장하는 대다수의 기
업은 아직 한창 역사를 만들어가는 중이다. 그러다 어떤 기업은 어
쩔 수 없이 실패를 맛보고 어떤 기업은 불미스러운 스캔들에 휘말릴
지 모른다(이미 휘말린 곳도 있고). 이 책을 쓰던 중에도 이런 창업자
가 연일 뭇매난을 받거나, 저런 기업에 대한 불매운동이 벌어지면서
원고를 다시 수정해야 했다. 그렇다고 출간 후에도 서가에 꽂힌 책
을 일일이 끄집어내 손을 댈 수는 없는 노릇이다. 현재 진행형인 브
랜드의 이야기를 책으로 쓰려면 이 정도 위험부담은 안고 가는 수밖
에. 책에 실린 기업들은 브랜드 만들기의 정석을 제시해 내가 존경
과 애정 어린 눈으로 바라보는 기업들이지만, 브랜드를 다루는 건
사람이고 사람이란 불완전하기 마련이다. 요즘 스타트업 문화가 이
상을 추구한다 해도 마찬가지다. 설명이 길었지만 결론적으로 나는
이 책에 실린 어느 팀이든 과거, 현재, 미래의 옳지 않은 행동은 절
대 두둔하지 않는다. 그러니 창업자 여러분, 잘합시다. 알았죠?

벤처캐피털에서 일하거나 스탠퍼드 MBA 출신이 아니어도 우리가 스타트업 혁명의 시대에 살고 있다는 것쯤은 어렵잖게 알수 있다. 만약 당신이 인스타그램 피드를 넘기다가 아름다운 광고를 보게 된다면 아마도 예전부터 쭉 좋아했던 브랜드가 아닌 처음 보는 브랜드일 것이다. 그만큼 사업을 시작하는 문턱은 하루가 다르게 낮아지고 있으며, 매일 새로운 브랜드가 두더지잡기 게임처럼 엄청난 속도로 고개를 내민다. 과거 시장진입을 통제하던 중간 세력은 완전히 사라졌다. 이제는 TV 광고비를 내거나 대형유통점 진열대를 차지하지 않고도 사람들 앞에 나설 수 있다. 누구나 어느 분야에든 뛰어들 수 있는 상황에서 전통적인 브랜드 강호들은 무수히 많은 소규모 기업들이 제 사업을 야금야금 뺏어먹는 광경을 빤히 보게 됐다. 사업 영역마다 하나둘 지각변동이 일어나 경쟁이 치열해지면서 이제는 대단한 아이디어나 뛰어난 가격경쟁력, 빠른 배송만으로는 승리를 장담할 수 없다. 창업자들은 개시 첫날이 아니라 **그전부터** 브랜드에 대해 고민해야한다. 처음 브랜드를 구상할 때부터 기업 문화에 브랜드가 깊이 새겨져야 한다. 사람들이 첫눈에 홀딱 반하는 브랜드는 출시하기 전부터 만들어져 있어야 한다.

시장의 법칙이 늘 이랬던 건 아니다. 나는 2001년 대학을 졸업한 뒤 대형 글로벌 광고기획사에 입사해 잘나가는 대형 브랜드 업무를 여럿 맡았다. 대부분 글자 그대로 100년 전부터 쭉 존재해왔던 브랜드였다. 우리 광고기획사의 임무는 새로운 TV 광고를 제작해 익숙한 물건에 새 바람을 불어넣어 관심을 끄는 것이었다. 이 일을 하며 나는 지구상에서 가장 오래된 거대 소비재 기업들이 브랜드를 어떻게 만들어 가는지, 그리고 이 기업들이 얼마나 철두철미하게 타깃 고객층을 정의하고 소비자를 연구하고 단순명쾌한 브랜드 전략을 개발한 후 그 브랜드 전략을 중심으로 커뮤니케이션을 펼치는지 어마어마하게 배웠다. 일이 더할 나위 없이 좋았고, 내 생애 가장 명석하고 창의적인 사람들을 만났다.

하지만 몇 년이 지나자 점점 좌절감이 밀려왔다. TV 광고의 위력은 날로 추락했고 우리는 이제 아무리 애써봐야 무의미하게 느껴지는 브랜드를 놓고 신선한 메시지를 개발하라는 임무를 떠안았다. 메시지가 신선해 봐야 브랜드나 제품에 달라지는 것 하나 없는데도 말이다. 그때쯤 누가 내 직업을 물으면 나는 '올해는 요거트에 대해 뭔가 참신하게 할 말 없을까?'를 고민한다고 말하기 시작했다. 딱히 답이 있을리 없었다. 엉뚱한 문제에 매달리는 느낌이었다.

변화를 모색하던 중, 친구이자 나중에 공동창업자가 된 제이비JB가 자신이 운영하는 어느 뉴질랜드 크리에이티브 기획사의 뉴욕지사를 함께 운영하자고 제의했다. 때는 2006년이었고 뉴욕에는 스타트업 물결이 막 일기 시작할 무렵이었다. 작은 에이전시였으니 막 사업을 시작하는 창업자들을 찾아 만나기 시작했다. 사람들의 행동방식을 근본적으로 바꿀만한 매력적인 사업 아이디어를 손에 든, 현실의 중요한 문제를 해결하기 위해 혁신을 하려는 사람들이었다.

창업자들이 특별히 광고가 필요한 건 아니었다. 적어도 그때까지는 말이다. 하지만 대화를 나눠보니 브랜드를 어떻게 구축해야 하는지, 아니면 브랜드를 구축한다는 게 대체 무슨 의미인지 거의 모르는 듯했다. 기회가 보였다. 지금껏 대형 글로벌 브랜드와 일하며 배운 것을 전부 동원해 원하는 방향으로 직접 새로운 사업을 세우고 키울 수 있을 터였다.

우리는 브랜드가 사업 성장의 동력이라고 굳게 믿었고, 기업이 브랜드적 사고Brand thinking를 일찍 도입할수록 빠르게 성공 가도에 들어선다고 생각했다. 우리는 그 길로 독립해 2007년 '레드앤틀러'를 세웠고, 그동안 여러 창업자와 동고동락하며 이들이 아주 일찍부터 브랜드 관점을 적용하게 도왔다.

세월이 흘러 레드앤틀러는 직원이 100명 넘는 회사로 성장했지만, 여전히 대부분의 고객이 스타트업이다. 그동안 전 세계에서 가장 큰 성공을 거둔 매력적인 브랜드를 만드는 데 결정적인 역할을 했고 수십억 달러의 가치를 창출해왔다. 우리 고객 중 절반은 아직 '준비 단계'에 있다. 우리는 창업자 팀과 사업 시작 전부터 만나 이들이 브랜딩 관점에서 소비자 경험 전체를 구축할 수 있도록 돕는다.

레드앤틀러를 처음 시작했을 때는 과연 창업자가 제품과 시장의 궁합을 증명하기도 전에 브랜드에 투자하는 게 맞는지 회의적인 시선이 많았다. 하지만 우리 철학은 '자주 말고 미리부터 브랜딩하라'이다. 초기 IT 기업들이 열광했던 '린스타트업('자주 거듭해서 테스트하라'는 철학을 유행시킴-옮긴이)'이나 '테스트가 성공의 열쇠'라는 관점에 정면으로 반박하는 생각이다. 오늘날처럼 1초에 기업이 하나씩 생겨나는 수준의 환경에서는 마치 소프트웨어를 개발하듯 아이디어를 내놓고 반응이 괜찮은지 살핀 뒤 여러 번 반복 수정해서는 성공할 수 없다. 지금 당신이 새로운 사업을 시작하려 한다면, 틀림없이 누군가가 똑같은 사업을 구상하고 있을 것이다. 이런 현상은 할리우드에서 종종 벌어지는데, 주제가 거의 똑같은 영화 두 편이 같은 해에 개봉하는 어이없는 경우다. 아이 이름도 마찬가지다. 이렇게 독창적인 이름이 또 있을까 감탄했건만 놀이터에 가면 말로가 4명이나 있다!

한 창업자가 어떤 문화의 흐름과 시장의 틈새를 보고 소비자 직접판매direct-to-consumer, DTC 콘택트렌즈 사업을 시작한다면, 다른 누군가도 같은 흐름과 틈새에 이끌려 똑같은 사업을 구상할 것이다. 특정 트렌드가 부상하기까지 걸리는 시간도 훨씬 짧아졌다. 예전에는 한 해에 걸쳐 유독 한 분야에 신규 사업이 몰리는 현상을 볼 수 있었다. 지금은 한 달 새에도 거의 똑같은 사업을 구상하는 고객을 세 팀이나 마주칠 때도 있다. 과거보다 무언가를 시작하기 훨씬 쉬워졌기 때문에, 또 기술의 발전으로 시장 진입의 문턱이 낮아졌기 때문에 이제 성패를 가르는 건 결국 브랜드이다.

Q. 알겠는데, 그래서 브랜드란 무엇인가?

브랜드의 중요성을 전통적인 '브랜딩', 즉 이름, 로고, 서체, 색, 슬로건과 혼동하지 말자. 이런 요소들은 무척 중요하긴 하지만 전체 중 한 부분일 뿐이며, 브랜드의 본질을 겉으로 표현하는 수단일 뿐이다. 사람들 눈에 보이는 부분이 있고(중요함) 사람들이 느끼는 부분(더 중요함!)이 있다. 앞서가는 브랜드는 사람들이 중요하게 여기는 가치를 담기 때문에 깊은 유대감을 형성할 수 있다. 그래서 브랜드라고 말하지만 실제로는 기업 본연의 가치관이 무엇인지를 뜻한다. 오늘날 소비시장에서 성공을 주도하려면 브랜드가 껍데기에 그치지 않고 사업에 속속들이 녹아있어야 한다. 창업자들은 흔히 '브랜딩'을 중요한 문제를 해결한 후에나 걱정할 문제, 그러니까 가장 마지막에 해치울 숙제라고 생각한다. 하지만 틀려도 한참 틀린 생각이다. 브랜드는 어떤 기업이 행동거지를 어떻게 할지 늘 현재 진행형으로 알려주는 등대여야 한다. 당신이 스타트업 창업자이든 창업을 꿈꾸는 사람이든 브랜드 마케터든 처음부터 브랜드를 제대로 갖춘 기업을 보며 끊임없이 배워야 한다. 이들이야말로 시장을 휘어잡을 주자들이며, 얼마 지나지 않아 이들이 없던 세상을 상상하기 힘들 정도로 우리 일상이 될 기업이다. 이런 기업은 업계를 완전히 바꿔놓아 다른 기업들의 본보기가 된다. "샤워캡, 강아지 사료, 세탁 세제계의 와비파커Warby Parker가 될 테야" 식으로 말이다.

이렇게 업계를 새로 개척하는 브랜드는 하루아침에 반짝 뜬 것 같지만 실제로는 소비자들이 회사의 존재조차 모를 때부터 주도면밀한 작업을 시작했다. 창업자들을 만나면 하나같이 과거 성공사례와 비교하며 자기 사업은 비교도 안 될 만큼 더 어려운 상황이라 말한다. 예를 들어 우리 고객 중 한 곳인 매트리스 회사 캐스퍼Casper보다 훨씬 어려운 상황이라고 설명한다. 그때마다 나는 캐스퍼가 그 자리에 오르기 전에는 침대 매트리스를 온라인으로 판매할 수 있다고 생각한 사람이 없었다고, 이 아이디어를 비웃은 투자자가 한둘이 아니라고 설명해줘야 한다. 브랜드를 만들고 사람들이 홀딱 빠진 다음에야 캐스퍼의 성공이 처음부터 예견된 듯 당연시되었다고 말이다. 인기 브랜드가 쉽게 자리 잡은 것처럼 보이는 이유는 이런 기업이 너무 자연스럽고 인간적으로 소비자와 유대감을 쌓기 때문에 마치 방금 만났어도 평생지기 같은 느낌을 주기 때문이다.

이 책에서는 캐스퍼나 스위트그린Sweetgreen, 올버즈Allbirds, 와비파커, 글로시에Glossier 같은 앞서가는 브랜드의 주요 성공 원리를 훑어볼 것이다. 책 전반에서 설명하겠지만 어떤 브랜드는 내 고객이자, 브랜드가 주도하는 고객 경험을 만들기 위해 레드앤틀러와 긴밀히 협력한 기업들이다. 다른 브랜드는 내가 소비자로서, 그리고 브랜드를 창조하는 사람으로서 높이 평가하는 기업들이다. 이 브랜드들을 소재로 새 시대의 새로운 브랜딩 원리를 살펴봄으로써 업계를 새로 개척하는 사업을 일구려면 어떤 특성이 필요한지뿐 아니라, 이러한 젊은 기업들이 전체 게임의 판도를 어떻게 바꿔가고 있는지 설명하겠다.

1장에서는 사람들을 위해 해결하려는 문제와 사람들의 진정한 요구needs를 모든 기업 활동의 토대로 삼는다는 게 어떤 의미인지 살펴보겠다. 그럼으로써 꼭 필요한 제품을 만든다는 게 어떤 의미인지 함께 짚어보겠다.

2장에서는 기능적인 사고를 뛰어넘어 진정한 감성적 편익에서 출발한 브랜드를 만드는 일이 얼마나 중요한지 이야기할 것이다. 브랜드의 감성적 울림이 왜 그저 사탕발림에 그치지 않고 기업이 실제로 제공하는 가치와 직결되어야 하는지, 그 이유를 함께 살펴볼 것이다.

3장에서는 오늘날 성공한 브랜드들이 소비자가 자신을 보는 눈, 즉 자아인식과 자아정체성에 어떻게 다가서는지, 기업의 가치관을 고객들에게 어떻게 맞춰가는지 살펴볼 것이다.

4장에서는 커뮤니티를 일구는 브랜드를 소개하겠다. 고객과 고객 사이의 유대감을 성공적으로 만들어가는 브랜드의 저력을 이야기할 것이다.

5장에서는 집중의 중요성을 설명하고, 요즘 가장 잘나가는 브랜드들이 자기가 누구를 위한 브랜드인지, 어떤 가치를 내세우는지 두려움 없이 당당히 선언하는 모습을 소개할 것이다.

6장은 관행을 깨고 소비자의 인식을 바꾸는 이야기이다. 과거에는 그 누구도 브랜드에 관심조차 없던 업계에서까지 고정관념을 허물고 소비자의 마음을 얻은 브랜드 사례를 살펴볼 것이다.

7장에서는 브랜딩에서 일관성이 중요하다는 오랜 신화를 떨

처버리고 오늘날 브랜드 전략에서 긴장감과 의외성이 얼마나 결정적인 역할을 하는지 함께 보겠다.

마지막으로 8장에서는 창업자의 역할을 점검해보고 기업이 인간적인 면모를 드러냄으로써 소비자에게 사랑받는 경우를 소개하겠다.

이 책 곳곳에서는 에어비앤비나 에버레인Everlane, 스위트그린처럼 대성공을 거둔 기업부터 아직 가파르게 성장 중인 스타트업까지 생생한 사례를 통해 사랑받는 브랜드를 처음부터 일군다는 게 어떤 의미인지 살펴볼 것이다. 여기 등장하는 기업들은 소비자와의 모든 접점, 그러니까 고객센터 응대부터 웹사이트에서 제품을 구매하고 창업자의 인터뷰 기사를 읽는 순간까지 '브랜드'로 각인된다는 사실을 제대로 이해하고 있다. 뛰어난 브랜드는 고객 여정 전반에서 한쪽에는 신선함과 의외성, 다른 쪽에는 깊고 친밀한 유대감을 놓고 절묘하게 균형을 잡는다. 이런 브랜드에서는 무언가를 팔거나 설득하려는 느낌이 들지 않는다. 그보다는 가치관이 통하는 친구를 사귀는 것 같다.

이들이야말로 사람들이 집착이랄 정도로 **푹 빠지는**(obsessed, 이 책의 원제로 무언가를 미치도록 좋아하는 것을 뜻하며 한국식으로 마니아를 뜻하는 '덕'과 유사한 표현-옮긴이) 브랜드이다. 소비자가 제품에 대한 만족감을 넘어서는 호감과 유대감을 느끼면 그 브랜드의 덕후(일본어 '오타쿠'에서 파생된 신조어로, 어떤 영역에 전문가 이상의 흥미와 지식을 가지고 파고드는 사람-옮긴이)가 된다. 소비자들은 이 브랜드의 소셜미디어 계정을 팔로우하고 다음엔 어떤 신상이 나올지 손꼽아 기다린다. 원래는 골치 아프고, 어쩌면 위험할 정도로 몰두한다는 뜻을 담은 이 말이 이제는 소비자와 미디어의 흔한 일상어가 되었다. "이번에 새로 산 청바지·향초·에어팟·명상 앱에 완전 **입덕함**." "요즘 우리의 **덕템**이랍니다." 인스타그램에는 '#obsessed' 해시태그 포스팅만 1,000만 개가 넘으며, 이 태그는 없으면 섭섭할 강아지 사진 외에도 머그나 장신구, 소파, 화장품, 스니커즈 등 별별 물건에 다 있다. 게다가 요즘 소비자는 특정 브랜드에 빠지면 친구들에게 자랑하고 소셜미디어에 열심히 올리기만 하는 게 아니라, 그 브랜드 제품을 자기정체성의 일부로 받아들인다. '나는 그 브랜드를 좋아하는 사람'이 중요한 자기표현이 되는 것이다.

물론 여기에도 함정이 있다. 원칙을 토대로 브랜드를 만들려면 세운 원칙을 반드시 지켜야 한다. 당신이 이 책을 읽을 무렵에는 여기 소개한 기업 중 수상한 행적이나 부적절한 트윗, 부도덕한 투자자 등 브랜드가 내세우는 가치에 정면으로 어긋나는 일로 비난을 받는 곳이 한둘이 아닐 수도 있다. 충분히 있을법한 일이다. 이제 소비자들은 기업의 행동에 책임을 묻기 시작했다. 기업을 평가하는 기준이 전보다 훨씬 높고 엄격해졌다는 증거다. 사람들은 이제 부모님이 늘 사던 제품을 그대로 선택하지 않는다. 그보다 각자의 가치관에 맞거나 인간적으로 동질감을 느낄 수 있는 기업을 찾아 나선다. 따라서 오늘날 브랜드는 단순히 아름다운 껍데기가 아니라 스타트업의 핵심 전략이 돼야 한다. 기업의 존재 이유에는 브랜드가 깊이 새겨져 있어야 하며, 그러니 브랜드의 첫 단추부터 제대로 채워야 한다.

Q. 그렇다면 초대박 브랜드 제조비법을 알려주는 건가?

당연하지! 아니라면 이 책을 왜 썼겠는가? 계속 읽어가다 보면 성공한 스타트업의 출범 전후, 화려한 조명 뒤에 무슨 일이 벌어지는지 생생한 지식을 얻어갈 것이다. 소비자들의 심리가 최근 10년간 어떤 식으로 달라졌는지, 그리고 미지의 신세계인 요즘 소비자 지형도에서 브랜드가 어떤 역할을 하는지 알게 될 것이다. 이런 고급정보로 무장한 뒤에는 사업을 시작한다는 게 어떤 의미인지, 그리고 자신이 왜 특정 제품에 푹 빠지는지 새로운 시각으로 바라보게 될 것이다.

목차

1장

죽음의 공포

이번에야말로 우리 회사가 해결해야 할
궁극적인 문제를 밝혀냈다고 생각한 순간,
한 단계 더 파고들어야 한다.
표면 뒤 이면에 숨은 소비자 요구를 파악하라. ▬

어느 날, 내 배우자 제스가 아파트 안을 돌아다니며 부엌 찬장과
비상약 수납장을 열고 안에 든 물건을 둘러보았다. 모두 몇 년 새
새로 등장한 브랜드 제품들이었다. 고비Goby 전동칫솔부터 콜루
고Colugo 유모차, 현관문 앞에 줄줄이 늘어선 올버즈 신발까지 우
리 집은 어느새 새로운 기업의 쇼룸(이자 레드앤틀러 고객 모음)이
되어있었다. 제스가 뒤돌아 물었다. "여기에 끝이란 게 있을까?
언젠가는 스타트업 아이디어도 바닥이 나려나?" "아니었으면 좋
겠네. 레드앤틀러도 먹고 살아야지!" 내가 답했다. 그렇다고 특
별히 걱정되진 않는다. 당신이 지난 한 해 동안 구매한 물건들을
하나하나 되돌아보자. 가격은 딱 알맞았는가? 편리함은 어떤가?
포장은 흠잡을 데 없이 혁신적이고 지속가능성 있어 보였는가?
구매 경험은 더할 나위 없이 유쾌했는가?

　부족한 점이나 불편한 구석이 조금이라도 있는 한 변화는 끝
나지 않는다. 늘 더 똑똑하고, 인간적이고, 더 나은 방법이 있기

마련이다. 요즘 성공하는 기업들은 이런 여지를 발견하고 기회로 삼을 줄 안다. 이들은 낡은 질서 속 남의 눈에 띄지 않는 사각지대와 부족한 부분, 실패를 영민하게 포착한 뒤, 소비자를 위해 참신한 방법으로 해결하려 한다. '문제'야말로 혁신에 이르는 가장 확실한 출발점이다.

Q. 근데 대체 '죽음의 공포'와 브랜딩이 무슨 상관인가?

맞다. 이번 장의 제목은 '죽음의 공포'다. 걱정하지 마시라. 이 장은 아마존 배달 상자 더미에 깔려 죽는 이야기가 아니다. 그보다는 사랑받는 브랜드를 구축하는 가장 기본 원리, 즉 소비자가 진짜로 필요로 하는 것을 찾아가는 이야기이다. 죽음에 대해서는 곧 다루겠다. 하지만 먼저 배경설명이 조금 필요하다.

브랜드, 완전히 새로운 시대를 맞이하다

2007년 레드앤틀러를 시작했을 때는 '브랜드'가 창업자들이 주목해야 할 영역으로서 막 관심을 끌기 시작할 무렵이었다. 당시 '디자인'은 스타트업이 주목해야 할 요소로서 늘 대화의 중심이었지만, 대부분은 브랜드 디자인이 아닌 사용자 경험UX, User experience 디자인을 떠올렸다.*

옛날 옛적 새로운 밀레니엄 초기에는 사용자 경험, 즉 UX가 우수한 것이 유의미한 경쟁우위가 될 수 있었다. 그때 사람들은 무언가를 사용하기 쉽고 군더더기 없이 매끄럽게 작동하기만 해도 관심을 보였다. 가장 대표적인 사례는 구글이다. 뚜렷한 기술 우위와 혁신적인 UX, 의도적으로 존재감 없는 브랜드로 무장하고 특정한 시대를 배경으로 등장한 기업이다. 검색기능은 아주 야무졌다. 너무 똑똑한 나머지 '운 좋은 예감I'm Feeling lucky' 기능을 쓰면 검색결과를 딱 하나만 내줄 정도였다! 지메일도 단지 더 쉽게 쓸 수 있는 메일이었다. 하지만 구글이 요즘 등장한다면 완전히 다른 전략을 따라야 할 것이다. 우버 역시 혁신적인 기술과 한 번도 본 적 없는 뛰어난 사용자 경험으로 크게 성공한 기업이다. 둘의 조화는 그야말로 마법처럼 신기했고, 당시에는 그 정

||||||||||||||||||||||||||||||||||||||

* 사용자 경험 디자인, 또는 UX를 가장 간단하게 설명하자면 디지털 경험을 디자인하는 걸 뜻한다. 웹사이트나 앱을 열어볼 때를 떠올려보자. 가장 먼저 눈에 들어오는 요소가 무엇인가? 필요한 정보는 어떻게 찾는가? 한 단계에서 다음 단계로 넘어갈 때 적절히 도와주는 장치가 있는가? 화면 터치나 클릭, 스와이프가 필요한 지점은 어디인가? 기능은 어떻게 배열되며 기능 간 우선순위는 어떤 원리로 매겨졌는가? 사용법이 직관적인가? UX는 굉장히 중요한 분야이며, 사용자 경험이 뛰어나지 않고서 디지털 주도형 사업에 성공하기란 불가능에 가깝다. 브랜딩을 말할 때 매우 중요한 요소이기도 하다. 하지만 브랜딩은 사용자 경험만으로는 충분하지 않다.

도로 충분했다. 하지만 우버는 브랜드를 제대로 가꾸지 않았기에 대성공을 거두고도 리프트Lyft를 비롯한 다른 경쟁사들의 추격에 취약해지고 말았다.

그러나 이와는 상관없이, 대부분의 기업은 구글이나 우버가 아니다. 분명히 말하는데 지금 당신 손에 든 사업 아이템이 차세대 구글일 가능성은 매우, 매우 낮다. 당신이 활동했던 대학밴드가 차세대 비틀스는 아니었듯이 말이다. 하지만 괜찮다! 요즘 기업이 기술이나 UX 우위만으로 눈에 띄게 차별화될 경우는 극히 드물다. 정말 어쩌다가 데이팅 앱 틴더Tinder의 스와이프처럼 입이 쩍 벌어지는 새로운 기능을 내놓는 기업이 나올 수도 있다. 하지만 경쟁사들이 그 기능을 똑같이 베껴 차별화가 의미 없어지는 건 시간문제다. 요즘 UX는 대개 익숙한 사용법을 완전히 뒤집기보다 더 단순하고 물 흐르듯 매끄럽게 만들어주는 데 중점을 두고 있다.

Q. 기술우위로도 부족하고 UX로도 충분하지 않다면 어떻게 차별화할 수 있는가?

바로 이때 브랜드가 필요하다. 그렇다고 회사 웹사이트 상단에 멋진 로고 하나 대충 박으면 만사 오케이라는 뜻이 아니다. 브랜드는 로고도, 회사 이름도, 슬로건도 아니다. 모두 브랜드를 표현하는 중요한 수단이긴 하지만, 창업자가 먼저 브랜드가 대변하는 가치가 무엇인지, 그 가치가 대체 왜 중요한지 절절히 고민하지 않고서는 이런 표현수단이 위력을 발휘하지 못한다. 기술이나 UX만으로는 부족하듯이 전통적인 의미에서의 '브랜딩' 역시 충분하지 않다. 우리 레드앤틀러는 '더 괜찮은 브랜드'를 만들고 싶어도 그에 맞춰 기존 사업을 개선할 생각이 없는, 마치 색상이나 광고문구가 브랜드의 전부인 양 구는 고객은 사절이다. 수없이 많은 창업자가 이런 식으로 '남다른 점이 무엇인가?'라는 질문에 뾰족한 답이 없는 모방 사업을 들고 우리를 찾아와서는 브랜딩만 잘하면 시장에서 돋보이고 성공하리라고 착각한다.

기존 기업 중에도 요즘 뜨는 기업에 맞서겠다고 우리를 찾아와 브랜드 아이덴티티(브랜드의 근본적인 정체성부터 그 정체성의 표현인 'BI 디자인'까지 포함. 여기선 '브랜드 아이덴티티=BI 디자인'이라고 한정하는 인식을 꼬집고 있음-옮긴이)를 멋지게 바꿔달라고 하면서도 사업의 본질적인 요소는 하나도 건드리지 않으려는 곳도 있다. 예를 들어 수십 년씩 된 유통기업들이 전자상거래 기업과 경쟁하고자 연락해오기도 했다. 이들은 이른바 '브랜드 아이덴티티'는 새로 바꾸고 싶지만, 상점이라는 물리적 공간을 바꾸는 데는 투자를 꺼린다. 이 기업에게는 상점 공간이야말로 브랜드 아이덴티티, 즉 정체성의 핵심이자 어쩌면 전자상거래 기업과 비교해 차별화 지점이 될 수도 있는데, 전혀 깨닫지 못하는 것이다. 지금은 총체적인 경험에서 출발하지 않고는 브랜드의 '브' 자도 꺼내기 어렵다.

오늘날 성공하는 브랜드를 만들어내려면 고객이 누군지, 고객이 겪는 문제가 무엇인지에서 출발해야 한다. 사람들이 열렬히 열광하는 브랜드일수록 사업 아이디어 안에 브랜드가 자연스레 녹아들어 있다. 앞서가는 차세대 기업 중 고수들은 사업을 시작하기도 전에 브랜드 방향성부터 생각한다. 이들 기업은 사업모델부터 기업이 소통하고 행동하는 방식까지 아우르는 더 나은 고객 경험을 만들려 한다. 사업모델과 기술, 사용자 경험, 브랜드 경험의 개별 요소들은 칼같이 나뉘지 않고 긴밀히 연결되어 함께 작용한다. 또 이 모든 요소는 타깃 고객들에게 도움이 되어야 한다. 요즘만큼 소비자의 힘과 목소리가 컸던 때도 없기 때문이다.

절실한 문제 해결하기

창업자들과 새로운 프로젝트를 시작할 때면 어김없이 대화부터 나눈다. 이때가 우리에게는 중요한 순간이다. 창업자들에게 질문 공세를 퍼부어 그들의 생각을 이해하고 사업의 특성과 창업자로서의 꿈을 파악함으로써, 향후 함께 브랜드를 만들 때 중요하게 작용할 요소를 뽑아낼 수 있기 때문이다. 창업자들이 목표를 향한 아이디어가 부족해서 고생하는 일은 없다. 보통은 너무 많이 알아서 문제다. 실력 있는 창업자는 지금 개발하는 제품이 왜, 어느 모로나 이 세상 그 무엇보다도 훌륭한지, 또 세상을 어떻게 바꾸고 있는지! 몇 시간이고 쉬지 않고 떠들 수 있고, 심지어 그 말이 옳을 때도 있다. 문제는 큰 꿈을 품고 훌륭한 제품을 갖추고도 시작부터 브랜드에 주목하지 않고서는 참패하리란 사실이다. '개발만 하면 다들 주목할 것이다'라는 말은 오늘날에는 전혀 통하지 않는다. 인터넷 확산 초기에는 이런 전략이 통했을지 모른다. 사람들이 '무엇이든' 온라인으로 구매할 수 있다거나 앱으로 '그런 것까지' 할 수 있다는 사실에도 열광하던 시절이니까. 신기술이나 혁신적인 사업모델만으로 크게 차별화할 수 있던, 브랜드에 거의 신경 쓰지 않고도 인기를 얻을 수 있던 시절이었다.

창업자들과 첫 대화에서 우리가 가장 중요하게 묻는 말이 딱하나 있다. 어떤 사업인지, 경쟁자가 누구인지가 아니라 어떤 **문제**를 해결해 사람들을 도우려 하는지다. 신기하게도 100명 중 99명은 해결하려는 문제가 아닌 사업의 내용과 고객의 편익을 설명한다. 예컨대 신개념 피트니스 센터를 여는 사람은 '합리적인 가격에 양질의 트레이닝을 꾸준히 받을 수 있다'라고 답한다. 소규모 사업체를 위한 플랫폼을 출시하려는 사람은 '데이터를 직접 소유하고 한눈에 쉽게 파악하기'라고 말할 것이다. 눈치챘겠지만 모두 문제가 아닌 **해결안**이다. 앞뒤 없이 해결안으로 직행하는 건 무척 자연스러운 반응이다. 새로운 사업을 시작할 때는 온종일 그 생각뿐이고 그 일에만 매달릴 테니까. 하지만 사랑받는 브랜드를 처음부터 구축하려면 그 반대가 되어야 한다. 마음을 얻고자 하는 사람들이 누구인지, 그들의 삶을 어떻게 도와줄지부터 종일 고민해야 한다.

광고업계에 몸담던 때 나는 광고기획서를 작성했다. 이번 광고 캠페인이 달성해야 하는 목표를 간단히 설명하는 문서이다. 거기에는 '소비자 통찰'이라는 부분이 있는데, 소비자에 대한 한 조각 진실을 담은 내용이다. 향후 기획사가 전체 캠페인의 구심점으로 삼을 정보, 즉 타깃 고객을 조사한 내용 중에서도 캠페인 메시지의 단서가 되는 정보이다. 이런 통찰 중 형편없는 예를 들자면 '사람들은 견과류와 건포도가 든 바삭바삭한 시리얼을 원함'일 것이다. 사실이 아니므로 형편없는 소비자 통찰이다. 사람들이 뒷짐 지고 앉아 당신이 출시하는 바로 그 시리얼을 기다리는 게 **아니다**. 체중을 줄이려 하거나, 매일 오전 10시만 되면 배가 꺼져 고민이거나, 심장의 건강상태를 걱정할 수는 있다. 그렇다고 당신이 내놓을 시리얼이 나오기만 바란다는 뜻은 아니다.

사람들이 겪는 문제가 무엇이든 이 시리얼이 어떻게 해결해줄지 보여주는 건 당신의 임무다.

오늘날 우리가 레드앤틀러에서 브랜드 구축작업을 할 때도 소비자 통찰이나 고객이 당면한 문제를 고민하는 데서 출발한다. 창업자들과 첫 대화를 마치면 우선 브랜드 전략서를 제출하는데, 브랜드가 어떤 가치를 대변하는지 개략적으로 보여주는 문서다. 보통 사업이 첫발을 딛기 전부터 브랜드 전략을 짠다. 다음은 이 문서의 3가지 핵심 구성요소이다.

1. 타깃 고객의 태도, 즉 누구를 위한 사업인가? 이때 인구통계학적으로 누구인지 밝히기보다는, 예를 들어 타깃은 30대 중반의 대도시권 거주 여성이다, 라는 식이 아니라 이 브랜드에 가장 관심 있을 만한 사람들의 대표적인 행동특성과 태도를 설명한다. 목적은 가장 먼저 브랜드를 좋아해 주고 입소문을 내줄 후원자, 즉 '브랜드 챔피언'을 실감 나게 그려내는 것이다.

2. 타깃 고객의 핵심 문제, 즉 이들의 생활에서 무엇이 부족한가? 우리가 아는 한, 기업이 해결해줄 수 있는 가장 두드러진 문제가 무엇인가?

3. 브랜드 아이디어, 즉 이 문제에 브랜드는 어떤 해결안을 제

시할 것인가? 브랜드의 핵심 가치관을 단순·명확하게 나타내는 한마디이다. 이 브랜드가 앞으로 고객들에게 왜 중요해질지 설명하는 문장이다.

이 중 3번 항목인 브랜드 아이디어는 모든 브랜드 커뮤니케이션을 견인하는 토대가 된다. 하지만 1번과 2번을 명확히 정의하지 않고는 3번을 시작하지도 못한다. 당신이 어떤 가치를 나타낸다고 굳게 믿든, 창업자와 팀원 외의 사람들에게 의미가 없다면 말짱 헛수고이다.

Q. 지금 환상적인 새 아이디어를 품고 있는데 그런 귀찮은 절차를 다 거쳐야 하는가? 누구든 아이디어를 듣는 즉시 열광할 텐데도?

음, 그렇다. 새로운 것을 만들수록, 해결하려는 문제에 두 발을 단단히 디뎌야 한다. 어떤 혁신이든 중심에는 커다란 난관이 버티고 있다. 바로 '새로움'이 가장 큰 우위이자 동시에 가장 큰 약점이라는 사실이다. '새로움'은 사업의 존재 이유이자 이야깃거리이며, 언론이 다뤄줄 소재이자 애초에 사업을 꾸리려는 이유기도 하다. 하지만 그렇다고 고객이 이 새로움에 무조건 관심을 보일 거라 생각해선 안 된다. 중요한 차이점이다. 우리는 스타트업을 운영하는 고객의 브랜드 구축작업을 할 때 이런 난관, 즉 어떻게 하면 사람들이 관심을 가질지 함께 고민하며 극복해 간다.

실제로 '브랜드'란 무엇인지 정의한다면 '사람들이 왜 관심을 가져야 하는지'쯤 될 것이다. 물론 무엇이든 새롭기만 하면 눈을 반짝거리는 사람들도 일부 있다. 이들은 우리 사회의 얼리어답터로서 스타트업의 가장 든든한 지원군이다. 얼리어답터들은 새로 출시되는 제품에 촉각을 곤두세우고, 늘 최고와 최신을 찾으며, 앞장서서 친구들에게 소문을 내고 추천프로그램 보상을 두둑이 챙겨간다. 그러나 얼리어답터만으로는 사업이 성장할 수 없고, 나머지 대다수에게는 '새로움'이 좀 불편하다. 우리가 아무리 혁신의 시대에 산다 해도 일상생활을 확 바꾸자는 말에 모든 사람들이 덮어놓고 환호하지는 않는다. 뭔가 개선된다면… 물론 좋지! 하지만 지금 방식을 다 뜯어고치자고? 듣기만 해도 정말… 피곤하다. 조금 겁나기도 한다.

그러니 사람들이 멍하니 앉아 당신 사업만을 기다리고 있다고 달콤한 착각에 빠져서는 안 된다. 자동차왕 헨리 포드가 이 말을 했다는 증거는 없지만 한 번쯤은 들어봤을 것이다. "사람들에게 원하는 걸 직접 물어봤다면 아마도 더 빨리 달리는 말이라고 답했을 것이다." 최근에 스티브 잡스 버전도 들었는데 '말' 대신에 '타자기'를 넣으면 된다. 이런 격언은 보통 소비자 조사에 지나치게 의존했을 때의 한계를 강조할 때 쓰이며, 나도 이처럼 소비자가 답을 알려주리라고 기대해서는 안 된다는 데 전적으로 동의한다. 하지만 소비자를 무시해서가 아니다. 때로 이 말을 이용해 다소 거만하게 소비자의 중요성을 깎아내리는 경우를 보았다. "이 멍청한 양떼들은 원하는 게 뭔지, 필요한 게 뭔지도 모르니 그냥 떠먹여 주는 수밖에! (음흉하게 두 손을 비비며)우하하하!" 하지만 이렇게 생각하는 창업자가 있다면 완전히 잘못짚은 것이다. 사람들은 자기가 뭘 원하는지 모르는 게 아니다. 더 빠른 말이나 빠른 타자기를 요구하는 이유는 그깟 문제 하나 해결하자고 거창한 발명 아이디어를 떠올리거나 당신이 나타나 해결해줄 때까지 기다리기엔 세상은 넓고 할 일은 많기 때문이다. 당신의 기업은 아직 안중에도 없으니 더 노력해서 소비자와 유대감을 쌓아가야 한다. 그냥 등장하기만 해서는 어림없다.

소비자 요구 알아차리기

오늘날 가장 잘나가는 신규 브랜드를 가만히 떠올려보면, 이들이 성공한 건 사람들의 마음속에 새로운 요구를 불어넣어서가 아니었다. 그보다는 아주 오래전부터 존재했던, 사람들이 바라왔던 요구에 대해 참신한 해결안을 내밀었다고 봐야 한다. 크리스토퍼

부커Christopher Booker는 2004년 저서 《이야기의 7가지 기본구성 The Seven Basic Plots》에서 어떤 문학 작품이든 7가지 구성 중 하나로 분류할 수 있다고 주장한다. 이 세상 이야기가 별처럼 많아도 줄거리는 오직 7가지밖에 없으며, 어떤 이야기든 7가지 중 하나에 속한다는 설명이다. 소비자 요구도 비슷하지 않나 싶다. 언뜻 보면 기업은 어떤 기능적 문제를 해결하기 위해 존재한다. 치약의 존재 이유는 사람들이 이를 닦지 않으면 이가 다 빠져버리기 때문이다. 비행기가 존재하는 이유는 사람들이 짧은 시간 안에 긴 거리를 이동해야 하기 때문이다. 하지만 이런 기능적 요구를 들춰보면 그 속엔 기능을 견인하는 핵심 동력, 즉 아주 보편적인 관심사가 있다. 가장 성공한 브랜드들은 어떤 식으로든 기능적 요구를 넘어 인간의 **본질적인 요구**에 다가설 줄 안다. 사람들이 진심으로 푹 빠지는 브랜드, 실용적인 해결안을 넘어서서 삶의 일부로 자리 잡는 브랜드를 구축하려면 뻔한 요구를 밝히는 데 그치지 말고 한 발짝 더 가야 한다. 그래서 레드앤틀러도 창업자와 협업해 브랜드를 만들 때는 기업이 해결하려는 문제를 놓고, 뻔한 내용 이면에 문제의 본질을 정의하는 데서 출발한다.

이때 내가 '왜 분석법'이라고 부르는 방법론을 활용한다. 혹시 당신이 어떻게 답하든 끊임없이 왜냐고 묻는 어린아이와 시간을 보낸 적 있는가? 그 어린아이를 마음속에 소환해보자. 그리고 헨리 포드의 가짜 격언을 기념하는 의미로 시대를 거슬러 잠시 19세기 창업자가 되어 그 시절의 후드티에 해당하는 무릎길이의 할랑한 색코트sack coat를 걸쳐보자. 위키피디아에 따르면 당시 프록코트frock coat와 비교했을 때 보다 편한 자리에서 입었다던 옷이다. 그리고 기쁜 소식인데, 당신은 지금 막 자동차를 발명했다! 꽤 괜찮지 않은가? 잠시 시간을 들여 자축하고 발명의 자산 가치를 상상해보자. 엄청난 혁신의 결과물을 손에 쥐었으니, 여기에 걸맞은 브랜드를 만들기 위해서는 우선 해결하려는 문제가 무엇인지 알아내야 한다. 단, 그렇다고 '사람들은 A 지점에서 B 지점까지 이동할 수 있는 개인용 엔진 장치를 원함'은 아니다. 이 문장은 형편없는 소비자 통찰, 즉 '사람들은 견과류와 건포도가 든 바삭바삭한 시리얼을 원함'을 당신 식으로 바꾼 것뿐이다. 대신 사람들이 일상생활에서 부딪히는 뻔한 문제에서 시작해보자. 어쩌면 이쯤 되지 않을까. "돌아다닐 때 주로 말을 타지만 말들은 느릴 뿐 아니라 금방 지쳐요." 하지만 거기서 그치면 안 된다. '왜 분석법'을 적용해보자.

왜 분석법

· 말이 느리면 왜 문제인가? → 여기저기 다니는 데 너무 오래 걸리고 멀리 갈 수도 없으니까.

· 그게 왜 문제인가? → 인생을 즐기거나 뭔가를 이루는 데 쓸 수 있는 시간을 길 위에 버리게 되니까.

· 그게 왜 문제인가? → 왜냐고? 곧 죽을 텐데 죽기 전에 이루고 싶은 일이 너무 많아! 이 짧은 인생을 말 위에서 허비할 수는 없잖아!

바로 이거다. 왜 분석법의 끝은 항상 죽음의 공포이다! 죽음의 공포가 나온다면 '왜' 연결고리의 가장 끝에 도달했다는 신호이다. 왜냐하면 우리가 의식하든 안 하든 인간으로서 벌이는 모든 일은 자기 삶의 유한성을 자각한 데서 나오기 때문이다.

그렇다고 죽음의 공포를 중심으로 모든 브랜드를 만들자는 얘기는 아니다. 건강관리 제품이라면 자연스럽겠지만 당신이 팔려는 제품이 신발이나 화장품이라면? 그랬다간 우울한 분위기에 빠질 수 있다. 자동차 사례에서 도달한 문제의 본질은 우리가 무언가를 성취하는 기분을 느끼고 싶다는 것, 반면 이동에 쓰는 시간은 원하는 일을 하지 못하는 아까운 시간이라는 의미일지 모른다. 아니면 자유롭고자 하는 마음, 거리의 제약에 발 묶이고 싶지 않은 마음일 수도 있다. 레드앤틀러는 브랜드의 가치관에 대한 고민을 시작하기 전에 항상 먼저 타깃 고객의 감성적인 요구를 정확히 파악했는지 짚고 넘어간다. 이렇게 점검함으로써 브랜드에 관한 모든 의사결정을 고객 중심으로 내릴 수 있다. 바로 여기에 소비자 조사가 큰 몫을 한다. 물론 브랜드의 가치관을 소비자가 일일이 알려주리라 기대해서는 안 된다. 그렇지만 주의 깊게 들으면 조사에서 소비자들에게 부족한 게 무엇인지, 그들이 힘들어하는 게 무엇인지 밝힐 수 있다.

우리 팀이 남성을 대상으로 탈모방지 솔루션을 제공하는 킵스 Keeps라는 회사를 도와 브랜드를 만들 때, 틀림없이 탈모로 인한 자신감 상실을 공략하리라 믿으며 프로젝트를 시작했다. 킵스는 우리가 써티매디슨Thirty Madison과 출시한 첫 브랜드였는데 써티매디슨은 누구나 특화된 치료와 관리를 받을 수 있다는 큰 목표를 품고 설립한 신생 헬스케어 기업이었다. 써티매디슨의 창업자인 스티브 구텐탁Steve Gutentag과 드미트리 카라가스Demetri Karagas는 둘 다 이 분야의 유경험자로서, 어느 날 머리숱이 줄어드는 걸 알아차린 뒤 허황된 약속과 가짜 만병통치약(실제로 뱀 기름을 짜 넣었을 법한 수상쩍은 약까지)이 난무하는 업계에서 제대로 효과가 있는 해결법을 찾아 헤맬 때의 스트레스와 혼란을 직접 겪어보았다. 따라서 이들은 탈모에 대한 부정적인 인식을 넘어서고 남성들에게 처방약이든 일반의약품이든 확실하게 효과가 증명된 해결안을 제공하겠다는 사명감으로 뭉쳤다. 개발한 약은 실제로 효과가 있지만, 대신 일찌감치 시작해야 했다. 남아있는 모발은 보존할 수 있지만 빠진 모발이 다시 자라나지는 않기 때문이다.

킵스의 사업전략 중 큰 비중을 둔 부분은 좀 더 젊은 남성을 공략함으로써 더 늦게 전에 미리미리 치료법을 이용하게 만드는 것이었다. 우리 팀은 처음에 젊은 남성이 탈모를 치료하지 않고 회피하는 이유가 수치심 때문이며, 기존 기업들이 하나같이 나이든 남성을 공략하는 데다 브랜드까지 고루하고 유치찬란하기 때문이라는 가설을 세우고 시작했다. 사장이 직접 광고에 출연해 어색한 말투로 대머리 사진을 들어 보이며 "저는 헤어클럽Hair Club의 사장이지만 고객이기도 합니다"라던 헤어클럽 광고를 기억하는가?

우리는 탈모가 시작되었어도 아직 아무 조치를 취하지 않은 남성들의 말을 들어보기 시작했다. 물론 어느 정도 수치심이나 부정적인 인식도 있고 대머리가 될지 모른다는 공포감도 대단히 컸다. 하지만 전에는 몰랐던 다른 문제도 있었다. 대다수의 남성은 어떤 문제든 초비상사태가 아닌 한 절대로 건드리지 않으려 한다는 사실이었다. 이들은 팔에 불이라도 붙기 전에는 절대로 병원에 가지 않았고, 길이라도 묻는 상황은… 아니, 하늘이 두 쪽 나도 길을 물을 리 없었다. 사람들마다 표현은 조금씩 달랐지만 대충 "머리카락이 점점 빠지는 것도 알고 대머리가 되는 건 싫지만 문제가 심각해지면 그때 생각해보죠"라고 말하고 있었다. 하지만 물론 그때는 이미 늦었다. 연약해보일까 봐 도움을 청하지 않으려는 심정(약해지는 것은 '죽음의 공포'와 사촌이다), 이런 깨달음을 토대로 브랜드 전략을 세웠다. 남성들이 도움을 청할 때 연약해진 느낌이 든다면 그 생각을 뒤집어 '행동하는 건 두려움이 아닌 자부심을 느낄 일'이란 걸 보여줄 수 있을까? 거기서 주도성이 자부심의 원천이라는 아이디어가 나왔다. '당신은 일을 해내고야 마는 유능한 남자다.'

우리는 '행동하는 남성에게for the man of action'라는 전략 아이디어에서 출발해 주도성을 뿜내는 브랜드를 구축했다. 탈모를 치료하는 것은 나약함의 표시가 아니다. 당신이 유능하다는 증거이자 앞서 생각하고 행동한다는 표시다. 소비자를 이해했기에 이 브랜드에 대한 아이디어가 탄생했다. 비록 킵스가 경쟁제품 대비 가격이 적당하고 의사 진료를 포함, 처음부터 끝까지 집에서 편안하게 해결할 수 있는 제품이었지만, 절대로 비용 절감에 대한 욕구나 편리함을 토대로 브랜드를 기획하지 않았다. 이런 기능적 편익은 브랜드 커뮤니케이션 중 일부를 차지할 수는 있지만, 브랜드 아이디어의 핵심이 될 순 없다. 그러니 고객의 어떤 문제를 해결해줄지 고심할 때 뻔하거나 평범한 답을 넘어서는 게 너무나 중요하다.

소비자 요구와 브랜드 아이디어는 동전의 양면과 같다. 소비자 요구에서 문제를 발견할 수 있고, 사업 아이디어와 긴밀히 연결된 브랜드 아이디어는 그에 대한 해결안이다. 만약 너무 사소하거나 기능적인 요구에서 출발한다면 브랜드 아이디어 역시 흐리멍덩하고 밋밋해 경쟁에서 밀리는 꼴을 면하지 못한다. 당신이 해결하려는 문제야말로 브랜드 전략의 토대이다. 그러니 사람들의 가장 내밀한 동기와 꿈, 욕구와 통하는 브랜드를 만들도록 길을 닦아야 한다. 실패의 두려움, 자기표현의 목마름, 소속감에 대한 갈망… 이런 요구들은 본질적이고 보편적이기 때문에 너무 뻔하거나 익숙한 느낌이 들 순 있다. 같은 주제를 여러 브랜드가 공략해도 괜찮다. 오히려 새로운 아이디어를 세상에 내놓으려면 익숙한 요구를 토대로 해야 한다. "당신이 늘 이렇게 느껴왔는데 이런 새로운 해결안은 어떤가요?"라는 식이다. **익숙한 문제, 그리고 뜻밖의 답.** 이처럼 친숙함과 의외성이 조화될 때 새로운 브랜드는 사람들의 일상에 훅 들어와 꼭 필요한 존재로 자리 잡는다. 마음의 준비도 안 되었는데 새로운 방향을 제시하며 사람들의 행동을 함부로 바꾸려 드는, 어쩐지 위험하고 무서운 새 발명품이 아니라 늘 바라왔지만 미처 깨닫지 못했던 답으로 받아들이기 때문이다.

'브랜드'가 되기까지 에어비앤비의 여정

새로운 아이디어가 세상에 등장할 때, 브랜드는 그 신규 사업이 사람들의 삶에 어떻게 어울리는지, 그게 왜 중요한지 이해하도록 돕는 원동력이다. 가장 이상적으로는 출시 전에 브랜드를 원동력으로 삼아, 첫날부터 고객과 마음이 통하고 점차 대대적인 사랑을 받는 길을 닦는 게 바람직하다. 나중에 리브랜딩하려면 비용과 시간이 많이 들기도 하고, 처음 출시할 때 충분한 성장 동력이 없으면 리브랜딩 기회조차 얻지 못한다. 그래서 오늘날 사업을 시작하려면 **처음부터** 제대로 해야 한다. 그러나 창업의 여정이 그리 간단할 리 없고, 어떤 회사는 사업을 시작하고 나서야 자기 길을 발견해 사업의 방향성을 찾기까지 더 정처 없이 오래 헤매기도 한다.

에어비앤비는 시대를 앞서간 기업이지만, 어떤 문제를 해결하려는 건지 창업자들이 명확히 정의하기 전까지는 별달리 주목받지 못했다. 창업자 브라이언 체스키Brian Chesky와 조 게비아Joe Gebbia는 샌프란시스코에 살던 디자이너로 2007년 우연한 기회에 사업 아이디어를 떠올리게 되었다. 둘이 높은 집세를 감당하기 어려워 고생하던 차에 마침 샌프란시스코에 디자인 컨퍼런스가 열렸고, 언제나처럼 호텔은 예약이 꽉 찼다. 두 사람은 자기들이 사는 아파트의 여유 공간, 더 정확히는 남는 방 에어매트리스

3개를 숙소로 내놓아 부수입을 올리기로 했다. 온라인 벼룩시장인 크레이그스리스트Craigslist에 광고를 올리자니 너무 정감 없다고 느낀 이들은 투숙객 모집용 웹사이트를 따로 열었다. 첫 이름은 에어베드앤드브렉퍼스트닷컴airbedandbreakfast.com이었다.

"그다음부터는 다 아시는 대로입니다"라고 마무리할 수 있다면 정말 좋겠다. 그러나 에어비앤비의 성장경로는 정상까지 쭉 뻗은 탄탄대로가 아니었고, 사업 전체가 폭삭 주저앉을 위험한 순간도 여러 번 있었다. 다른 사람의 집에 머문다는 생각을 소비자들이 덥석 받아들이지는 않았고, 특히 집주인이 항상 같이 머물기로 되어있던 사업 초기에는 말할 것도 없다. 투자자들 역시 단박에 이해하지는 못했다. 체스키와 게비아는 개발자 출신 공동 창업자도 없이 디자이너뿐인 팀에 흥행이 보장되지 않는 아이디어만으로 사업 초기 투자 유치에 어려움을 겪었다. 하지만 에어비앤비의 사업이 성장하는 과정은 브랜드를 정의해가는 여정이기도 했으며, 브랜드가 사람들에게 어떤 의미인지 깊숙이 파고들수록 에어비앤비는 더욱 큰 성공을 거두었다. 지금은 에어비앤비의 상황이 더없이 좋지만, 만약 애초에 브랜드 방향성이 명확한 상태로 사업을 시작했다면 분명 더 쉽게 성장했을 것이다.

창업 후 첫 한두 해 사이 체스키와 게비아는 몇 가지 현실적인, 또 매우 참신한 수를 두어 이득을 보았다. 2008년에는 창업할 때 진 빚을 청산하기 위해 대통령 선거를 주제로 한 한정판 시리얼을 판매했다. 그리고 '오바마 오'와 '캡틴 매케인' 시리얼을 3만 달러어치나 판매하는 경이로운 성과를 거뒀다. 또 같은 해에 유명한 실리콘밸리 창업지원 프로그램인 와이콤비네이터Y Combinator에 선발되어 시드펀딩으로 종잣돈 2만 달러를 확보하고, 그 과정 중에 기술 전문성을 갖춘 세 번째 공동창업자 네이선 블러차직Nathan Blecharczyk을 영입했다. 그리고 사용자들과 이야기를 나눈 뒤 사람들이 웹사이트를 사용하지 않게 하는 가장 큰 걸림돌이 사이트에 올라온 공간이 그리 예뻐 보이지 않아서라는 사실을 알아냈다. 그래서 창업자들은 팔을 걷어붙이고 호스트로 등록된 뉴욕의 아파트 여러 군데를 찾아가 직접 사진을 찍어주었다. 2010년에는 크레이그스리스트 사용자를 한 무리 빼돌려 에어비앤비 웹사이트에 포스팅하게 했다. 이들이 개발한 정보 추출 로봇이 자동으로 기존 크레이그스리스트 게시글에서 주요 정보를 뽑아 새 글을 작성한 뒤 사용자에게 보내주었고, 사용자는 손쉽게 글을 올릴 수 있었다. 2012년에는 웹사이트와 앱의 디자인을 바꾸고 '위시리스트'라는 즐겨찾기 기능을 출시해 사용자들이 마음에 드는 에어비앤비 숙소를 주제별로 수집할 수 있게 했다.

한 편의 영화 같은 에어비앤비의 성장 과정을 분석한 글만 한 트럭이고, 실제로도 이 성공담은 대담무쌍한 승부수와 굳은 의지, 그리고 물론 어느 정도의 행운까지 모두 작용한 대단한 이야기이다. 하지만 창업자들은 결국 자신들의 사업이 사람들에게 어떤 의미인지 이해했기 때문에 성공한 것이라고 말한다.

2013년까지 에어비앤비는 어마어마한 열혈 사용자층을 확보하고 시리즈 C 투자를 유치했다. 에어비앤비가 사용자들과 이야기를 나누면 나눌수록 똑같은 말이 거듭 떠올랐다. **소속감이었다.** 직원들이 전 세계에서 500명가량을 직접 인터뷰했을 때도 마찬가지였다. 에어비앤비가 해결해주는 문제는 콘퍼런스가 열려 샌프란시스코의 호텔이 꽉 차서 저렴한 숙박이 필요하다는 게 아니다. 그보다는 여행할 때 관광객이나 이방인 같은 기분을 느끼기 싫다는 심정이다. 사람들은 여행지를 깊이 있게 경험하고 싶어한다. 또 여행하는 시간을 의미 있게 보내고 싶어 한다. 두말할 필요 없이 시간은 유한하기 때문이다. 그게 바로 에어비앤비가 제공하는 가치이다. 호스트가 집에 있든 없든(사업이 성장하며 자연스레 같은 집 소파가 아닌 빈집과 아파트에 머물게 되었기 때문) 누군가의 집에서 지내는 건 호텔방에서 지내는 것과 전혀 다른 경험이기 때문이다. 우선 별로 관광지 같지 않은 동네에 머물게 될 것이다. 그 지역 문화를 맛볼 가능성이 커진다. 낯선 땅의 이방인이 된 느낌을 덜 받을 것이다. '그곳의 일원이 되었기' 때문이다. 이제 내부자의 관점을 탑재했다. 그렇다면 에어비앤비에도 '왜 분석법'을 적용해볼까?

왜 분석법으로 본 에어비앤비

· 에어비앤비가 해결하는 문제는 무엇인가? → 호텔은 터무니 없이 비쌀 뿐 아니라 특징도 없이 전부 비슷비슷하다.

· 그게 왜 중요한가? → 사람들은 낯선 곳을 방문했을 때 관광객이 된 기분을 싫어한다. 그보다는 동네 사람의 눈으로 둘러보고 싶어 한다.

· 그게 왜 중요한가? → 왜냐하면 인위적이지 않은 진실한 경험을 하고 싶기 때문이다. 어떤 곳을 이방인으로서가 아니라 그곳 사람처럼 경험한다고 느끼고 싶기 때문이다.

· 그게 왜 중요한가? → 집을 떠나 여행을 나설 때는 삶이 더 풍성해지기를 바라기 때문이다.

· 그게 왜 중요한가? → 결국 우리가 기억하는 건 컴퓨터 앞에 앉아있거나 빨래를 하는 따분한 순간이 아닌 진심으로 소속감을 느끼는 순간, 즉 더 큰 무언가에 속해있다고 느끼는 순간이기 때문이다.

· 그게 왜 중요한가? → 그야 우리 모두 언젠가 죽으니까!

사람들은 누구나 어딘가에 속하고 싶어 하며, 바로 이 욕구를 에어비앤비가 해결해준다. 해법은 에어비앤비의 사업모델에, 그리고 에어비앤비가 사용자들과 끊임없이 소통하는 방식에 녹아 있다. 초창기부터 에어비앤비는 사용자들과 직접 만나 의견을 듣고 실제 일상 속 커뮤니티(community, 공동체)를 꾸준히 키워가는 전략을 취했다. **커뮤니티**라는 유행어에 소셜미디어 팔로워 수를 끼워 맞추기만 한 게 아니다. 에어비앤비가 사업을 해외로 확대할수록 수요보다 '공급'을 키우는 데 어려움을 겪었다. 자기 집을 내놓는 것이 모두에게 맘 편한 일은 아니었기 때문이다. 이에 에어비앤비는 신규 시장마다 소규모 팀을 하나씩 파견했고, 설명회와 파티를 열어 호스트가 될 만한 사람들과 직접 얼굴을 맞대고 이야기를 나눴다. 언뜻 보기에 이런 작전은 확장성이 떨어지지만, 에어비앤비는 이렇게 사람을 직접 보낸 시장에서 2배 빠르게 성장했다. 사람 간 유대감을 느끼고 싶은 욕구를 해소해주는 기업이었으니 그 개념을 적극적으로 끌어안음으로써 에어비앤비는 더 빠르게 성장했다.

2014년 에어비앤비는 브랜드를 재단장했고, 비록 명시한 적은 없어도 처음부터 줄곧 브랜드의 핵심이었던 '소속감'이라는 개념을 충실히 담았다. 새로 개발된 로고에는 벨로Bélo라는 애칭으로 부르는 브랜드 심벌이 담겼는데 사람과 장소, 사랑, 에어비앤비가 함께 모이는 모습을 나타냈다. 에어비앤비는 브랜드 슬로

건 역시 '인간답게 여행하는 거야(Travel like a Human. 한국 진출 이전의 캐치프레이즈로, 국내에 잘 알려진 '여행은 살아보는 거야'라는 슬로건은 미국에서의 캠페인 'Live there, even if just for a night'를 로컬라이즈한 것이다-옮긴이)'에서 '어디에서나 우리집처럼Belong Anywhere'으로 바꿨다. 에어비앤비의 브랜드가 단순한 여행수단을 넘어서서 사람들이 세계 어디에 있든 집처럼 편안하게 느끼는 가치를 대변하기 때문이다. 색상 역시 이른바 '스타트업용 파랑'(정식 명칭은 아니다)에서 더 열정적이고 따뜻한 핑크빛 감도는 빨강으로 바꿨다. 에어비앤비는 이러한 리브랜딩에 대해 과하다 싶을 만큼 적극적으로 소통했는데, 브랜드 개편의 논리적 근거와 과정을 소개하는 영상을 발표하고 새로운 심벌에 이름도 붙였다.

사실 소비자들이 결과를 피부로 느낄 수만 있다면 기업이 브랜드 의사결정을 왜 내렸는지 일일이 설명할 필요는 없다. 하지만 그 취지는 무엇보다 강력했다. 비로소 해결하려는 문제의 본질을 구체적으로 설명할 수 있게 된 에어비앤비가 브랜드 방향성이 충실히 드러나도록 BI를 개선한 것이었다. 에어비앤비의 성공은 새로운 로고 덕분이 아니다. 리브랜딩을 추진할 무렵 에어비앤비는 이미 시리즈 D 투자를 유치했고 연간 수억 달러씩 벌어들이고 있었다. 브랜드는 이미 존재했다. 브랜드를 '사람들이 왜 관심을 가져야 하는지'로 생각한다면 말이다. 이번엔 BI가 따라

잡을 차례였다.

에어비앤비가 사용자를 위해 어떤 문제를 해결하는지, 이에 대한 뚜렷한 주관은 에어비앤비의 제품에 계속해서 반영되고 있다. 2016년에는 '체험Experiences'이라는 새로운 플랫폼을 출시해 사람들이 누군가의 집에서 요리를 배우거나, 함께 등산하거나, 재즈클럽을 돌아다니는 등 그 지역 사람이 주최하는 체험활동을 예약할 수 있게 했다. 어딘가에 속한다는 느낌에서 한 발짝 더 나아가 호스트에게는 관심사나 전문성을 활용해 자기가 사는 동네를 맛보여줄 기회를, 여행자나 나아가 거주자까지도 다른 데서라면 접하지 못할 그 지역의 새로운 면을 볼 기회를 주었다. 브랜드의 디자인 언어도 계속 진화했다. 2018년에는 유명 서체 개발사 달튼마그Dalton Maag와 손잡고 시리얼Cereal이라는 전용 글꼴을 개발했다. 시리얼체는 모든 마케팅 채널과 제품 안에서 두루 사용할 뿐 아니라 전 세계 여러 에어비앤비 사용자들의 언어로도 확장할 수 있을 만큼 유연성이 뛰어난 글꼴이었다. 대부분 브랜드는 글꼴 묶음이 있어 상황마다 조금씩 달리 쓸 수 있고 보통 큼직한 제목용 하나, 웹사이트 본문용 하나, 이렇게 정한다. 반면 에어비앤비는 모든 상황에 두루 사용할 수 있는 단일 글꼴을 개발함으로써 디자인 언어에서도 결속과 소속감의 느낌을 더욱 강조한다. 글꼴마저도 어디든 속할 수 있는 브랜드이다.

Q. 특별한 브랜드를 만들려면 완전히 새로운 사업모델을 개발해야 할까?

에어비앤비 성공담에서 가장 흥미로운 지점은 사업모델이 딱히 대단히 **새롭지 않았다는** 사실이다. 2004년에 이미 홈어웨이 HomeAway가 출범했고, 지금은 홈어웨이 소유인 브이알비오Vrbo가 1990년대부터 사업을 해오고 있었다. 1990년대라니 놀랍지 않은가! 하지만 두 웹사이트 모두 예나 지금이나 지극히 사무적이며, 인간적인 면은 싹 없애고 방 자체에만 집중한 모습이다. 이 회사가 방을 보여주는 방식을 보면 그 지역을 경험하는 특별한 기회가 아닌 딱 호텔방 대용품에 부엌이 딸린 느낌이다. 다시 말하지만, 에어비앤비가 해결하는 문제는 너무 비싼 호텔 이용료나 호텔방에서 요리나 빨래를 할 수 없다는 게 아니다. 물론 그런 문제를 해결하긴 하지만 더 내밀한, 더 인간적인 요구를 공략한다. 에어비앤비는 이처럼 진정 필요한 것을 찾아 해결함으로써 전 세계 사람들의 마음속에 한 업계 전체를 새로 정의하고, 2018년 단 한 분기에만 10억 달러 이상의 수익을 올렸다. 자칫 찜찜한 싸구려 잠자리로 인식될 수도 있었던 브랜드인데 그 지역을 가장 제대로 경험하는 방법으로 격상시킨 것이다.

에어비앤비의 체험 플랫폼 출시에서 알 수 있듯이 어떤 브랜드의 존재 이유를 깊이 깨달으면 브랜드 커뮤니케이션 전반뿐 아니라 제품 안에서도 새로운 기회를 포착할 수 있다. 제품은 로고나 광고 캠페인 못지않게 브랜드의 중요한 구성요소 아닌가. 돈을 쉽게 송금하는 앱 벤모Venmo가 얼마나 인기를 끌었는지 생각해보자. 벤모가 등장하기 전에도 돈을 주고받는 방법은 현재 모기업인 페이팔을 비롯해 차고도 넘쳤다. 게다가 글자 그대로 돈거래를 위해 개발된 앱만큼 기능적이고 사무적인 제품도 없다. 하지만 벤모는 기업 간 거래 브랜드가 아닌 인기 소비자 브랜드가 되었고, 업계에서 생각조차 하지 못한 방식으로 소비자의 마음을 얻어 성공을 거머쥐었다. 벤모가 해결한 문제는 친구들한테 돈을 달라고 할 때의 **어색하고 불편한 기분**이었다. 보통 함께 어울리거나 즐겁게 놀거나 무언가를 체험할 때, 돈 얘기를 하기 껄끄럽다. 벤모는 이 점에 착안해 금전거래까지도 유쾌한 어울림의 순간으로 바꿔 이런 불편한 감정을 완전히 뒤집었다. 벤모는 사용자들이 송금 사유를 반드시 밝히도록 하고, 재미있는 이모티콘을 제공함으로써 송금 기록을 소셜미디어 피드처럼 유쾌한 놀이로 만들었다. 벤모의 화면을 스크롤 해 내려가면 주변 지인의 온갖 시시콜콜한 행적을 알 수 있다. 예를 들어 요즘 누가 누구와 어울리는지, 딱 봐도 '약'인데 다른 이름으로 재치 있게 바꿔 부르는 사람은 누군지, 어떤 부부가 공동 가계부를 별나게 운영하는지 등이다. 어느새 돈을 갚는 일은 조금 민망한 혹은 아예 꺼리는 일이 아닌, 재치를 뽐내고 함께 어울린 즐거운 시간을 널리 알리는 기회가 되었다.

이렇듯 사랑받는 브랜드는 자신이 아닌 소비자를 중심에 놓을 줄 안다. 에어비앤비는 사용자들을 도우며 성장했다. 사용자들의 문제를 깊이 파고들어 해결하려 했고, 이에 그치지 않고 더욱더 새로운 방법으로 문제를 해결하는 데 사업과 브랜드의 역량을 집중했다. 소비자를, 그리고 내가 무엇을 해줄 수 있는지를 브랜드의 토대로 삼을 때 브랜딩은 자기만족에 급급한 행위가 아닌 아량을 베푸는 활동이 된다. '나 좀 봐요, 내 말 좀 들어요, 내가 이렇게 멋진데 집중해야죠'라는 외침이 아니다. 그보다 '당신에게 무엇이 필요한지 이렇게 이해했으니, 이렇게 도울게요'라는 제안이다. 한 번이라도 소비자의 주의를 끌 때는 도움이 될 무언가를 알려주기 위해서여야 한다. 하나라도 새로운 기능을 구상할 때는 전부터 존재했던 욕구를 더 나은 방법으로 해결해주기 위해서여야 한다. 혁신이 존재가치가 있으려면 그저 새롭기 위해 새로울 것이 아니라 실제 문제를 해결하는 데서 출발해야 한다. 새로운 무언가를 성공적으로 출시하고 소비자들이 거기에 푹 빠지기 위해서는 깊고, 절절하면서, 당신이 등장하기 한참 전부터 그 자리에 있었던 요구, 어쩌면 죽음만큼 원초적인 것을 찾아 공략해야 한다. 그래야만 소비자들의 덕심(특정 분야나 대상을 향한 충성도-옮긴이)을 얻을 만한 자격이 있는 브랜드인지 보여줄 수 있다.

2장

기능을 뛰어넘어
감성적 울림으로

기능적 편익을 하나씩 따져보고 어떻게 종합해야

고개가 끄덕여지는 감성적인 이야기로까지

발전시킬 수 있을지 고민하자.

사람들의 생활에서 도울 수 있는 것들을

모두 찾은 다음, 각각을 해결했을 때

사람들이 어떻게 느낄지 알아내라. ▬

레드앤틀러를 설립하기 직전, 나는 광고기획자로서 세계 최고의 다이아몬드 브랜드를 맡아 광고를 담당했다. 전에는 주로 CPG(소비재) 식품 브랜드 광고를 맡아온 내게 이 일은 정말 신선한 자극이었다. CPG를 풀어 쓰면 '소비자용 포장 제품consumer packaged goods'으로서, 쉽게 말해 상자에 담아 슈퍼마켓이나 식료품점에서 판매하는 물건들이다. 식품은 생활의 가장 기본요소이긴 하지만 소비재 광고는 기능적인 내용을 벗어나는 일이 거의 없었다. 모든 광고 전략이 말만 조금씩 다를 뿐 결국 "가족에게 건강한 음식을 쉽게 차려줄 수 있어요!" 이거나 요거트 담당일 때는 "건강한 간식을 맛있게 먹어요"였다.

하지만 다이아몬드 광고는 정반대였다. 툭 까놓고 말하면 다이아몬드는 기능적인 편익이 전혀 없다. 금은방 도둑이어서 방탄유리를 뚫어야 하지 않는 이상 말이다. 오직 감성적인 이야기만 가능했다. 그 덕분에 미국 전역을 돌아다니며 사람들을 만나 사랑에 관련된 가장 내밀한 소망과 두려움에 관해 이야기 나눈 다음, 아름답긴 하지만 무척 값비싼 돌에 이런 감정을 담아낼 방법을 고민하게 되었다. 광고계의 한쪽 극단에서 반대쪽 극단까지 경험한 셈인데, 운이 참 좋았다. 오늘날에는 브랜드가 이 두 가지를 모두 소화해야 하기 때문이다. 새로운 제품을 출시할 때는 이성적인 메시지만 고수하거나 감성적이기만 해서는 안 된다. 브랜드가 무엇을 하고 어떤 말을 할지뿐 아니라 사람들에게 어떤 느낌을 불러일으킬지까지 고민함으로써 이성과 감성을 아우를 방법을 찾아야 한다.

기능은 중요하다. 그러나 전부는 아니다

최근 '가장 중요한 건 브랜드'나 '사업을 시작할 때는 브랜드에 모든 게 달렸다'는 말을 자주 들었다. 물론 브랜드 회사를 운영하는 사람으로서 사람들이 브랜드의 중요성을 알아차리기 시작하니 싫지는 않다. 하지만 생각의 전환이 너무 극단적이다. 예전에는 창업자들이 우수한 제품만 있으면 브랜드는 전혀 필요 없다고 생각했는데 이제는 브랜드를 만병통치약으로 여기다니. 둘 다 틀렸다. '브랜드'는 사업과 따로 떼어 생각할 수 없다. '가장 중요한 건 오직 브랜드'라는 생각에는 '브랜드란 제품이 좋다고 설득하기 위해 그럴싸하게 감싼 포장지'라는 관점이 은근히 묻어난다. 물론 아름다운 모습에 재치 있는 광고 문구를 갖췄다면 그것만으로도 사람들이 주목하고 제품을 사용해볼 수도 있다. 하지만 한 꺼풀 더 들췄을 때 안에 아무것도 없다면, 광고에서 약속한 내용을 제품이 충족하지 못한다면, 사람들이 다시 돌아오지 않을 것이고 입소문을 내주는 브랜드 챔피언이 생기는 일은 더더욱 없을 것이다.

1장에서 설명했듯이 가장 먼저 할 일은 뻔한 문제 말고 해결이 절실한 근본적인 문제를 정하는 것이다. 이 단계를 거치면 다가가려는 대상, 즉 타깃 고객에게 정말 필요한 브랜드를 만드는 첫발을 뗀 셈이다. 그다음 단계는, 이 장에서 다루겠지만, 브랜드가 사람들의 삶에서 어떤 감성 영역을 차지할 것인지, 다시 말해 브랜드가 사람들에게 어떤 **감정**을 불러일으킬지 정하는 것이다. 하지만 감성적인 울림을 논의하기 전에 우선 제품부터 생각해야 한다. 사람들이 미치게 좋아하는 브랜드를 만들려면 우선 제품부터 유의미한 차별화가 되어야 한다. 예외는 없다. 종종 창업자들이 남들과 똑같은 사업 계획을 들고 레드앤틀러를 찾아와 그들보다 돋보이는 특별한 브랜드를 만들어달라고 할 때가 있다. 우리는 이런 의뢰를 정중히 거절한다. 또 우리 팀이 창업자에게 그들 사업이 경쟁자와 다른 점이 무엇인지, 사람들에게 어떤 도움이 되는지 집요하게 추궁하면 창업자들이 놀라 당혹해할 때도 있다. 차별화가 되든 안 되든 무조건 달라 보이게 만드는 게 레드앤틀러의 역할 아니냐는 생각이다. 우리가 양말, 브래지어, 스낵, 그 외 뭐든 "이것이 남들과 다른 점이 뭔가요?"라고 물으면 창업자는 "그걸 레드앤틀러가 만들어야죠!"라고 답한다. 하지만 훌륭한 브랜딩은 안에서 시작해 찬찬히 밖으로 나와야 한다. 먼저 회사 고유의 특성을 이해한 다음, 어떻게 하면 그 개성을 감성적 울림이 있는 이야기로 끌어올릴 수 있을지 고민해야 한다. 브랜드 전략을 기획할 때 나는 그냥 소설을 쓰거나 아무 데서나 끌어오지 않는다. 그 기업의 존재 이유를 속속들이 이해한 다음에야 제품의 편익에서부터 자연스레 우러나오는 이야기를 짓는다.

Q. 제품의 편익을 설명하는 것과 감성적인 이야기를 펼치는 것 사이에서 어떻게 균형을 잡아야 할까?

제품의 편익과 브랜드의 느낌이 '균형을 이뤄야 할' 별개의 대상이라고 생각해서는 안 된다. 그보다는 그 둘을 **연결**할 방법을 고민하고 찾아야 한다. 어느 제품에든 여러 가지 기능적 편익이 있다. 대개는 사업 아이디어부터 기능적 편익을 주려는 데서 나오고, 이상적으로는 기존의 무언가를 개선하려는 목표이다. 더 저렴하다. 더 편리하다. 더 안락하다. 몸에 더 잘 맞는다. 고객서비스가 낫다. 구매 경험이 더 간단하다. 맛이 기가 막히게 좋다. 더 건강하다. 더 체계적인 생활을 도와준다. 돈을 더 벌게 해준다. 이런 편익은 사업이 성공하기 위해 꼭 필요하지만, 브랜드 전략이 이것 하나로 해결되는 건 아니다. 1장에서 소개한 왜 분석법과 문제의 핵심을 밝힐 때까지 깊이 파고드는 원리를 떠올려보자. 이 두 가지를 고객 편익에도 똑같이 적용하되 방향만 거꾸로 하면 된다. 우선 기능적 편익을 전부 모은 다음 그 전부를 아우르는 감성 영역, 즉 브랜드가 사람들에게 불러일으킬 느낌을 찾아낸다. 오늘날 가장 성공한 브랜드는 제품의 편익과 무관한 감성적인 아이디어를 멋대로 지어내지 않는다. 과거에는 TV 광고에 제품과 별로 또는 전혀 관련 없는 이야기가 등장할 때도 있었다. 그저 웃음이나 눈물을 유도하면서 도리토스 과자나 AT&T 통신사의 존재를 잊지 말라는 듯 슬쩍 언급하는 정도였다. 아무리 그래도 도리토스 널 잊겠니!(도리토스는 미국에서 수십 년 된 애증의 국민 과자-옮긴이) 하지만 오늘날에는 사람들이 미치도록 푹 빠질 브랜드를 처음부터 만들려면 전체를 관통하는 주제가 명확해야 한다. 이 말은 브랜드가 어떤 이야기를 하든, 어떤 감정을 불러일으키든, 제품의 실제 기능이 뒷받침해야 한다는 뜻이다.

아마 브랜딩에 관한 대화 중에 한 번쯤은 '진정성' 이야기를 들은 적 있을 것이다. 한 번뿐이었다면 부러울 따름이다. 가장 확실한 방법으로 모두가 선망하는 그 진정성을 보장하려면, 브랜드의 상위 목적으로 무엇을 주장하든 실제로 제품이 하는 일과 반드시 일치해야 한다. 브랜드 전략은 감성적인 아이디어에서 출발하지만, 뒤에는 기능적 편익이 단단히 뒷받침하고 있어야 한다.

느낌이나 감정을 다루는 게 생소한 개념은 아니다. 코카콜라는 행복을 상징하고 말보로는 남성적인 멋을 상징하듯, 오히려 느낌과 감정은 소비문화 초기부터 브랜딩과 광고의 핵심 원리였다. 요즘 새로이 등장하는 브랜드가 달라진 건, 그 감성이 제품의 실제 기능과 작동방식을 훨씬 정확히 나타낸다는 사실이다. 광고의 좋은 느낌이 광고가 끝날 때 증발하는 게 아니라 브랜드 아이디어가 고객서비스부터 포장까지, 그리고 제품까지 브랜드 경험 전체에 쭉 이어진다. 이제는 브랜드가 겉면만 싸는 포장처럼 거짓 이야기를 지어낼 수 없다.

사람들에게 거품이 든 설탕물 한 캔이 '젊음'이나 '행복'을 상징한다고 말하면 곧이곧대로 믿던 시절은 이제 다 지나갔다. 그러기엔 소비자들의 수준이 너무 높다. 그뿐 아니라 선택의 범위도 너무 넓고 기대 수준도 너무 높아 '얕은 브랜딩'으로 적당히 둘러대기 어려워졌다. 일례로 면도기 브랜드 질레트가 2019년, 비신사적인 남성성을 비난하는 광고를 공개해 인기를 끌었다가 소비자 반발을 산 경우를 떠올려보자. 공격당했다고 길길이 날뛰던 남성들을 말하는 게 아니다. 그들에게는 내 키보드 누르는 힘도 아깝다. 하지만 다른 소비자들은 정당하게도 이 브랜드의 위선을 따끔하게 지적했는데, 광고와 마케팅에서는 페미니즘을 지지하면서 아직도 이른바 '핑크세', 즉 똑같은 면도기인데 여성에게 판매하는 제품에만 더 높은 가격을 매기는 행태에 대해서였다. 공개적으로 페미니즘을 지지한다고 다가 아니다. 말을 행동으로 직접 보여야 한다.

Q. 브랜드를 만들 때 감성적인 이야기를 왜 신경 써야 하나? 그럴 필요가 있기나 한가? 오히려 간단하게 "이건 칫솔입니다. 다른 제품보다 값도 싸고 성능도 좋아요. 직접 보시고 결정하세요"라고 하는 편이 가장 진솔하지 않나?

기능적인 편익에만 초점을 맞출 때의 한계가 있다. 일단 기능적 편익은 첫날부터 사람들의 호감을 얻는 건 고사하고 관심을 끌기에도 역부족이다. 기능적 편익이 성공의 열쇠이긴 하지만, 가장 최소요건이기도 하다. 요즘 같은 때 더 빠르거나 값싼, 더 성능 좋은 제품 없이 회사를 차린다는 것 자체가 어리석은 일이다. 기존의 상태보다 향상되지 않았다면 애초에 사업을 시작하는 의미가 별로 없지 않은가. 레드앤틀러가 출시부터 참여한 기업들, 예를 들어 유모차에 콜루고, 매트리스에 캐스퍼, 탈모방지에 킵스, 가정용품에 스노우Snowe, 그 밖의 많은 기업이 기존 시장에 있었던 프리미엄 제품과 같은 품질에 더 경쟁력 있는 가격을 제시한다. 그렇지만 이 중 가성비가 좋다는 것을 바탕 삼아 만든 브랜드는 단 하나도 없다.

가격 이야기는 절대로 하지 않는다는 뜻이 아니다. 가격 경쟁력을 강조할 때와 장소가 따로 있을 뿐이다. 하지만 좋은 가격 하나만 내세우는 브랜드를 만든다? 그보다 5달러 싼 제품을 만드는 사람이 등장하는 순간 그 브랜드는 끝이다. 지루함으로 둘째가라면 서러워할 가격의 사촌, 편리함도 마찬가지다. 요즘 브랜드치고 편리함을 제공하지 않는 브랜드는 없다. 스타트업 광고 캠페인 중에는 대강 "우리가 X를 책임져드리겠습니다. X에 허비하기엔 당신의 시간이 아까우니까요"라는 고만고만한 약속이 차고 넘친다. 특별할 게 전혀 없다.

당신이 편리함을 브랜드 아이디어로 찜하려는 생각을 조금이라도 했다면, 먼저 다들 아는 불편한 이야기를 꺼내야겠다. 아마 짐작했을 것이다. 어쩌면 내가 이제야 입을 떼다니 의외라고 생각할지도 모른다. 아마존을 꼭 짚고 넘어가야겠다. 아마존은 무서울 정도로 편리하기에, 편리함 하나만으로 아마존과 경쟁하기는 거의 불가능하다. 아무리 해도 이길 수 없는 싸움이다. 그렇다고 몇몇 사람들이 걱정하듯이 아마존이 난공불락의 철옹성도 아니다. 이렇게 글로 적어놓았다가 언젠가 우리 모두 아마존에서 일하거나 아마존이 내 뇌에다 전자 칩을 심어놓는 날엔 후회할지 모르지만, 내 생각엔 아마존이 모든 기업을 다 짓뭉개고 혼자 살아남지는 않을 것이다(아마존 미안해! 진심이 아니었어. 사랑해!). 왜냐하면 이러니저러니 해도 결국 아마존은 오직 단 한 가지, 편리함만을 내세우기 때문이다. 아마존에서 물건을 사는 경험이 특별히 더 설레거나 유쾌하지는 않다. 아마존에서는 깜짝 놀랄만한 새로운 물건을 우연히 발견할 일도 없다. 아마존을 쓸 때 특별히 어떤 감정이 느껴지지도 않는다. 주로 '헉, 이렇게 금방 도착하다니 미친 것 아냐?'가 전부다. 독자 중에도 비슷한 사람이 많겠지만, 나도 아마존에 살짝 중독되어 있긴 하다. 비밀을 지켜준다고 믿고 감히 고백하자면, 매주 물건을 어찌나 많이 주문하는지 민망할 지경이다. 하지만 여기서 주문하는 품목은 이미 다른 곳에서 반한 브랜드 제품이거나, 아니면 이루 말할 수 없이 지루하고 기능적이어서 브랜드에 호감을 느낄 필요조차 느끼지 못하는 품목들이다. 이 중 어떤 품목은 어느 날 새로운 브랜드가 나타나면 금세 마음이 바뀔 수도 있겠다. 아마존은 새로운 발견이나 충성심, 재미와는 어울리지 않는다. 순전히 좌뇌 활동이다. 사실 나는 책을 살 때 일부러 동네 서점인 브루클린의 북스아매직Books Are

Magic에 찾아가 돈을 더 내고 산다. 그곳에서의 구매 경험이 즐겁고, 우리 동네에 그 서점이 있다는 게 고맙기 때문이다.

그러니 아무리 아마존과 용감무쌍한 짝꿍 알렉사(아마존의 인공지능 비서-옮긴이)가 우리 생활 전반에 깊숙이 스며들어도 새로운 브랜드는 계속 등장하고 성공하는 것이다. 요즘은 사람들이 어느 때보다도 구매하는 물건과 구매하는 장소에 친밀감을 느끼고 싶어 하며, '오, 빠른데' 말고 다른 느낌에도 목말라 있다. 그러니 편리함을 갖추지 않고는 사업을 시작하기 어렵지만, 편리함 제공에 그쳐서는 안 된다. 합리적인 판단을 넘어서는 무언가를 제시할 궁리를 해야 한다. 속임수를 쓰거나 혼란스럽게 하는 게 아니다. 그보다는 누군가와 광고로, 웹사이트나 우편물로, 무엇보다 제품의 경험으로 소통할 때마다, 그 사람이 긍정적인 감정을 느낄지 무감각할지는 그 브랜드가 하기 나름이라는 뜻이다. 바꿔 말하면, 사람들에게 시간을 함께 보내자고 하는데 시간값 정도는 해야 하지 않을까? 만약 1장에서 설명한 원칙대로 고객의 문제를 해결하려는 데서 출발한다면 감성적인 브랜딩은 속임수를 써서 사랑을 얻는 게 아니다. 오히려 고객이 정말 필요한 것을 예민하게 알아차려 진심으로 해결해주는 행위이며, 따라서 브랜드가 약속한 내용을 제품이 철저히 지켜야 한다.

종종 브랜딩이 사람들을 교묘하게 조종하려 한다고 비난하는 경우를 접하는데, 쓸데없는 걱정으로 소비자들을 과소평가하는 격이다. 로고 하나 잘 만들어선 아무도 눈 하나 깜짝하지 않을 것이다. 하지만 온갖 흥미롭고 매력적이고 의미 있는 이야기로 존재 이유를 설명하고, 더 좋은 제품 경험으로 그 이야기를 탄탄하게 뒷받침하는 브랜드에는 분명 끌릴 것이다.

박스드와 올버즈는 기능과 감성을 어떻게 연결했는가

꼭 다이아몬드를 팔 때만 감성적인 울림이 있는 이야기를 할 수 있는 건 아니다. 우리 고객 중 박스드Boxed는 스마트폰 앱 중심 유통업체로 일용품을 창고형 매장가격에 대량으로 판매한다. 말하자면 디지털 세대의 코스트코인 셈이다. 우리 팀이 박스드를 처음 맡았을 때 이 회사는 이미 사업을 시작해 '코스트코이지만 더 편리하고 회비도 없다'는 꼬리표를 떨쳐내려 애쓰고 있었다. 브랜드를 소개할 때 **절대로** 하지 말아야 할 일이 다른 브랜드와의 관계를 내세우는 것이다. 예컨대 '트위터와 핀터레스트의 결합에 우버를 살짝 입힌 거죠' ……이건 정말 아니다.

박스드의 초기 메시지는 온통 토요일에 창고형 매장에 가지 않아도 된다는 내용 일색이었다. 편리함은 박스드의 브랜드 이야기에서 매우 중요한 부분이고, 브랜딩을 할 때 새로운 메시지를 전달하고자 편리함을 완전히 저버릴 마음은 전혀 없었다. 이 브랜드는 지금도 잃어버린 시간을 되찾아준다는 약속을 내걸고 있다. 하지만 특히 박스드처럼 딱 봐도 아마존의 경쟁자로서 판매 물품이 아마존과 많이 겹치는 경우, 편리함을 넘어서는 가치로 무엇을 내세울지 반드시 찾아야 했다.

박스드의 고객들과 직접 이야기를 나누자, 대량으로 물건을 구매할 때 단순 비용 절감이나 시간 절약을 넘어서는 감성적 편익이 있다는 사실을 발견했다. 벽장이나 창고를 꽉 채우는 데서 느끼는 특별한 감정이 있었다. 삶에 어떤 어려움이 닥치든 대비가 되어있다는 자부심과 든든한 기분이었다. 도시 거주자들은 공간의 제약이 있으니 이런 감정에 공감하기 어려울 수도 있지만, 미국 내 대부분 지역에서는 화장지가 빼곡히 쌓여있는 벽장을 열어본 자만이 느끼는 벅찬 성취감이 있다. **완.벽.해.** 이런 깨달음을 바탕으로 브랜드 전략 '삶을 향해 준비 완료all set for life'가 나왔다. 소비자 조사에 나서기 전, 박스드 팀원들은 **대량**이라는 말을 쓰는 것조차 주저했다. 매력 없는 싸구려처럼 들릴까 걱정했기 때문이었다. 하지만 새로운 브랜드 전략 아래에서는 대량이라는 개념을 브랜드 스토리의 일부로 활용할 재량이 생겼다. 우리는 로고를 굵고 두툼하게 새로 디자인하고 '대량, 사랑해Love That Bulk', '절대 나가지 마세요Don't Run Out'(물론 물건을 사러 '나가지'

않아도 되니 편리함을 말하지만, 꼭 필요한 물건이 '다 나가지' 않는다는 뿌듯한 감정도 이야기함) 같은 새로운 브랜드 슬로건을 지었다. 박스드는 지금도 여전히 소비자에게 토요일을 되돌려준다고 이야기한다. 그러나 이제는 편리함에만 기대지 않는 자신감 있고 개성 넘치는 관점으로 이야기할 수 있다.

가장 사랑받는 브랜드는 하나같이 제품의 편익을 넘어서는 상위의 감성을 명확하게 내세운다. 우리가 고객과 일할 때는 해결해야 하는 문제에서 출발하고 그다음 브랜드가 내세우는 감성, 그리고 브랜드가 사람들에게 불러일으키는 느낌을 정의한다. 이런 방향이 명확하게 잡힌 다음에야 브랜드의 분위기와 디자인, 언어를 고민한다. 이 방향성은 브랜드의 행동과 소비자의 경험 전체에 영향을 준다. 그렇다고 자나 깨나 대놓고 감성적인 메시지만 전한다는 뜻은 아니다. 때로는 이 물건이 무엇인지, 어떻게 작동하는지 설명도 필요한 법이다. 제품의 기능적 편익을 내세워야 할 때도 있다. 하지만 그 바탕에는 언제나 감성적인 방향성이 있어 우리 의사결정의 길잡이가 되고 브랜드가 어떻게 행동할지 이끈다. 제품은 제품대로 기능이 있고 브랜드는 브랜드대로 방향성이 있다.

우리 팀이 올버즈의 창업자 조이 즈윌링거Joey Zwillinger와 팀 브라운Tim Brown을 처음 만났을 때, 우리는 이들의 제품에 얽힌 이야기에 홀딱 반했다. 팀 브라운은 거의 10년 동안 뉴질랜드 국가대표로 뛴 전직 프로축구선수였다. 축구선수로 활동하는 동안 신발 협찬을 많이 받았는데, 받은 신발마다 모두 환경파괴가 가장 심한 원료로 값싸게 제조했으면서 겉면만 선명하고 튀는 색상에 온통 로고로 뒤덮인 모습을 보고 신발산업의 현주소에 경악했다. 팀은 뉴질랜드 출신으로서 메리노울이 얼마나 좋은지 직접 보며 자랐다. 부드럽고 통기성도 좋으며 체온조절도 잘 될 뿐 아니라 매년 새로 자라는 프리미엄 소재였다. 그는 왜 신발에 메리노울을 사용한 적이 한 번도 없는지 궁금해졌고, 울 소재로 전에 없던 새로운 신발을 만들 수 있는지 직접 연구하기로 했다. 한동안 연구와 개발을 거친 뒤 팀은 울을 주원료로 하는, 신발을 만들 만큼 강도와 내구성이 좋으면서 부드럽고 유연하기도 한 소재 개발에 성공해 특허를 냈다. 2014년 3월에는 이 울 소재 러닝화의 잠재수요를 확인해보기 위해 크라우드펀딩 플랫폼 킥스타터에서 후원 캠페인을 열었다. 목표금액이 3만 달러였는데 불과 4일 만에 12만 달러를 달성해 캠페인을 급히 종료해야 했다.

이런 꿈을 현실로 만들려면 공급망을 잘 아는 파트너가 필요했다. 조이 즈윌링거는 솔라자임Solazyme이라는 회사의 화학 부서 책임자였는데, 솔라자임은 생명공학 기업으로서 미세조류를 배양해 설탕을 물질대사 시켜 재생 가능한 제품으로 만드는 곳이었다. 팀과 조이는 한 팀이 되어 2015년 초, 당시에는 스리오 버세븐Three Over Seven이라는 이름으로 올버즈를 창업했다. 우리 팀이 두 사람을 만난 건 그해 봄으로, 공식 출시일을 대략 9개월 앞뒀을 때였다. 킥스타터 사용자들에게 뜨거운 호응을 얻긴 했지만, 두 창업자는 브랜드에 전력투구하지 않고는 이 바닥에서 절대 성공할 수 없다는 걸 잘 알았다. 신발산업이야말로 가장 브랜드에 살고 브랜드에 죽는 분야 아닌가. 대표적으로 나이키가 있다. 애플과 더불어 프로젝트 킥오프 회의에서 가장 존경하는 브랜드로 가장 자주 언급되는 브랜드다.

나이키는 너무나 인기가 높아 누군가 제일 좋아하는 브랜드로 꼽으면 헛웃음이 피식 나올 정도이다. 그런데도 그 선택에 반박할 수 없다. 나이키의 브랜드 커뮤니케이션은 하나부터 열까지 정말 탁월하기 때문이다. 나이키만큼 끊임없이 추상적인 감성을 말하고 단순한 제품편익을 넘어선 가치를 내세우는 브랜드도 드물다. 나이키는 결코 그냥 신발 브랜드가 아니다. 항상 차원을 높여 성취를 이야기하고, 우리는 모두 마음에 운동선수를 품고 있다고 말한다. 그럼으로써 나이키는 모든 신발 브랜드, 또는 모든 브랜드의 본보기가 되었고, 이제 다른 브랜드도 나이키의 기준에 맞춰 사람들이 진심으로 관심을 보일 수 있는 큰 이야기를 해야만 한다.

올버즈 창업자들이 우리를 찾아왔을 때, 사업에 매력적인 특징이 두 가지 있었다. 매우 중요하면서도 앞으로 이 브랜드의 토대가 될만한 특성이었다. 이들의 목표는 감성을 설득력 있게 전달하는, 사람들이 푹 빠지고 게임의 판도를 바꿀 브랜드였기 때문이다.

하나, 지속가능한 소재를 중심으로 신발산업 전체를 바꾸려는 사명

이런 사명감은 브랜드의 존재 이유의 핵심이자 브랜드 스토리에서 중요한 부분이었다. 하지만 '친환경 운동화' 하나만으로는 절대로 브랜드가 목표하는 만큼 많이 팔리지도, 업계에 영향을 주지도 못하리라는 데 모두 의견을 모았다. 환경에 너무 관심이 많아 친환경이라는 이유만으로 특정 신발을 살만한 사람 수는 겨우 코딱지 수준일 것이고 그걸로 끝이었을 것이다. 올버즈가 더 많은 사람에게 다가서기 위해서는 그들의 실생활에 감성적으로 공감하는 브랜드 스토리가 필요했다. 옳은 일을 하려는 마음에 동감하는 것으로는 부족했다. 사람들이 점점 브랜드가 사회와 환경에 미치는 영향에 더 관심을 쏟고, 선한 일을 하는 브랜드에 끌리는 건 틀림없다. 또 오늘날 수없이 많은 브랜드가 착한 소재를 쓰거나 탐스슈즈가 처음 개발한 '한 켤레 사면 한 켤레 기부' 사업모델을 택하거나, 아니면 특정 사명을 지지하는 등 좋은 일을 함으로써 사업에 성공하려고 노력한다. 이 책을 쓰는 나도 기업의 사회적 책임을 대강 말로만 때울 수 없다는 걸 새로 시작하는 브랜드들이 알았으면 하는 마음이다. 소비자들은 그런 빈말에 넘어가기엔 너무 현명해졌고, 눈속임하려는 기업을 꿰뚫어 볼 수 있다. 사회적 사명이 사업모델과 브랜드 스토리에 맞지 않으면 겉면만 그럴싸하게 싸는 포장, 또는 마지막에 급히 덧붙인 것처럼 보일 수 있다. 그런 의미에서 큰 사명과의 연계성이 느리지만 확실하게 최소요건이 되고 있다니 무척 기쁘다. 마치 가격 경쟁력이나 편리함이 그런 것처럼. 나는 우리 팀을 만나러 오는 브랜드 중 지속가능성을 제품이나 패키징 전략에 반영할 계획이 없거나 세상에 어떤 영향을 끼치고 싶은지 깊이 고민하지 않는 브랜드에는 무척 회의적이다. 세상이 점점 달라져 앞으로는 지구 환경과 인류를 위해 기존의 방식을 개선하려는 목표가 없다면 사업을 시작조차 할 수 없기를 소망한다.

그런 의미에서 올버즈는 확실히 앞장서서 업계의 기준을 높이고 있으며, 나도 브랜드가 지속가능성에 집중하는 일이 중요하지 않다거나 의미가 없다고 깎아내릴 생각은 요만큼도 없다. 이런 사명이 없다면 올버즈도 그렇고 그런 신발 브랜드일 뿐이다. **하지만** 내 생각엔 지속가능성은 감성이라기보다는 '기능적 편익'에 해당한다. 앞서 설명한 대로 브랜드가 무슨 일을 하든 고객의 근본적인 문제를 해결해주려는 데서 출발해야 한다면, 아직 인간의 깊은 속마음을 대변하는, 고객이 자기 이야기라고 느낄 수 있는 브랜드 스토리로는 부족하다. 대부분의 사람들은 환경을 걱정하지만, 지구의 고통을 직접 느끼지는 않는다. 적어도 아직은.

둘, 신발의 특성

올버즈 신발이 훌륭하지 않았다면 브랜드가 아무리 대단한 마법을 부려도 전혀 보완할 수 없었을 것이다. 올버즈 신발 디자인에는 두 가지 핵심 원칙이 있었다. 하나는 미니멀리즘을 지킨다는 원칙으로, 걸어 다니는 작은 광고판처럼 브랜딩이 과하고 로고로 뒤덮인 데다 선명한 색상에 눈에 확 띄는 운동화에 대한 해결책이었다. 창업자들은 다양한 목적에 맞는 다재다능한 신발을 디자인하고 싶어 했다. 단순한 디자인 덕분에 같은 신발을 운동할 때부터 출근할 때, 퇴근 후 저녁 약속까지 계속 신어도 모든 상황에 두루 어울렸다. 목표는 여행 짐을 쌀 때 단 한 켤레만 가져가도 되는 신발을 만드는 것이었다.

다른 원칙은 편안함이었다. 무슨 생각하는지 다 안다. 운동화는 원래 모두 편안하게 디자인하지 않나? 올버즈 광고처럼 보이기는 싫지만, 올버즈를 신어보지 않은 독자라면, 정말이다. 이 신발은 정말, **정말** 편안하다. 너무 편안해서 한번 익숙해지면 다른 신발을 신기 어려울 정도다. 하지만 편안함이 매력적이긴 해도 까딱 잘못하면 저주로 둔갑할 수 있다. 과거 편안함에만 지나치게 의존했다가 고루한 브랜드로 낙인찍힌 신발 브랜드도 있다. 구태여 이름을 대지는 않겠지만 '아줌마 운동화'나 '아저씨 운동화' 브랜드 하나쯤 떠오를 것이다. 편안함이 가장 매력적인 특성은 아니다.

올버즈의 장점은 부정할 수 없었다. 지속가능성과 절제된 디자인, 그리고 편안함이었다. 그리고 우리는 그 세 가지가 모두 **탐험**과 관련 있다는 걸 깨달았다. 이 신발을 신으면 어디든 거침없이 갈 수 있다. '뭘 하든 신발은 딱 한 켤레One shoe for all you do'인 셈이다. 쓱 신고 가볍게 비행기에 올라 어디든 가면 된다. 또 물론 탐험이란 개념은 올버즈의 환경에 대한 사명과도 긴밀히 연결된다. 이 회사는 세상에서 가장 지속가능성 큰 소재를 발굴해 활용법을 끊임없이 탐색하고, 우리가 소유하는 물건이 만들어지는 방식을 완전히 바꾸려 한다. 탐험은 올버즈의 사업과 제품, 브랜드를 모두 아우르는 아이디어가 되어 결국 '호기심'이라는 감성의 영역을 차지하게 되었다. 모든 크리에이티브 관련 의사결정은 호기심을 이끄는 방향으로 이루어졌고, 첫 대상은 브랜드 이름이었다. 너무 글자 그대로이거나 뻔하지 않으면서 사람들의 상상력을 불러일으키는 이름을 찾아야 했다.

어느 날 몇 명이 둘러앉아 이름 후보를 브레인스토밍하며(우리 팀에서는 '네임스토밍'이지만) 아이디어를 모으다가 누군가가 물었다. "뉴질랜드 새 중에 키위 말고 또 뭐가 있나요?" 일단 창업자 팀의 고향인 뉴질랜드는 키위의 서식지로 유명하기 때문에 키위는 너무 뻔해 보였다. 다들 뉴질랜드 출신 브랜드라는 뿌리를 이름에 연결 짓는다는 발상을 마음에 들어 했고, 브랜드 상징으로 새를 앞세우면 탐험이라는 전략 방향과도 일치하는 듯했다. 뉴질랜드인 한 명이 나섰다. "글쎄요, 하긴 뉴질랜드에 인간이 발을 들이기 전에는 온통 새뿐all birds이었죠." 갑자기 모두 저 머나먼 섬나라에 새만 가득한 모습을 떠올리며 오감을 자극하는 아름다움에 매료되었다. 때로는 이름을 지을 때 몇 주씩 아이디어를 내도 모두 쓰레기통에 들어가기도 한다. 하지만 이 말을 듣는 순간 모두 무릎을 탁, 쳤다. 온통 새뿐이라는 뜻의 올버즈 말고 다른 브랜드 이름은 생각할 수 없었다. 기묘하지만 딱 좋을 만큼만이었고, 거기에 그치지 않고 은근하게 환경 이야기도 담겼다. 뉴질랜드에 사람이 상륙했을 때 다른 동물들을 데려왔고, 그 결과 전체 생태계가 바뀌었기 때문이다. 인간이 서식하기 시작할 때 자연환경에 어떤 영향을 미치는지 알 수 있는 단적인 사례이다. 하지만 우리는 애초에 이런 이야기를 구구절절 설명하려는 생각이 전혀 없었다. 브랜드 이름이 올버즈인 이유를 소비자들이 알 필요는 전혀 없었다. 팀과 조이는 이 이름이 남과 다르고 듣기에 약간 불편하다는 이유로, 무엇보다 궁금증을 자아내기 때문에 좋아했다. 다른 신발 브랜드와는 전혀 다른 인상이었다.

Q. 내 브랜드 이름에 제품을 나타내는 내용이 전혀 없다면 소비자들에게 브랜드 이름이 무슨 뜻인지 설명하는 데 시간과 노력이 더 들지 않을까?

가장 빼어난 브랜드 이름은 기능적 편익에만 기대지 않고 어떤 감정을 담는다. 아직도 수많은 브랜드가 기업이 하는 일을 정확히 설명하는 이름을 지으려 한다. 특히 소비자를 대상으로 이름을 '테스트'해보려는 브랜드에게 이런 현상이 두드러진다. 맥락을 전혀 모르는 상태에서는 소비자들이 문자 그대로 상세히 설명하는 이름을 선호하기 때문이다. 하지만 현실 세계에서 소비자들이 맥락 없이 브랜드 이름을 단독으로 접하는 경우는 극히 드물다. 브랜드 이름은 항상 나머지 브랜드 커뮤니케이션이라는 맥락 안에서 보이므로 보통은 더 감성적이고 추상적인 이름을 선택하는 게 유리하다. 그렇지 않았을 때는 기업 대부분이 그렇듯 순전히 현실적인 시각에서도 당신의 사업이 점점 진화해 브랜드 이름이 더는 판매하는 상품을 나타내지 못하는 곤란한 상황을 맞을 수도 있다. 예를 들어 오버스톡닷컴overstock.com이나 메일침프Mailchimp는 별도의 광고 캠페인을 운영해 브랜드 이름에 나타난 것보다 더 다양한 서비스를 제공한다고 설명해야 했다(오버스톡은 온라인 가구유통에서 암호화폐와 블록체인으로, 메일침프는 이메일 마케팅 대행에서 마케팅 전반 대행 플랫폼으로 변화-옮긴이). 그 예산이면 얼마든지 다른 이야기를 전달할 수 있는데 이런 엄청난 미디어 예산 낭비가 또 있을까!

브랜드 이름은 그저 기업이 무슨 일을 하는지 설명하는 실용적인 기능을 넘어서서 어떤 느낌을 유발하고 호기심을 돋울 기회이기도 하다. 브랜드 이름만으로 무슨 사업인지 정확히 전달한다면 대화를 시작하기도 전에 끝낸 격이 된다. 딱 마이크로소프트 대 애플의 대결이다. 우리 팀은 항상 고객들에게 이름을 선택할 때 기능적 편익을 어떻게 전달할지 너무 걱정하지 말고 오히려 브랜드의 구심점이 될 만한 느낌을 생각하도록 설득한다. 브랜드에 있어 이름은 종이나 캔버스가 되어야 한다. 올버즈처럼 상징적인 뜻이 담길 수도 있고 차량 공유 서비스 리프트처럼 업의 본질이 명시될 수도 있다('태워주다'의 lift를 Lyft로 철자변형-옮긴이). 어느 경우라도 사업의 성장을 가로막지 않고 사람들이 각자 나름의 의미를 부여할 수 있도록 해석의 여지가 충분히 커야 한다.

한편 이름은 시작에 불과하며 브랜딩이라는 퍼즐의 한 조각일 뿐이다. 올버즈라는 브랜드는 시각과 언어의 세계 모두 호기심을 길잡이 삼아 만들었다. 로고는 신발 끈에서 착안한 느슨한 손글씨 모양으로 업계에서는 굉장히 드문 형태였다. 브랜드 심벌은 새를 추상화한 모양으로 이름의 끝 글자 S를 활용했다. 흔히 브랜드를 한눈에 알아보는 장치로 이름의 첫 글자를 활용하는 것과는 다른 접근이었다. 뉴질랜드 일러스트레이터 토비 모리스Toby Morris는 엉뚱 발랄한 그림의 세계를 창조해 사람들의 호기심을 돋웠다. 그중에는 올버즈의 '대변양spokes-sheep' 피터도 있는데, 피터는 움직이는 양 캐릭터로서 올버즈의 사무적인 이메일에 나타나 주문 확인서처럼 가장 기능적인 소통에도 뜻밖의 재미를 선사한다. 브랜드 관련 의사결정마다 올버즈는 의외성을 꼭 넣는다. 초기 온라인 쇼핑 경험 디자인에는 은근하지만 중요한 장치도 있었는데 부드러움을 직관적으로 전달하기 위해 발가락이 울에 파묻힌 채 꼼지락거리는 GIF 애니메이션을 넣었다. 초기 사진 이미지도 하나같이 사람이 다음 모험을 향해 화면 밖으로 나가려는 동적인 장면이었다.

웹사이트 첫 화면에는 믿을 수 없을 정도로 단순한 한 마디가 내걸려 결국 초기 브랜드 성격을 결정짓게 되었다. "알고 보니, 세상에서 가장 편안한 신발은 울 소재로 만들었더군요." 겉보기에는 이만큼 단도직입적이고 직설적인 한마디가 있을까 싶지만,

알고 보니를 덧붙임으로써 가볍고 일상적인 대화 분위기를 조성했을 뿐 아니라 신발을 발명하기까지의 새로운 발견과 혁신 과정을 은근슬쩍 내비친다. 올버즈는 **세상에서** 가장 편안한 신발이라는 개념을 자기 것으로 만들었고, 언론이 이 별명을 냉큼 받아쓰자 이 말은 점차 브랜드를 설명하는 대표 문구가 되었다. 포장방식 역시 전통적인 '상자 속 상자' 형태를 개선하기 위해 배송 상자로도 활용할 수 있는 신발 상자를 최초로 개발했고, 상자용 골판지를 무려 40퍼센트 줄이는 혁신을 이뤘다. 상자는 책처럼 양쪽으로 펼쳐지기도 하여 브랜드 스토리를 담기에 이만한 자리가 없었다. 편안함을 이야기하든 지속가능성에 대한 약속을 재확인하든 올버즈는 소비자와 마주치는 접점마다 감성적인 울림을 만들고 호기심을 자아낸다.

올버즈는 압도적인 성공을 거두었고, 첫 출시 이후에도 새로운 형태와 소재의 제품을 꾸준히 내놓았다. 물론 모두 지속가능한 자원으로 만든 제품이다. 올버즈 팀은 끊임없이 새로운 도전으로 브랜드를 새로운 차원으로 이끌고 있다. 오프라인 상점을 열고, 새로운 국가로 진출하고, 한정판 색상을 출시하며 때로 품절 대란을 빚어 사람들이 계속 다시 찾아올 여지를 만든다. 가끔은 어디를 가나 올버즈 신발을 신은 사람을 한 명씩 보는 것 같다 (심지어 오바마 전 대통령도 이 신발을 신은 모습이 포착되었다). 무엇보다 기쁜 건, 비록 올버즈가 실리콘밸리 IT 업계의 비공식 유니폼이라고 비난하는 사람도 있지만 93세인 우리 할머니도 갖고 계신 올버즈 운동화를 애지중지하시고 아이들은 유아 라인인 스몰버즈Smallbirds를 신고 신나게 뛰어다닌다는 사실이다. 그만큼 올버즈의 제품과 브랜드에는 어떤 보편성이 있다. 신발이 놀랍도록 편안하고 어디나 잘 어울리는 데다 브랜드가 마음속 감성 영역을 점령한 덕분이다. 이 브랜드의 긍정적 에너지는 누구나 공감할 수 있지만, 모든 사람의 마음에 들려 애쓰는 무無개성과는 확연히 다르다. 올버즈 특유의 독특한 분위기와 아름다움이 있지만, 올버즈가 차지하는 감성 영역은 인구통계학적, 지역적 특성을 초월한다. 브랜드의 개성은 환경이라는 누구나 흔쾌히 동조할 수 있는 사명에서 비롯되었지만, 이런 사명감이 효과 있는 건 그 뒤에 진정한 혁신과 제 할 일을 충실히 해내는 제품이 든든히 받치고 있기 때문이다. 올버즈 브랜드는 그저 재미있는 데서 그치지 않고, 신발의 존재 이유에 대해 환경이라는 거시적 차원과 일상 속 편안함이라는 미시적 차원에서 의미 있는 이야기를 전하는 수단이기도 하다. 올버즈의 브랜드 스토리는 겉면만 싸는 포장이 아니다. 올버즈의 브랜드 스토리는 사업의 방향성, 제품의 편익과 서로 긴밀하게 연결되어 있다.

군계(群鷄) 속에서 일학(一鶴) 되기

올버즈의 혁신 이야기는 흥미진진하고 제품도 훌륭하지만, 결국 사람들이 브랜드를 좋아하는 이유는 브랜드가 주는 느낌 때문이다. 혁신에 성공한 기업의 이면에는 위험이 도사리고 있다. 바로 새로운 제품 스토리만으로 세간의 관심을 끌 수 있다고 착각하며 너무 세세한 것에 빠져 허우적대는 경우이다. 하지만 우리 팀은 제품이 아무리 매력적이고 독특해도 브랜드가 사람들과 어떻게 해야 사적인 친밀감을 쌓을 수 있을지 늘 고민한다.

바우어리Bowery와 일할 때도 이런 고민에 부딪혔다. 바우어리는 실내농업으로 전 세계의 식량 위기를 해결하려는(참 쉽죠?) 꿈을 품은 기업이다. 바우어리만의 특별한 실내 재배방식으로 거의 아무 데서나 신선한 농산물을 기를 수 있고, 전통 농업방식보다 물은 95퍼센트 적게 사용하면서 동일 면적당 생산량은 100배나 높다. 전부 무척 희망찬 이야기지만 치명적인 약점이 있다. 바로 사람들 대부분이 채소를 구매할 때 느끼고자 하는 감정에 어긋난다는 사실이다. 사람들이 농업에 대해 떠올리는 이상향은 혁신이나 기술과는 정반대로, '땅으로 돌아가 소매를 걷어붙이고 흙을 만지는' 옛 시절 장면이다. 우리 팀은 바우어리의 CEO 어빙 페인Irving Fain과 머리를 맞대고 바우어리를 '가장 현대적인 농업 기업'로 내세우되 신선하고 자연적인 농작물을 사려는 사람들의 마음, 자신과 가족에게 가장 좋은 것을 먹이고자 하는 마음도 공략하는 브랜드를 만들려 나섰다. 바우어리의 재배방식을 절대 숨기지는 않지만, 사람들이 바라는 '느낌'과 연결해주고자 했다.

소비자들이 생각하는 가장 좋은 농산물은 단연 지역생산, 그리고 유기농이었다. 그래서 우리는 바우어리가 실내농장이니 지역생산의 최고봉이라고 강조했다. 모든 농산물을 불과 소비처 몇 킬로미터 안에서 재배할 수 있기 때문이다. 또 유기농으로 말할 것 같으면, 바우어리는 재배환경을 완벽히 통제할 수 있어 농약이 전혀 필요 없으니 유기농보다 더 나은 셈이다. 바우어리가 농작물 재배 전 과정을 한 치의 오차도 없이 통제하기 때문에 상상할 수 있는 최고로 깨끗한 채소를 수확한다. 우리는 자연과 정밀성의 이처럼 독특한 조합을 브랜드의 정체성으로 정했고, 크리에이티브 관련 모든 의사결정의 길잡이로 삼았다. 그 덕분에 혁신성을 강조하면서도 안심할 수 있고 영양이 풍부하다는 느낌도 풍길 수 있었다. 우리는 이런 강한 대비와 의외성을 자랑스럽게 이야기했다. '세상에서 가장 깨끗한 농작물이 실내에서 재배된다는 생각은 꿈에도 못 하겠지만 모두 사실이랍니다.'

브랜드의 시각 디자인도 대비를 활용해 느슨하고 자유로운 형태를 고도로 정밀하게 만들었다. 브랜드의 이름 역시 강한 대비를 활용했는데 정말 어려운 결정이었다. 뉴욕의 '바우어리' 지역이 딱히 신선하고 맛있는 채소의 이미지를 연상시키는 곳은 아니었기 때문이다. 가보지 못한 독자를 위해 설명하자면, 바우어리 지구는 뉴욕 시내에 있는 굉장히 신나고 활기 넘치는 동네이지만 길거리에 앉아 무얼 먹고 싶을 만한 곳은 아니다. 그런데 회사 이름을 지을 무렵, 나는 우연히 뉴욕의 옛 모습에 관한 책을 읽다가 **바우어리**bouwerie가 네덜란드어로 '농장'이란 뜻이고 뉴욕의 바우어리 지구의 이름은 여기서 유래했다는 사실을 접했다. 원조 도시농장이었다. 회사의 상징으로서 더할 나위 없이 완벽했다. 호기심을 자극하고 어쩌면 약간 논란의 여지도 있으면서 진열대에서 사람들의 주의를 끌 이름이었다. 직설적이고 기능적인 이름이 수없이 많은 업계에서(오가닉걸Organicgirl, 어스바운드팜즈Earthbound Farms) 우리는 정반대로 접근했다. 이렇게 창업자 어빙과 모든 브랜드 의사결정을 내릴 때마다 우리는 다층적인 브랜드 경험을 생각했다. 어떻게 하면 신선식품 진열장에서 사람들의 주의를 끌 수 있을까? 정답, 처음 보는듯한 생소한 이름과 BI 디자인으로. 어떻게 하면 지갑을 열도록 설득할까? 정답, 사람들이 가장 관심이 높은 기능적 편익(지역생산, 무농약)으로. 어떻게 하면 이들이 저녁 모임에서 브랜드를 화제에 올리며 사길 잘했다고 뿌듯해할까? 정답, 브랜드의 사명으로. 각 특징은 모두 연결되어 있으며, 한 가지 요소를 결정하려면 다른 요소를 모두 고려해야 한다.

브랜드의 감성적 울림은 난데없이 지어낼 수 있는 게 아니다. 회사의 실제 행동과 판매하는 제품이 든든히 뒤를 받쳐줘야 한다. 브랜드의 말과 행동, 또 사람들에게 자극하는 감정 모두 유기적으로 연결되어 있어야 한다.

—

오늘날처럼 그 어느 때보다 소비자에게 선택의 여지도, 지식도, 권력도 많은 시장에서는 처음부터 진정성 있게 브랜딩을 해야 한다. 로고에 대한 고민을 시작하기 전에 회사가 사람들에게 어떤 도움을 주려 하는지, 그 결과 사람들이 브랜드를 어떻게 느꼈으면 좋겠는지 알아야 한다. 중요한 건 당신의 브랜딩으로 실제 문제를 해결해주고, 그 과정에서 사람들이 이해받고 격려받는다고 느끼는 일이다. 당신이 차지하려는 감성의 영역을 제품이 든든히 받쳐주지 못한다면, 브랜드란 그저 누군가가 한 꺼풀 벗겨내는 순간 산산이 흩어지는 허울 좋은 이야기일 뿐이다. 마치 의류 브랜드가 다양성과 포용성의 느낌을 준다고 표준 사이즈보다 큰 플러스 사이즈 모델을 광고에 등장시키지만 판매하는 제품에는 치수가 12사이즈(미국은 0부터 12까지가 이른바 '표준' 사이즈-옮긴이) 이상이 없는 것과 똑같다. 실제 벌어지는 일이며, 어찌나 빈번한지 좌절감이 들 정도이다.

브랜드는 속임수가 되어서는 안 된다. 브랜드는 제품의 본모습을 유쾌하게 표현하는 수단이어야 하며, 궁극적으로 사람들의 삶에서 긍정의 힘이 되어야 한다. 가장 사랑받는 브랜드는 기능과 감성을 자연스럽게 결합한다. 제품은 제 할 일을 정확히, 누구보다 뛰어나게 해내고 브랜드는 그 세계의 일원이 되는 것을 자랑스럽게 만들어준다. 둘 중 어느 한 가지만 있다면 시간이 흐를수록 브랜드에 대한 사랑과 충성심도 사그라진다. 하지만 두 가지를 달성할 수 있다면, 그때야말로 사람들이 그 브랜드의 '덕후'가 될 것이다.

3장

브랜드로 자아를
표현하는 소비자

브랜드가 사람들에게 보이고 싶은 모습이
전부가 아니다.
사람들이 '자신'을 스스로 어떻게 보는지와
브랜드를 연결하는 것이 핵심이다. ▬

아이폰 몇 세대 전쯤, 애플에 단단히 화가 난 적이 있었다. 새로 산 아이폰이 아무리 해도 동기화되지 않아 끙끙대고 있었는데, 과거 애플 신제품은 무엇이든 상자에서 꺼내자마자 매끄럽게 돌아가던 시절과 비교하면 전혀 딴판이었다. 부아가 치민 나는 어떻게든 응징을 하고자 안드로이드 폰으로 갈아탈지 아주 잠시 고민했다. 몇 가지 모델을 들여다보고 친구 중 유일한 안드로이드 사용자에게 의견을 물은 뒤 재빨리 결론을 내렸다. 다들 안드로이드가 매우 좋다고 칭찬했는데 아무리 안드로이드 폰이 더 저렴하고 사용하기 쉽고 카메라 품질이 훨씬 좋다 해도 도저히 갈아탈 수 없었다. 내 손으로 '초록이'가 되다니. 아이폰 사용자라면 알겠지만 다른 아이폰으로 문자메시지를 보낼 때는 아이메시지 iMessage를 거치고 내용이 파란 말풍선에 표시된다. 하지만 타 기기 사용자와 문자메시지를 주고받으면 내용이 초록 말풍선에 표시된다. 그때부터 나는 체념하고 평생 '애플빠'로 살아야 할 운명을 담담히 받아들이기로 했다. 애플이 내 심기를 건드리고 제품이 점점 보잘것없어지거나 신제품 발표가 실망스러울 수 있지만, 그렇다고 애플을 버리기에는 이 브랜드와의 유대감이 이미 내 정체성의 일부가 되어있었다. 애플 노트북이나 아이폰, 에어팟을 쓰면 내가 어떤 사람인지 은근히 드러내게 된다. 물론 애플 제품은 나의 주머니 사정도 드러낸다. 이 부분을 모른척하지 말자. 애플은 그동안 탁월한 솜씨로 브랜드에 창의성과 기존 질서에 저항하는 성격을 부여해왔기 때문에 사람들은 이미 주변 모두가 똑같은 애플 제품을 가지고 있는데도 여전히 애플 제품을 사용할 때마다 '쿨하고, 기득권에 대항하는 기분'에 젖는다. 브랜드가 특정한 가치관을 지지하고 사람들이 자신을 보는 눈, 즉 자아인식의 일부로 자리 잡은 가장 모범적인 사례이다. 결국, 세상은 맥Mac 아니면 PC로 나뉘고 한번 맥 사랑은 영원한 것 아닌가.

고객을 중심에 두고 생각하기

1장에서는 사람들이 지닌 어떤 문제를 해결해주는가를 브랜드의 근간으로 삼아야 한다고 이야기했다. 2장에서는 브랜드가 사람들에게 어떤 느낌을 줄지에 집중해야 한다고 설명했다. 두 가지 원칙 모두 브랜딩의 전 과정에서 기업이 아닌 고객이 주인공이라는 공통점이 있다. 고객과 의미 있고 오래가는 관계를 쌓으려면 더 새롭고 더 호감 가는 방법으로 고객의 자아인식을 공략해야 하며, 요즘 가장 성공한 브랜드들은 이 사실을 잘 알고 있다. 브랜드가 성공하려면 사업을 구상할 때부터 사람들이 깊이 공감할만한 브랜드 정체성을 구축해야 한다. 물론 앞서가는 브랜드는 늘 고객에게 맞추려 노력해왔다. 예를 들어 아기의 편안함을 중요시하는 부모라면 팸퍼스 기저귀를 고르고, 세계 최고의 자동차 기술을 누리고 싶은 사람이라면 BMW를 탈 것이다.

하지만 아직 브랜드가 들려주는 이야기는 제품 중심이라는 한계를 벗어나지 못했다. '우리 제품은 x와 y 특성을 나타내니 이 제품을 구매하는 분들은 이런 특성에 관심을 표명하는 것입니다'라는 식이다. 이와 달리 차세대 기업들은 고객에게 브랜드를 선택함으로써 자신을 표현하라고 권하기보다 고객의 가치관에 브랜드를 **맞추려** 한다. 기존의 메시지가 '우리 브랜드로 당신을 이렇게 표현하세요'라면 새로운 메시지는 '당신이 X에 관심이 많다는 걸 알아요. 우리도 마찬가지예요'이다. 브랜드가 말하고 싶은 자기중심적인 이야기에 고객을 억지로 끼워 맞추려 하지 않고, 고객이 서있는 그 자리로 다가가려는 태도이다. 제품 중심이던 상황을 반대로 뒤집으니 브랜딩은 기업 자신의 정체성을 세우는 일이 아닌, 고객과 공동의 정체성을 만들어가는 활동이 된다.

패션업계만큼 이런 변화가 두드러지는 곳도 없다. 이 세계에서는 사업의 모든 의사결정을 브랜드가 이끌어왔기 때문에 패션은 어느 모로 보나 브랜딩 진화과정의 완벽한 표본이다. 물론 럭셔리 브랜드의 옷은 구조도 남다르고 바느질 상태도 정교하고 재단 방식 역시 몸매를 살려주지만, 소비자가 선택하고 지갑을 여는 데 브랜드가 가장 큰 역할을 한다는 것에 누구도 이견이 없을 것이다. 당신이 세제를 고를 때는 이 세제가 옷을 깨끗하게 해주기 때문이라고 주장할지 모른다. 그러나 옷을 고를 때는 순수하게 이성적인 의사결정을 한다고 주장하기 훨씬 어려울 것이다. 사은품 가방도 샤넬백과 비교해 지갑이나 열쇠를 나르는 기능은 전혀 뒤지지 않지만, 어깨에 걸치고 현관문을 나서는 기분이 똑같지는 않을 것이다. 구찌의 과장된 호화로움이든 더로우The Row의 절제된 화려함이든 사람들이 수천 혹은 수만 달러씩 지출하며 브랜드의 이미지를 걸치고 싶어 하고 심지어 짝퉁 시장까지 발달한 데는 다 그만한 이유가 있다. 이런 브랜드 이름의 무게가 있기에 일부 럭셔리 브랜드는 훨씬 전통적이고 구시대적인 방식으로 브랜드 의미를 다루는데도 여전히 건재하다.

그러나 요즘 이름값에 큰 가치를 매기던 기존 방식과 정반대의 움직임이 공감을 얻고 있다. 새로이 등장한 브랜드들은 사람들에게 지갑을 털어 겉모습에 투자하고 자기표현을 하라고 권하지 않으며, 로고보다 가치관을 전면에 내세운다. 이런 가치관에는 브랜드를 소유한 기업이 아닌 브랜드를 선택한 사람들이 중심인 감동적인 이야기가 들어있다. 구찌처럼 동경의 대상이지만 가질 수 없는, 돈을 잔뜩 써야 겨우 단추 하나 소유할 수 있는 세계를 구축하는 브랜드와는 정반대로, 새로 떠오르는 브랜드들은 전통적인 이미지 중심 접근에 의도적으로 반기를 드는 이야기를 들려주며 소비자에게 손을 내민다. 에버레인은 이미지가 아닌 공동의 정체성에 뿌리를 둔 신세대 패션 브랜드의 모범답안이며, 이는 신비주의 대신 투명성을 적극적으로 도입한 덕택이다. 자기가 입는 옷이 어디서 왔으며 어떻게 만들어지는지 염려하는 사람들 사이에서 투명성을 실천하며 크게 인기를 끌었다.

에버레인과 '극단적 투명성'

에버레인은 출시 전 2011년부터 지인에게 소개할 때마다 등급별로 보상하는 사전 추천 프로그램을 운영해 고객층을 형성하기 시작했다. 브랜드 메시지는 단순하지만 강력했다. 에버레인이 소셜 미디어 플랫폼 텀블러Tumblr에 올려 삽시간에 유명해진 인포그래픽 한 장에는 럭셔리 브랜드 티셔츠 한 장의 실제 생산비용과 전형적인 패션계의 마크업(markup, 제품 시장가격에서 제조 원가를 뺀 유통 비용과 이윤을 합친 값. 유통 비용이 상대적으로 소액이므로 '마크업=이윤'으로 사용하기도 함.-옮긴이)을 비교한 정보가 담겨있었다. 그림은 제품의 생산원가(약 6달러)와 고객이 내야 하는 가격(45달러) 사이 큰 차이를 부각했다. 거기에 에버레인이 출시하는 유일한 제품인 고품질 기본 티셔츠의 가격 15달러를 극명하게 대비시켰다. 소비자 직접판매 모델이 에버레인의 전매특허는 아니었다. 온라인 안경 브랜드 와비파커만 해도 이미 대성공을 거두고 있었다. 그러나 중간단계와 마크업을 없애는 일이 소비자에게 어떤 가치를 주는지 차근차근 쉽게 설명한 브랜드는 에버레인이 처음이었다. 이 메시지는 큰 반향을 일으켰다.

Q. 잠깐! 이런 방식은 에밀리 당신이 지금껏 주장한 내용과 정반대 아닌가? 에버레인이야말로 처음부터 끝까지 가격 얘기만 함으로써 감성적인 공감대를 버리고 기능적인 메시지를 전달해 상품을 싸구려로 전락시키는 것 아닌가?

겉보기에는 그럴 수 있지만 에버레인이 15달러짜리 티셔츠를 판다고 해서 15달러라는 가격을 내세운 게 아니다. 에버레인의 브랜드 메시지는 가격 그 자체가 아니라 **공정성과 정직성**이었다. 값싼 티셔츠는 오래전부터 있었고, 편의점에만 가도 비닐 포장에

든 몇 개들이 티셔츠 세트를 살 수 있다. 하지만 편의점 티셔츠는 저렴함, 딱 거기까지였다. 또 소비자 대부분이 패션업계의 말도 안 되는 마크업을 모르지는 않았지만, 고급 브랜드의 높은 가격을 품질이 좋기 때문이라고 합리화하거나 마땅한 대안이 없어 현실을 그대로 감내해야 했다. 이때 에버레인은 절묘한 솜씨로 자기 브랜드를 소비자 편에 세우는 브랜드 스토리를 풀어낸다. 패션의 세계를 통째로 깎아내리면 애초에 패션에 관심을 가졌던 사람들을 바보로 몰아가는 위험을 떠안지만, 에버레인은 영리하게도 패션 브랜드와 친밀해지는 새로운 길을 제시했다. 사실 패션은 매력적이고 옷을 구매하는 기쁨 역시 사람들이 완전히 포기하고 싶어 하지는 않으니 말이다. 옷과 신발과 가방을 구매함으로써 각자의 스타일을 표현하는 만족감이 분명히 존재하고, 에버레인은 똑같은 일을 더 현명하게 하도록 도와주는 것이다.

화제의 인포그래픽을 필두로 에버레인이 소비자들에게 전하는 메시지는 분명하다. 소비자들이 지금까지 옷값을 과하게 지불해온 건 소비자 탓이 아니라 의류업계 전체 시스템의 비효율과 눈속임 때문이다. 에버레인은 이런 비효율을 제거하고 완전한 투명성, 혹은 이 브랜드의 말처럼 '극단적 투명성'을 적극적으로 끌어안음으로써 똑같은 고품질 티셔츠를 훨씬 낮은 가격에 판매할 수 있다. 그러니 에버레인의 고객은 가성비를 높이기 위해 품질을 희생하는 사람이 될 필요 없다. 오히려 더 높은 품질을 얻으면서도 가치관이 잘 맞는 브랜드와 발걸음을 맞출 수 있다. 사람들은 싸구려만 사는 듯한 기분이나 럭셔리 제품이 탐나지만 그보다 못한 제품으로 타협을 보는듯한 기분에 젖는 대신 에버레인을 구매함으로써 **현명해졌다고** 느낀다. 가격구조를 이렇게 쉽게 분석했는데 굳이 마크업을 낼 필요 있나? 에버레인을 택한 소비자들은 투명성이 심하게 결핍된 패션업계에 투명성을 불어넣는 움직임에 참여할 수 있었다. 에버레인의 세계에서는 각자 마크업을 얼마나 내는지, 왜 내는지 정확히 알고 있으며, 이 지식은 기업과 고객을 한마음으로 묶어준다.

에버레인은 첫 출시 이후 판매하는 제품 종류도 회사 자체도 가파르게 성장했다. 그리고 성장 과정에서 한 걸음 뗄 때마다 늘 신비와 매혹으로 무장하고 베일에 가려있던 업계에 새 바람을 불어넣고 패션 브랜드와 소비자 사이의 관계를 새로 정의했다. 가격을 정직하게 밝히는 데 그치지 않고 생산과정에 대한 지속적인 소통도 포함된다. 수십 년 동안 패션계 생산 공급망은 수많은 소비자에게 이러지도 저러지도 못하는 매우 불편하고 고민스러운 영역이었다. 다른 문제는 차치하고라도 우리 옷을 생산하는 환경이 얼마나 열악한지에 대한 이야기가 잊을만하면 한 번씩 보도되었기 때문이다. 혹시 2001년 온라인 매체 〈버즈피드BuzzFeed〉 창업자 조나 페레티Jonah Peretti와 나이키아이디NIKE iD(현재의 Nike By You - 옮긴이) 사건 기억하는 사람? 페레티가 나이키아이디에서 주문한 맞춤 신발에 **스웻숍**(sweatshop, 노동 착취 공장 - 옮긴이)이라는 단어를 수놓으려다가 거절당한 후 나이키 고객센터와 주고받은 이메일 전문을 공개해 논란이 된 적 있었다.

또 2000년대 초반에는 패션 브랜드 아메리칸어패럴American Apparel이 이런 윤리적 딜레마에 대해 '메이드 인 로스앤젤레스'와 '스웻숍 금지' 브랜드라고 홍보하며 방어하려 했다. 하지만 창업자이자 CEO의 성추행과 폭행이 여러 차례 폭로되고 광고 캠페인 역시 문제의식을 자극한다고 주장하면서도 실제로는 여성을 비하하는 내용이 이어지자, 도덕성의 표본 행세를 하던 아메리칸어패럴의 주장은 꼬리를 감출 수밖에 없었다.

엄중한 현실이다. 오늘날은 브랜드가 사업의 한쪽에서는 좋은 의도를 보이지만 다른 쪽에서 윤리성을 모른척한다면 낭패를 볼 수 있다. 소비자들은 자신의 가치관과 통하는 브랜드를 고르려 한다. 마음속으로 생각한 롤 모델, 이상적인 자기정체성에 브랜드가 보조를 맞추기를 원하기 때문이다. 소비자들은 고개를 자랑스럽게 들고 구매할 만한 브랜드에 그 어느 때보다도 목말라 있으며, 등 뒤에 너절하고 더러운 비밀을 숨기고 있지 않다는 신뢰감은 필수조건이다.

자기 옷을 어떤 곳에서 만드는지 소비자라고 누구나 다 관심 있는 건 아니며, 관심이 없는 사람은 아마도 에버레인의 고객은 아닐 것이다. 하지만 조금이라도 관심있는 사람 관점에서 에버레인은 늘 무대 뒤에서 벌어지던 일을 전면에 내세워 사람들이 믿고 동조할 수 있는 브랜드를 만들었다. 2014년에 에버레인은 제1회 '투명한 도시 기행Transparent City Tour'을 열었다. 인스타그램 패션 인플루언서들을 초대해 로스앤젤레스에 있는 직물과 염색 공장을 보여주었다. 또 데님에 대한 수요가 점점 높아지는 중에도 지속가능한 생산 기준을 충족하는 공장을 찾을 때까지 데님 제품의 출시를 연기하기도 했다. 나중에 베트남에서 찾아낸 공장은 데님 제조에 사용되는 공업용수의 98퍼센트를 재활용할 뿐 아니라 폐기물은 벽돌로 만들어 주택보급에 활용하는 곳이었다. 이에 그치지 않고 데님 제품을 출시하기까지 긴 기간 동안 공장에서 일어나는 일을 사진과 글로 공유했고, 구매 대기자 명단에는 4만 명이 넘는 소비자들이 뜨겁게 관심을 보이며 이름을 올렸다. 쇼핑 웹사이트에는 금쪽같은 중요한 공간인 최상위 링크 하나를 통째로 할애해 공장을 소개한다. 구매하러 들르는 소비자들에게 어디서 온 제품인지 정확히 알려주기 위해서이다.

에버레인은 또 가치를 보는 기준을 바꾸려고 꾸준히 노력한다. 전통적인 할인 중심 판매모델을 멀리하고 보다 남다른 방법으로 고객들과 선의를 쌓으려고 노력한다. 추수감사절 직후에는 남들 다 하는 블랙프라이데이 세일을 열지 않았다. 감사를 주고 받아야 할 명절에 도리어 광적인 소비지상주의와 무분별한 지출을 조장한다고 해마다 맹비난을 받는 이벤트이기 때문이다. 대신 '블랙프라이데이 펀드Black Friday Fund'라는 기금을 만들어 그날의 매출 중 35퍼센트를 실크 공장 근로자들의 근무환경을 개선하는 데 쓰겠다고 발표했다. 약속한 기금은 농구코트를 짓는 등 노동자들의 휴식공간을 새로 짓거나 개선하는 데 쓰였다.

2015년에는 2년마다 시즌을 마무리할 때 남는 재고를 판매하는 '내고 싶은 만큼Choose What You Pay'이라는 이벤트를 열었다. 제품마다 저, 중, 고의 세 가지 가격을 제시하고, 소비자는 각자의 가치 기준에 따라 낼 가격을 고를 수 있다. 이때 회사는 소비자가 선택하는 가격마다 돈이 어디로 가는지 정확히 알려준다. 예를 들어 가장 낮은 가격은 상품개발과 물류창고까지의 배송비를 포함하고 더 높은 가격은 본사 간접비까지 포함하는 식이다. 럭셔리 브랜드나 패스트패션 브랜드에서 미판매분 재고가 할인가로 시장에 넘쳐흐르는 사태를 막기 위해 말 그대로 물건을 불태워 없애버리는 관행과 비교해보자. 위와 같은 '내고 싶은 만큼' 이벤트 하나로 에버레인은 판매에 대한 기존 개념을 완전히 뒤집는다. 한때 100달러를 내야 했던 물건이 도대체 왜 75달러가 되었는지 일언반구 설명도 없이 시즌 막바지에 가격을 마구 후려치는 대신, 에버레인은 소비자에게 정보와 선택권을 모두 쥐어줌으로써 진정한 가치란 무엇인지 화두를 던진다.

물론 이런 새로운 시도가 아무리 훌륭하다 해도 제품이 제 몫을 하지 못한다면 불충분했을 것이다. 에버레인은 스타일 쪽으로도 꾸준히 발전해 티셔츠 한 장 시절과는 확연히 달라졌지만, 본래의 신념은 충실히 지키고 있다. 기본 아이템에 충실한 '모던 베이직스modern basics' 제품라인을 계속 확장하면서도 항상 유행을 타지 않는 절제된 디자인 방향을 고수한다. 에버레인이 의류 디자인에서 제시하는 세련된 미니멀리즘은 회사와 소비자 모두의 가치관과도 잘 맞는다. 눈길을 사로잡는 화려한 로고와 색상으로 시선을 끌려는 브랜드가 아니기 때문이다. 여기서도 에버레인은 소비자들의 자아인식, 즉 겉모습과 트렌드보다는 좋은 소재와 품질을 선택하는 사람이라는 모습과 보조를 맞춘다. 에버레인이 새로운 제품을 출시하면 대부분 품절사태를 빚고 대기자 명단까지 나온다. 스트리트웨어 한정판 출시나 화제를 모으는 유명 디자이너 콜라보레이션처럼 특별히 디자인이 유행하거나 '지금 핫한' 스타일이어서가 아니다. 에버레인은 예를 들어 수백 달러 가격의 핸드백과 같은 높은 가격대의 고급품까지 제품군을 확장해 나갔지만 결코 과하게 느껴지지 않으며, 여전히 브랜드의 본질과 스타일이 절묘하게 조화를 이룬다. 이처럼 품질과 사명감이 브랜드 구석구석에 자연스럽게 배어있어 사람들은 에버레인의 고객이 되는 데 자부심을 느낀다. 옷이 어떻게 만들어져야 하는지, 옷에 얼마나 지출해야 하는지에 대한 브랜드의 원칙을 함께 구매하기 때문이다. 분명 '배지 브랜드(badge brand, 배지를 달듯이 소비자들이 자기표현의 매체로 여기는 브랜드-옮긴이)'이지만 이른바 '배지를 다는' 자부심 이상의 의미를 지니는 브랜드인 것이다.

에버레인이 비록 이 분야의 개척자 중 하나로서 지금도 가장 잘 알려지긴 했지만, 이제는 더 많은 브랜드가 신비주의를 깨고 타깃 고객과 더 진정성 있게 소통함으로써 성공하고 있다. 지금처럼 누구든 자기감정을 트윗으로 전 세계에 공유할 수 있는 시대에는 브랜드를 기업과 세상을 가르는 벽으로 취급하고 완벽히 연출된 이미지를 내보내서는 살아남을 수 없다. 오히려 기업은 브랜드를 대화의 매개로 생각하고, 기업의 가치관을 세상에 드러내 소비자들이 합리적이고 현명한 결정을 내리게 돕는 수단 중 하나로 여겨야 한다.

사려 깊은 브랜딩의 힘

사려 깊은 패션 브랜드가 부상하는 현상을 더 큰 시각으로 본다면, 착한 소비를 추구하는 큰 흐름에 대한 패션계의 반응이라고도 볼 수 있다. 사람들은 자기 가치관을 그대로 비춰주는 브랜드를 찾고 있으며, 기업은 기대에 부응하기 위해 싫든 좋든 브랜드 방향성뿐 아니라 직접 실천하는 모습까지 확실하게 보여야 한다. 에버레인이 내거는 투명성이라는 메시지는 웹사이트의 한 부분을 통째로 공장 소개에 할애했기에 그만큼의 무게를 가질 수 있다. 소비자들은 이제 소유할 가치가 있는 품목이 무엇인지부터 신중하게 따진다. 그럴싸한 말만으로는 전혀 설득력이 없다.

쿠야나Cuyana 역시 요즘 새로운 패션 브랜드 중 패션업계의 오래된 관행을 깨는 방향성으로 성공한 브랜드이다. 창업자 칼라 갈라르도Karla Gallardo와 쉴파 사Shilpa Shah는 '계획적인 소비'를 응원하는 브랜드를 만들러 나섰다. 쿠야나는 패스트패션의 정반대 개념으로 '제대로, 적게Fewer, Better Things'라는 슬로건을 앞세운다. 브랜드가 더 적게 사라고 설득하다니 놀랍거나 상식에 어긋난다고 생각할 수 있지만 어떤 사람에게는 깊은 인상을 남겼다. 실제 간직하고 싶은 물건으로 옷장을 채우려는 사람들, 최신 유행을 따르다가 서랍을 쓰레기로 가득 채우기 싫은 사람들이다. 쿠야나는 또 '옷장을 가볍게lean closet'라는 프로그램을 운영해 결제 단계에서 해당 메뉴를 선택하는 사람에게는 옷장에 필요 없는 제품을 담을 수 있는 헝겊 주머니를 보내준다. 이 주머니를 우편으로 보내면 다음 구매 시에 10퍼센트를 할인받을 수 있다. 정리의 여왕 곤도 마리에Marie Kondo와도 제휴해 여행용 가방 캡슐 컬렉션(브랜드가 급변하는 환경에 유연하게 대응하기 위해 출시하는 소규모 컬렉션-옮긴이)을 출시했다. 쿠야나는 트렌드에 밝은 여성들을 단기간 안에 고정 팬층으로 확보한 브랜드가 되었고, 가죽 제품으로 시작한 제품라인을 의류로 확대하고 2019년 초에는 사모펀드 투자금 3,000만 달러를 유치했다. '곤도 마리에하다Marie Kondo'ing'가 동사로 쓰이고 패스트패션 때문에 어마어마한 양의 폐기물이 발생한다는 뒤늦은 깨달음이 드는 시대에, 쿠야나는 사람들이 소비할 때 어떤 물품을 사고 어떤 브랜드를 지지할지 더 신중하고 사려 깊게 결정하고자 하는 욕구를 공략했고 적중했다. 이제 브랜드는 고객의 관심사에 똑같이 마음을 쓴다는 것을 입증함으로써 고객이 좋아할 만한 브랜드인지 직접 보여줘야 한다.

머리부터 발끝까지 만족시키다

뷰티업계 역시 패션업계와 비슷한 길을 걸어오고 있다. 두 분야 모두 철저한 신비주의를 바탕으로 발전해왔다. 어떤 스킨케어 브랜드는 '핵심 성분(hero ingredient, 식물성 원료 화장품에서 핵심 기능을 하는 자연유래 성분-옮긴이)'을 앞세워 절반은 과학, 절반은 마법에 기대는 느낌으로 여성에게 시간을 멈추는 기적의 힘을 준다고 광고하지만, 그 안에 도대체 무엇이 들었는지는 대개 알 길이 없었다. 패션과 마찬가지로 화장품에 끌리는 이유는 모호하고 신비한 매력 때문이었다. 당신이 자는 동안 소리 없이 기적의 힘을 발휘할 비밀의 묘약을 산다는 느낌, 그래서 아침에 일어나면 피부가 이슬을 머금은 듯 촉촉하고 생기 넘치는 모습이 되리라는 기대감 말이다. 어떻게 그렇게 되는지 꼭 이해할 필요는 없었다. 효과만 있다면 그걸로 충분했다.

　패션업계에서 생산과정에 대한 투명성 움직임이 일어났듯 뷰티업계에서도 화장품의 구성 성분을 전면에 세우는 '클린 뷰티 운동'이 일어나면서 한 번 더 소비자가 더 많은 정보와 지식을 접하고, 목소리 역시 커지고 있다. 뷰티카운터Beautycounter나 타타 하퍼Tata Harper 같은 화장품 브랜드, 그리고 폴레인Follain과 크레도Credo 같은 유통기업들은 소비자들이 아름다움이라는 명목으로 건강을 희생해서는 안 된다고 엄중하게 주장하고 있다. 이들 기업은 유럽연합에서는 이미 대부분 사용이 금지된 위험 성분과 유독 성분을 모두 나열한 뒤 이런 성분이 전혀 들어가지 않은 제품만 생산하고 판매하겠다고 공언했다. 친환경 화장품 기업 뷰티카운터는 이 목록을 '금지성분표Never List'라고 부르는데 화장품에 흔히 사용되는 성분이 1,500가지나 포함된다. 창업자 그렉 렌

프루Gregg Renfrew는 뷰티업계에 규제를 강화하도록 입법 로비활동을 벌이며, 뷰티카운터는 글로벌 사회적 기업 인증 '비 코퍼레이션(B Corp, 영리기업 중 사회와 환경적 가치를 실천하는 곳에 주는 민간차원의 인증-옮긴이)' 기업으로서 아동 건강 캠페인인 '건강한 아이 건강한 세상Healthy Child Healthy World'과 미국 환경운동그룹(EWG, Environmental Working Group, 제품의 성분을 분석해 위험도를 객관적인 등급으로 나눔-옮긴이) 같은 비영리단체와 협력한다.

하지만 진짜 중요한 것은 다른 곳에 있으며, 이런 신세대 뷰티 브랜드는 이를 잘 알고 실천한다. 바로 안전성만으로는 부족하다는 사실이다. 물론 소비자들은 몸에 넣고 피부에 바르는 제품에 어떤 성분이 들어가는지에 대해 점점 잘 알아가고 있으며, 브랜드를 선택할 때 더 높은 수준을 요구한다. 그렇다고 해서 소비자들이 이성적이고 합리적인 만족만 원한다는 뜻은 아니다. 소비자들은 분명히 감성적인 만족도 기대한다. 미국 뷰티업계가 수십억 달러의 어마어마한 규모를 자랑하는 데는 다 이유가 있다. 우선, 많은 사람이 이런 제품의 효능을 믿는다. 좋은 제품을 사용하면 피부의 느낌과 모습도 좋아지고, 또 고급 화장품은 바를 때 더 부드럽고 오래간다고 생각한다. 또 패션과 마찬가지로 뷰티업계 역시 감성적인 동기와 이상적인 이미지를 먹고 성장해왔다. 사람들이 이런 제품에 돈을 쓰려는 이유는 대부분 아름다운 패키지부터 자신감 충전까지 제품이 주는 느낌 때문이다. 세상에는 수분크림을 건강 식품점에서 사거나 마스크 팩을 집에서 만들어 쓰려는 사람만 있는 게 아니다. 투명성을 찾으려는 클린 뷰티 운동도 화장품의 감성적인 면, 즉 재미, 사치스러움, 달콤함, 호화로움, 매력 등을 무시했다면, 또는 화장품의 효능을 가벼이 여겼다면 지금만큼 호응을 얻지 못했을 것이다.

사람들이 동질감을 느끼고 싶어 하는 브랜드를 만들려면 투명성과 효능, 기분 전환이 모두 조화를 이뤄야 한다. 제품 속 성분에 안심할 수 있으니 더 현명한 선택을 하는 느낌이 들고, 효능을 더욱 신뢰하고 결국 자존감도 높아진다. 외모라는 명분으로 몸에 해를 입히는 대신 실제로 몸에 좋은 자기 관리법을 선택하기 때문이다. 화장과 피부관리를 경박하거나 어쩌면 드러내고 싶지 않은 사치품 영역으로 취급하는 대신 안전하고 건강하면서 효과도 있는 제품을 골라 스스로 선물하는 데 자부심을 느낄 수 있다. 또 이런 자부심을 '셀피(shelfie, 선반 shelf + 셀피 selfie)', 즉 스타일과 내실 모두 조화시킨 뷰티 제품을 내 손으로 선별해 욕실 선반에 진열한 뒤 찍어 올린 사진 한 장으로 멋지게 표현한다.

—

우리 팀은 이런 클린 스킨케어 분야의 선두주자 어사메이저

Ursa Major를 맡아 이 브랜드가 더욱 진화하고 브랜드의 특별함을 시장에서 당당히 인정받을 수 있도록 도왔다. 우리 고객 중에는 출시 전부터 인연을 맺는 회사도 많지만, 우리는 때로 기존 브랜드를 진화시키기도 한다. 그렇다고 해서 처음부터 작정하고 이 브랜드로 시작했다가 나중에 저 브랜드로 바꾸라는 뜻은 아니다. 자칫 리브랜딩으로 어마어마한 비용과 시간을 소모하게 될 수 있다. 하지만 브랜드 아이덴티티BI, 즉 로고, 메시지, 웹사이트, 패키지 등이 브랜드의 방향성을 제대로 반영하지 못하고 사업 성장 경로와 맞지 않을 때는 변화가 필요하다.

1장에서 소개한 에어비앤비 사례에도 비슷한 현상이 있었다. 기존 브랜드를 맡을 때에도 브랜드의 존재 이유를 우리 팀이 새로 정의해주는 경우는 거의 없다. 오히려 이런 브랜드는 대개 시대를 앞서 새로운 업계를 일구고, 뒤를 따른 기업들에게 성공의 토대를 제공했지만, 그러다가 새로 진입하는 경쟁자들에게 속도나 인지도 면에서 밀리게 된 기업이다. 보통 새로 진입한 주자는 제품이 더 우월하진 않은데 스토리텔링을 더 잘한 경우가 많다. 주로 앞서 등장한 브랜드를 보고 배운 뒤 개선할 수 있는 후발주자의 유리함 덕분이었다.

2011년에 출시한 어사메이저는 클린 스킨케어 중에서도 프리미엄 기능성 브랜드의 선두주자였다. 남녀 구분이 필요 없는 젠

더 중립gender-neutral 제품으로 인기몰이했으며 특히 소비자 대다수에게 클린 제품에 '첫발'을 들이게 유도하는 제품으로서 데오도런트가 크게 인기를 끌었다. 하지만 어사메이저의 등장 이후 클린 스킨케어 분야는 급격히 성장했고 '천연소재이면서 효과도 좋다'는 차별점은 어느덧 업계 표준이 되어가고 있었다. 어사메이저가 해결해야 할 과제가 완전한 리브랜딩이라고 보기는 어려웠다. 브랜드 요소 대부분은 이미 원활하게 돌아가고 있었기 때문이다. 그 대신 우리는 브랜드의 가치관을 글과 디자인으로 더 명확하게 소통하고 온라인구매 경험을 새로 설계하여 원래의 브랜드 스토리를 더 예리하게 다듬는 데 주력했다.

어사메이저는 브랜드가 사람들의 자아인식을 가장 효과적으로 공략한 사례이다. 창업자, 브랜드, 고객의 정체성과 가치관이 거의 일치하기 때문이다. 부부이기도 한 창업자 에밀리 도일Emily Doyle과 올리버 스웨트맨Oliver Sweatman은 자신들이 실제 사용하고 싶은 제품을 만들었고, 비슷한 가치관을 지닌 다른 사람들이 동조하게 되었다. 두 사람은 화려한 중역 직책과 뉴욕의 도시 생활을 뒤로하고 자연을 가까이하며 더 건강하고 삶에 충실하게 살고자 버몬트주로 이사했다. 이 결정을 올리버는 이렇게 설명했다. "우리는 뉴욕을 마음 깊이 사랑하였지만, 그때까지와는 전혀 다른, 우리가 추구하는 삶을 실천하기 위해 떠났어요. 우리가 버몬트로 이사한 배경에는 사실 중요한 의미가 있어요. 우리의 마음속 나침반이 가리키는 곳으로 향하려는 강한 의지이고, 그런 마음에서 '어사메이저(큰곰자리, 북극성을 포함한 별자리)'라는 이름이 나온 것이지요." 올리버는 브랜드와 고객이 공유하는 가치관을 '저 밖으로 나가 자연과 환경을 즐기는 것'이라고 설명한다. "우리는 달라요. 다른 브랜드처럼 최대한 여러 제품을 덕지덕지 바르게 하려고 애쓰는 브랜드가 아녜요. 기막히게 좋은 기본 아이템을 주고 삶을 충실하게 살라고 응원하려 하죠."

두 사람은 미용 및 개인 위생용품에 널리 쓰이는 유해성분에 대해 알게 되자 새로운 화장품을 개발하기 위해 나섰다. 목표는 지속가능한 방식으로 생산한 자연 화장품이면서도 그저 효과가 있는 데서 그치지 않고 사용감까지 기막히게 좋은 제품이었다. 두 사람이 만든 결과물 뒤의 철학은 어쩌면 여러 가지 면에서 업계 전체와 크게 대조를 이룬다. 다시 말해, 내용물보다 패키지 원가가 더 비싼 브랜드와 정반대가 되고자 했고, 제품 가치를 더 높이기 위해 의식적으로 제품당 이윤을 낮추는 결정을 내렸다. 젠더 중립성도 브랜드와 제품의 중요한 특징이었다. 업계 전체가 남녀를 중학교 댄스파티에 온 학생들처럼 칼같이 나눠놓는 걸 생각하면 이례적인 일이기도 했다. 올리버와 에밀리는 지금도 어떤 제품이든 개발할 때 두 사람이 똑같이 흡족할 때까지 몇 년이고 성분 구성을 조정하며, 이처럼 성별구별을 없앤 데서도 브랜드의 진솔하고 담백한 성격이 드러난다. 모든 브랜드 의사결정은 스킨 케어 브랜드의 특징인 과도함과 사치를 의도적으로 거부하는 표현이다.

브랜드의 철학을 이야기할 때 에밀리는 다음과 같이 설명한다. "우리는 머리부터 발끝까지 쓸 수 있는 기본 중의 기본 라인을 갖추고 있어요. 사업을 시작한 지는 꽤 되었지만 SKU(stock-keeping unit, 재고 관리 단위-옮긴이)는 고작 15개뿐이에요. 우리는 정말 훌륭하고 사용 경험이 뛰어나다고 확신하지 않으면 절대로 제품을 출시하지 않아요. 우리는 사람들에게 물건을 너무 많이 보여주고 그게 전부 다 필요한 것처럼 느끼게 만드는 브랜드가 아니에요." 다시 말해 어사메이저 제품의 사용 경험은 하나같이 환상적이지만 어사메이저는 선반 가득 제품을 채우고 몇 시간씩 외모를 가꾸라고 하는 브랜드는 결코 아니다. 어사메이저의 브랜드 스토리는 매일 성심성의껏 때 빼고 광내는 이른바 '뷰티 루틴'을 실천하는 이야기가 아니다. 그보다는 얼굴을 쓱쓱 닦고 욕실 밖으로 나가 세상으로 나가는 이야기다.

이런 관점을 효과적으로 표현하기 위해 우리 팀은 올리버, 에밀리 부부와 긴밀히 협업했고, 브랜드의 핵심에 더욱 집중하되 이미 잘 돌아가는 요소는 잘 보존하도록 도왔다. 함께 고민한 끝에 우리는 '손은 덜 가고 효과는 더 크게'라는 브랜드 아이디어를 찾아냈다. 어사메이저의 제품과 그 제품을 열렬히 좋아해주는 사람들 둘 다를 나타내는 말이었다. 어사메이저의 타깃 고객은 마음 챙김과 균형을 중시하는 사람들이다. 이들은 진정한 사치란 스마트 기기와 분주함을 잠시 내려놓고 물질이 아닌 자연을 즐기는 삶의 태도라고 정의한다. 올리버는 이 같은 '어사메이저족'을 공들여 상세히 묘사하며 '일상 탐험가'의 이미지를 생생하게 그린다. "롤렉스를 차고 빙산 위에 올라선, 그런 전통적인 의미의 탐험이 아니에요. 각자의 외면과 내면을 탐색하는 건 누구나 언제든 누릴 수 있죠. 우리 어사메이저족은 모험심이 강하고 몸과 마음 모두 건강한 삶을 적극적으로 찾아 나서는 사람이에요. '손이 많이 안 가는' 생활방식을 당당히 선택한 사람들이죠." 어사메이저가 모든 사람을 만족시키긴 어려울 것이다. 하지만 이 브랜드는 상관하지 않는다. 자연, 마음 챙김, 생기 있는 삶이라는 브랜드 가치관을 당당히 내걸어 같은 가치관을 공유하는 사람들을 끌어모으고 나머지 사람들은 신경 쓰지 않는다.

실제로 에밀리와 올리버는 타깃 고객뿐 아니라 브랜드의 고객이 아닌 사람들에 대해서도 상세히 설명할 수 있다. 에밀리는 이렇게 설명한다. "우리 회사에서는 '아름다움에 열중하는' 소비자에 관해 이야기를 나눠요. 욕실에 오래 머물며 각종 스킨케어 단계와 마스크 팩을 꼼꼼히 바르는 사람이죠. 그런 사람에게는 이 절차가 일과에서 큰 비중을 차지하고 자신을 돌보는 중요한 행위예요. 자신에게 시간을 들인다는 의미에서 정말 멋진 일이죠. 다만 **우리 고객**은 아니에요."

그렇게 해서 우리는 시장에서 어사메이저 제품 이상으로 타깃 고객의 정체성을 대변하는 영역을 개척함으로써 포화 상태인 뷰티업계에서도 차별화가 가능하다고 판단했다. 우리는 브랜드 방향을 '프리미엄이지만 귀하지는 않은premium, not precious'으로 잡았고, 유행에 좌우되거나 마케팅 전술에 넘어가지 않고 고품질의 기본 아이템을 찾는 소비자를 콕 집어 공략했다. 그 결과 가내수공업의 투박한 느낌을 풍기는 과거 자연주의 브랜드나 쓸데없이 고가에 사치스러운 신규 브랜드 틈에서 더욱 돋보이는, 격의 없으면서도 고상한 브랜드 아이디어를 찾았다.

'자연주의'와 '프리미엄'을 놓고 둘의 균형을 잡는 일은 어려우면서 매력적인 목표였다. 보통은 그 둘이 잘 어울리는 경우가 없었기 때문이다. 우리는 버몬트주를 배경으로 브랜드 사진을 촬영하며 브랜드와 타깃 고객의 자연 사랑을 유감없이 뽐냈다. 그런 이미지를 보면 어떤 사람은 아웃도어 느낌이 너무 강하고 전통적인 호화로움은 부족하다고 느끼며 등을 돌리리라는 걸 알면서도 말이다. 실제로 우리 팀은 창업자 올리버와 에밀리에게 자연을 브랜드 스토리의 일부로 포함하려는 생각이 얼마나 확고한지 오랜 시간 묻고 또 물었다. 도시에 거주하는 소비자는 별로 공감하지 못하리라는 걱정이 들어서였다. 하지만 두 사람은 원래의 신념대로 뜻을 굽히지 않았다. 나중에 올리버와 함께 당시 대화를 되돌아볼 때 올리버가 다음과 같이 덧붙였다. "우리 생각에 의문을 제기한 사람이 한둘이 아니었지만, 자연은 어사메이저 브랜드에게는 성역과 같아요. 어떤 일이 있어도 우리 인스타그램 피드가 도회적인 이미지로 바뀌진 않아요. 우리 브랜드는 산과 강에 깊이 뿌리내려 있기 때문이죠. 이렇게 늘 우리 고객들과 처음의 깨달음으로 되돌아가요. 우리가 생각하는 아웃도어는 결국 바깥에서 보내는 충만한 시간이에요. 뉴욕 한복판 웨스트사이드 고속도로변에서 강을 따라 달려도 좋고, 주말여행을 가거나 2주 동안 하이킹을 나서도 상관없지요."

올리버는 어사메이저가 오히려 대도시 생활의 피곤한 외모 관리에 대한 해결책이자 한 줄기 신선한 바람이 될 수 있다고 보았고, 신선한 바람 느낌은 우리가 '생기 넘치는'이라고 정의한 감성 영역과 연결된다. 무엇보다 어사메이저는 모두를 만족시키려 애쓰지 않는다. "우리 목표는 모두의 단골 가게가 되려는 게 아니에요. 대단한 기업이 되기 위해 고객이 꼭 1,000만 명이나 필요하지는 않아요. 그보다 훨씬 적더라도 우리 가치관을 공유하는 열성 고객이 있으면 돼요. 그 사람들만 우리를 좋아한다면 다른 사람들은 관심 없어요."

고객과 고객이 아닌 사람들을 칼같이 구별한다고 해서 특정한 삶의 태도를 평가하는 건 아니다. 우리 고객 중 또 다른 스킨케어 브랜드 덴아이멧유Then I Met You는 브랜드 철학도 타깃 고객도 어사메이저와 사뭇 다르며, 그에 따라 시장에서 독자적인 영역을 개척했다. 덴아이멧유는 인기가 하늘을 찌르는 한국 K-뷰티 사이트 소코글램Soko Glam의 창업자 샬럿 조Charlotte Cho가 만든 브랜드로서, 브랜드 방향을 한국 고유의 정서인 정情을 중심으로 잡으며, 시간을 들여 더 깊고 의미 있는 유대감을 쌓아가는 것을 중시한다. 덴아이멧유는 '이중 세안'을 적극적으로 홍보하는데, 이 세안법은 10단계나 거치는 한국식 뷰티 루틴 중 핵심 단계로서 클렌징오일로 얼굴을 씻은 뒤 수성 클렌징폼으로 한 번 더 씻는 방법이다. 이 브랜드는 모든 방해 요인에서 벗어나 나에게 투자하는 시간을 강조하고 좋은 결과를 위해 특별히 더 노력하는 것을 당당히 뽐낸다. 브랜드 웹사이트에도 다음과 같이 밝힌다. "덴아이멧유는 지금처럼 집중하기 어려운 시대일수록 더 깊이 들어갈 때라고 생각합니다. 적절한 지점에 약간만 노력을 추가하면 삶을 변화시키는 의미 있는 순간을 만들 수 있으며, 우리에게 가장 중요한 사람, 장소, 물건과 지속적인 유대감을 쌓을 수 있습니다." 이중 세안을 생활 일부로 받아들이는 사람은 세수만 상쾌하게 쓱싹 한 뒤 홀홀 털고 나가려는 사람과 전혀 다르다. 이런 태도는 피부관리 습관에 그치지 않는다. 사람들이 어사메이저에 푹 빠지거나 덴아이멧유에 빠지는 이유는 모두 브랜드에서 **자기 모습**을 보기 때문이다. 브랜드가 정의한 아름다움과 건강한 삶이 자기 생각과 일치하는 것이다.

브랜드 철학과 제품의 성격이 일치할 때

어사메이저와 덴아이멧유, 두 브랜드의 공통점은 제품이 브랜드 철학을 충족한다는 사실이다. 공통의 가치관을 토대로 고객과 유대감을 쌓는 데는 위험도 따른다. 바로 약속을 철저히 지키지 않으면 퇴출당한다는 것이다. 브랜드가 어떤 가치를 내세운다고 주장하는 순간, 그 주위에는 조금이라도 위선이나 일관성 없는 행동이 보이면 물어뜯기 위해 눈에 불을 켜는 사람들도 생긴다. 이런 관심은 좋은 일이기도 하다. 기업은 어쩔 수 없이 더 막중한 책임을 지게 되고, 브랜드가 담지도 않은 이상을 말로만 떠들기 힘들어지기 때문이다. 올버즈가 처음 출범했을 때는 지속가능성에 대한 사명을 이야기할 때 지금 당장이 아닌 몇 년간 꾸준히 이뤄가는 여정이라는 신중한 태도를 취했다. 신발 전 제품의 모든 부분을 재생원료로 만들기까지는 몇 년간 연구와 혁신을 더 쏟아야 했기 때문이었다.

실제로 우리 고객 중에는 브랜드와 고객의 가치관에 제대로 부응하기 위해 제품을 완전히 뜯어고친 회사도 있다. 우리가 데이팅 앱 힌지Hinge를 처음 맡은 건 2015년이었다. 당시는 데이팅 앱 시장이 후끈 달아올라 있을 때였다. 틴더가 2012년에 등장하면서 스와이프 기능으로 온라인 데이트 시장을 완전히 바꿔놓았다. 틴더의 등장 전에는 매치Match나 오케이큐피드OkCupid 같은 사이트 사용자들이 프로필을 작성하고 남의 프로필을 뒤적이며 데이트 상대의 관심사와 취미, 유머 감각 등을 찬찬히 읽어본 뒤에 연락했다. 한편 틴더는 사람들이 결국 사진에만 관심 있다는 대범한 발상을 앞세워 관행을 완전히 깨버리고 모바일 기술을 활용해 새로운 사용자 경험을 만들었다. 누군가의 사진을 보고 오른쪽 또는 왼쪽으로 스와이프만 하면 관심이 있는지 없는지 표시할 수 있게 된 것이다. 힌지는 틴더 바로 뒤를 이어 비슷한 기능을 담아 출시했다. 틴더와 가장 큰 차이는 페이스북 계정으로 가입해 친구의 친구와 연결될 수 있다는 정도였다. 이렇게 어느 정도 검증된 집단은 친구들 모임이나 결혼식 등 실제 생활에서 우연히 만날법한 사람이라는 생각이었다. 거리나 지역이 가까운 사람들을 찾는 대신 이미 알고 지내는 사람들에서 한 다리만 건넌 사람들, 그래서 친구의 친구쯤 되는 사람을 만날 수 있는 것이다.

세상일이 종종 그렇듯 지금은 매치와 오케이큐피드, 틴더, 힌지 모두 매치 그룹Match Group 소속이 됐다. 하지만 출시할 당시에는 틴더와 힌지가 경쟁 관계였다. 우리 팀이 힌지 브랜드를 맡았을 때 목표는 새로운 기능의 출시에 맞춰 브랜드도 한 단계 진화시키는 것이었다. 힌지는 기존 기능보다 한발 더 나아가 사람을 소개할 때 그냥 아는 사람을 통해서뿐 아니라 관심사가 비슷한 사람끼리 소개하려는 계획을 세우고 있었다. 예를 들어 독립영화나 요리에 푹 빠져있는 사람이라면 힌지에서 독립영화나 요리를 좋아하는 상대를 만날 기회가 생기는 것이었다. 이 기능에 맞춰 우리 팀은 사람들이 그전까지 알지는 못했지만 의외로 통하는 부분을 발견해 의미 있는 만남을 이어가는 브랜드 전략을 세우고 새로운 BI 디자인도 거의 완성했다. 새로운 로고는 힌지 이름의 H에서 가로선을 빼고 공통 관심사를 나타내는 다양한 아이콘으로 변형하는 디자인이었다. 평행한 두 세로선을 카메라나 책, 타코 등으로 연결해 힌지의 H자를 이루는 모습을 상상하면 된다. 힌지가 향후 차별화 지점으로 여기는 신기능을 알기 쉽게 표현하는 단순하고 영리한 디자인이었다. 우리 팀은 뿌듯한 마음으로 크리스마스 연휴를 떠났고, 1월에 업무에 복귀했더니… 아무것도 없었다. 힌지 팀에서는 최종 결과물에 대한 피드백이나 향후 진행 방향에 대해 일언반구도 없었다. 우리처럼 클라이언트를 상대하는 업종에서 무소식이 희소식인 경우는 거의 없다. 그런데 그다음에 벌어진 일도 뜻밖이었다.

알고 보니 힌지 팀은 1월 초순 내내 사외 워크숍을 열어 새로운 브랜드 전략과 BI를 함께 검토했다. 고민 끝에 창업자 저스틴 매클라우드Justin McLeod와 힌지 팀은 새로운 브랜드 비전에 동의하지만 힌지의 제품이 그 비전에 비해 부족하다는 결론을 내렸다. 앱의 주요 기능이 사람 얼굴에 대고 스와이프하기인데 어떻게 진지한 만남을 원하는 사람들의 브랜드가 될 수 있지? 뭔가 잘못된 느낌이었고, 중요한 부분은 놔두고 사소한 것만 바꾸는 것 같았다. 2016년 초 창업자 저스틴은 과감히 결단을 내려 힌지 제품을 처음부터 새로 기획하고 재설계하기로 했다. 당연히 브랜드도 처음부터 다시 시작한다는 의미였다. 힌지 팀은 새로운 제품 비전을 세웠다. 스와이프를 통째로 없애고 전체 사용자 경험을 사진만이 아닌 프로필 정보를 중심으로 설계했다. 새로운 설계에서는 사용자가 한 번에 데이트 상대 후보자를 몇 명 이상 보지 못하게 되어있어 끝도 없이 멍하게 스크롤 할 필요가 없었다. 또 누군가에게 관심이 가면 프로필 정보에 대해 직접 댓글을 보낼 수 있어, 보다 의미 있는 소통이 가능했다. 힌지 팀이 제품을 새로 만드는 동안 우리 팀은 되돌아가 브랜드 전략을 수정했다.

타깃 고객은 진지한 관계를 찾는 사람으로 구체화하고 브랜드 포지셔닝은 더 진실한 만남을 원하는 사람들을 위한 인간적인 데이트 경험으로 잡았다. 이제 힌지는 기꺼이 모두가 아닌 특정한 사람을 위한 브랜드, 진중한 데이트 경험을 원하는 사람을 위한 브랜드가 되었다. '원나잇 스탠드'를 찾는 사람을 함부로 재단하는 건 아니지만 힌지는 그들에게 맞는 브랜드가 아니었다. 거기서부터 새로운 로고는 H와 i가 이어져 있는 모양을 디자인해 연애라는 새로운 여정의 시작을 표현하고 지극히 인간적이고 자연스러운 인사인 '안녕Hi'을 넌지시 암시했다. 새로운 힌지는 2016년 여름 '연애 앱the Relationship App'으로 데뷔했다.

2018년 봄에는 매치 그룹이 힌지의 최대주주가 되고 이듬해 완전히 인수했다. 힌지와 틴더가 한 지붕 아래 함께 있다니 이상하다고 여길 수 있지만, 두 기업이 경쟁자가 아닌 한 식구가 되니 오히려 각각의 타깃과 추구하는 가치에 전념할 수 있었다. 틴더의 첫 대형 브랜드 캠페인은 유명 광고회사 위든앤케네디Wieden+Kennedy의 작품으로서 '싱글은 흘려보내기 아까우니까(Single is a terrible thing to waste, 틴더의 국내 캠페인은 다른 방향이다-옮긴이)'라고 당당히 말한다. 이 캠페인에서는 싱글인 게 얼마나 재미있는지 경쾌한 분위기로 거리낌 없이 드러내며, 아직은 정착하고 싶지 않은 젊은 층을 콕 찍어 겨냥한다. 이 분야의 전형적인 브랜드 커뮤니케이션이 하나같이 특별한 단 한 사람을 찾는 이야기에만 골몰할 때 틴더의 브랜드 캠페인은 싱글로 지내기의 매력을 부각하고 자유와 독립성의 소중함을 강조하여 이제까지와는 전혀 다른 신선한 방법으로 타깃 고객의 마음을 알아주고 가려운 곳을 긁어줬다. 한편 우리 팀은 '삭제되려고 태어났어요 Designed to be Deleted'이라는 슬로건을 구심점으로 힌지의 브랜드 캠페인을 기획했다. 힌지의 사명은 당신이 특별한 누군가를 만나 힌지를 적어도 한동안은 그만두게 돕는 것이다. 캠페인에서는 힌지의 타깃 고객이 데이팅 앱에서 끝없이 만남만 즐기려 하지 않고 행복한 연애를 꿈꾸는 사람들이라고 명확히 나타낸다. 우리는 힌지 앱을 상징하는 '힌쥐Hingie'라는 털이 복슬복슬한 캐릭터를 만들어 캠페인에 활용했다. 한 커플이 맺어질 때마다 힌쥐는 저마다 다른 독특한 방법으로 죽고 또 죽는다. 예를 들어 한 광고에서는 배경에 한 커플이 텐트 안에 다정하게 붙어 앉아있고 앞쪽에서는 힌쥐가 모닥불에서 지글지글 익는다. 참고로 광고 제작 과정에서 다친 힌쥐는 한 마리도 없다! 캠페인 메시지는 '힌지에서 사랑을 찾아요. 될 때까지 도와줄게요. 우리가 죽는다 해도(if it kills us는 '아무리 어려워도'와 '죽는다 해도'의 중의적 의미 — 옮긴이)'였다. 어떤 사람은 틴더 캠페인에서 자기 모습을 볼텐데, 아마도 싱글 시절을 최대한 즐기려는 사람일 것이다. 다른 사람은 힌지에 마음이 갈 테고, 아마도 의미 있고 오래가는 연애를 시작해 데이팅 앱을 그만두길 바라는 사람일 것이다. 이렇게 두 브랜드는 서로 다른 캠페인으로 각자 적합한 타깃 고객에게 손을 내민다.

브랜드를 통해 형성되는 공감대

데이팅 앱에서 어떤 사람을 위한 앱인지 확실히 밝히는 전략이 특히 중요한 이유는, 그렇게 해야 사용자들도 만남을 보는 시각과 기대하는 결과가 비슷한 사람을 만날 가능성이 커지기 때문이다. 하지만 온라인 데이팅의 영역이 아니더라도 브랜딩이 가장 강력해지는 순간은 사람들의 자아인식과 통할 때이다. 그럴 때 브랜드는 일종의 커뮤니티를 이룬다. 브랜드와 소비자 사이뿐 아니라 브랜드를 좋아하는 모든 이들끼리 한마음이 되는 것이다. 요즘 사람들에게 브랜드를 선택하는 행동은 자기 가치관을 당당히 드러내 보이는 일이며, 그럼으로써 가치관을 공유하는 다른 이들과 공감대를 이룬다. 나도 어디선가 에이비에이터 네이션(Aviator Nation, 내가 열렬히 좋아하는 캘리포니아 베니스 비치 브랜드) 스웨트셔츠를 입은 사람을 우연히 본다면 그 순간, 마치 고향 친구를 만난 양 그 사람에게 친밀감을 느낀다. 너무 반가운 나머지 친구를 아는 체하듯 고갯짓하지 않도록 조심해야 한다. 정말

이상한 사람이 될 테니까. 실제로 스바루 WRX 운전자들은 마주칠 때 마치 보트를 타고 지나는 사람들처럼! 서로 손을 흔들어준다. 브랜드가 사람들의 정체성에 성공적으로 다가갔을 때는 브랜드를 초월한 큰 흐름이 생겨난다. 이때 브랜드는 일종의 **결합조직** 역할을 하며, 마치 현실 세계의 해시태그처럼 전혀 다른 사람들 사이에서도 공통의 가치관을 표시해준다. 예를 들어 당신도 나와 같은 스웨트셔츠를 입었으니 우린 어느 정도 통할 것 같다는 식이다. 사람들이 어느 브랜드에 입덕할지 선택할 때는 자신의 모습 중 어떤 면을 세상에 내보일지 결정하는 것이다.

4장

덕심동체: 공동의 자아인식

브랜드가 구축한 커뮤니티는
인스타그램 팔로워 숫자가 아니다.
브랜드가 공통의 가치로 고객들을 서로 이어줄 때
진정한 커뮤니티가 만들어진다. ▬

2015년 어느 날, 눈 떠보니 레드앤틀러의 고객 사무실마다 희한한 현상이 벌어져 있었다. 우리 포함 뉴욕의 모든 스타트업 사무실 냉장고마다 갑자기 라크로이LaCroix 탄산수병이 가득해진 것이다. 내가 아는 한 조직적인 점거행위는 아니었다. 뉴욕의 모든 사무실 관리자들이 전화 회의를 열어 단체로 이 오래된 탄산수 브랜드를 대량 구매하자고 합의했거나 라크로이 영업팀이 어둠을 틈타 건물마다 잠입해 사무실 부엌을 채웠을 리는 없다. 그런데도 어디를 가든 라크로이가 있었다. 이런 난데없는 인기 폭발은 뉴욕 스타트업에만 국한된 이야기가 아니었다. 인터넷에는 사람들이 앞다투어 라크로이 맛 인기순위를 올렸고, 회사마다 동료들이 모여 앉아 코코넛이 맛있는지 역겨운지 아니면 둘 다인지 열띤 논쟁을 벌였다.

수십 년이나 된 브랜드가 하루아침에 대중의 덕심을 자극하다니. 라크로이의 갑작스러운 인기 원인을 분석한 기사만 해도 각

양각색이었다. 건강에 대한 인식 변화부터 '홀서티(Whole30, 생활 전반을 변화시키기 위해 당, 곡물 등 몇 가지 음식을 제한하는 식이요법-옮긴이)' 같은 식이요법의 부상, 인기 블로거의 영향력, 라크로이 회사의 음료 맛 전략까지… 여기까지만 얘기하자.

라크로이 열풍이 특히 흥미로운 이유는 브랜드가 사람들 **공동의 정체성** 형성에 어떤 역할을 하는지 알 수 있기 때문이다. 2000년대 초반에는 내가 일하던 광고회사 책상마다 다이어트콜라가 한 병씩 놓여 있었고 회의실마다 탄산음료 캔이 즐비했다. 오늘날에는 인공감미료와 정체불명의 원료를 거부하는 분위기가 자리 잡으면서 우리 회사 사무실에서 다이어트콜라는 단 한 병도 보지 못했다. 우리 팀 공동의 정체성에 어쩐지 어울리지 않는 것이다. 누군가 남 앞에서 한 캔이라도 들고 있으면, 극단적인 비유지만 거의 담배를 피우다 들킨 느낌일 것이다. 물론… 나도 집에서는 여전히 다이어트콜라를 즐겨 마시긴 한다. 아무튼 사람들이 같은 브랜드를 너도나도 선택하는 현상은 단순히 취향이 같다는 것 이상의 의미를 지닌다. 같은 가치관을 공유한다는 뜻이다. 사람들은 함께 이 브랜드가 아닌 저 브랜드를 선택함으로써 관심사를 중심으로 한마음으로 뭉친다. **커뮤니티** 의식이 생기는 것이다.

커뮤니티의 진짜 의미

효과적인 브랜딩을 하려면 관계 형성이 가장 중요하다. 소비자의 자아정체성과 통할 때 소비자와 브랜드는 유대감을 형성한다. 사람들은 **브랜드**를 좋아할 때 그 브랜드 **제품**을 좋아할 때보다 친밀감을 오래 느낀다. 브랜드를 좋아하는 건 단순히 제품의 기능 때문만은 아니다. 브랜드가 자기 이미지에 주는 영향 때문이다. 하지만 브랜드의 영향력은 거기서 끝나지 않는다. 진정한 광신적 팬덤을 확보한 브랜드는 소비자와 유대감을 형성할 뿐 아니라 소비자끼리도 유대감으로 이어준다. 같은 브랜드를 좋아하는 사람들 사이에서는 한 번도 만나거나 연락하지 않아도 일종의 동지애가 생긴다. 브랜드가 자신의 정체성과 가치관에 잘 맞으면, 그 가치관을 공유하는 사람들에게도 자연스레 유대감을 느낀다. 그렇게 브랜드의 방향성을 명확하게 정의한 기업은 비슷한 기업이 흉내 내기 어려운 일종의 커뮤니티를 만들 수 있는 것이다.

Q. 그렇다면 우리 회사 페이스북 페이지의 '좋아요' 수를 늘리는 데 마케팅 활동을 집중해야 한다는 뜻인가?

커뮤니티를 형성하고 싶다고 말하는 브랜드는 많지만, 그 말만으로는 정확히 뭘 하겠다는 것인지 명확하지 않다. 우리 팀이 새로운 스타트업을 만났을 때 커뮤니티가 중요하다는 이야기를 들으면 우리는 그 커뮤니티가 구체적으로 어떤 모습이라고 생각하는지 한 번 더 묻는다. 마치 **진정성**이 그랬듯이 **커뮤니티**도 너무나 흔한 유행어가 되어 다들 뭔지는 모르지만 하나쯤은 필요하다고 생각한다.

이토록 커뮤니티에 주목하는 이유는 소셜미디어의 부상 때문이다. 소셜미디어의 시대가 되니 브랜드마다 과거에는 상상하지도 못한 다양한 방법으로 고객과 실제로 '대화'할 수 있게 되었다. 그에 따라 새로운 기회도 얻지만 새로운 어려움도 생긴다. 이론적으로는 소비자들끼리도 서로 대화하고 소통할 수도 있지만, 현실은 그렇지 않다. 대개 소비자들은 브랜드 페이스북 페이지에서 시간을 보내며 서로 대화하지는 않는다. 게다가 꼭 그래야 하나? 당신은 한 번이라도 브랜드 페이스북 페이지에서 모르는 사람과 대화한 적 있는가?

소셜미디어 포스트에 소비자가 활발하게 반응한다면 소비자들의 관심이 많다는 반가운 신호이긴 하다. 그러나 페이스북이나 인스타그램 상의 '좋아요'와 댓글을 '커뮤니티' 개념으로 오인해서는 안 된다. 커뮤니티 개념을 가장 좁게, 글자 그대로만 해석했을 뿐이다. 솔직히 고작 댓글 칸 속 커뮤니티를 목표로 삼는 건 브랜드에 대해 완전히 헛다리 짚은 것이다. 꼭 페이스북 페이지

활동이 가장 활발한 브랜드가 가장 강력한 커뮤니티를 형성한 건 아니다. 사람들이 소속감과 연대를 느끼는 데는 온라인 소통, 심지어 오프라인 소통도 필요 **없다**. 커뮤니티는 브랜드가 처음부터 가치관을 중심으로 사람들의 마음을 모을 때 절로 생긴다.

커뮤니티 형성에 성공한 브랜드를 보면 여러 사람이 '덕심'을 공유하는 브랜드들이다. 그리고 이런 공동의 덕심 때문에 생판 모르는 사람 사이에 눈에 보이지는 않아도 느낄 수 있는 끈끈한 유대감이 생긴다. 이런 커뮤니티 의식으로 뭉친 사람들은 브랜드를 더욱 친밀하게 느끼고, 이렇게 충성심이 점점 강해지는 선순환이 이루어진다.

이런 브랜드는 집단 경험의 힘을 적절히 활용해 열혈 팬층과는 별 상관없어 보이는 업계에서까지 팬덤을 확보한다. 물론 크로스핏CrossFit처럼 원래 뜻이 맞는 사람끼리 항상 소통하는 브랜드에는 커뮤니티가 그리 생소하지 않을 것이다. 게다가 헬스장에서 무슨 운동을 했는지 얘기하고, 또 하고, 좀 더 하는 걸 마다할 사람이 있을까? 하지만 다른 업계에서도 엄청난 팬을 끌어모아 유대감 형성에 성공한 브랜드가 많다. 대표적인 예로 스위트그린이라는 샐러드 레스토랑 체인은 의외의 영역에서 커뮤니티를 형성해 화제가 되었다.

집단의 동질감

스위트그린이 처음 사업을 시작한 2007년에도 샐러드는 이미 새로운 개념이 아니었다. 당시나 지금이나 미국의 어느 도시 어느 식품점에 가도 원하는 대로 샐러드를 주문할 수 있다. 언뜻 보기에 비슷한 개념인 춉트Chopt라는 샐러드 체인점만 해도 이미 2001년부터 쭉 있었다. 오히려 회사 점심시간에 먹는 샐러드라는 개념은 '샐러드 들고 혼자 깔깔거리는 여성(블로거 이디스 짐머먼Edith Zimmerman의 스톡사진 모음)' 같은 밈meme이나 말 그대로 **서글픈** 책상 앞 샐러드라는 말이 돌면서 얼마간 냉소를 담은 표현이 되었다. 스위트그린은 이런 조롱을 면했을 뿐 아니라 사람들이 자랑스럽게 가담할 수 있는 독자적인 세계를 일궜다. 이 세상 모든 샐러드가 '서글픈 책상 앞 샐러드'일지언정 스위트그린만큼은 근무시간 중의 특별한 이벤트다. 우리 팀의 슬랙(Slack, 업무용 메신저-옮긴이) 채널 대화 중 엄청난 분량이 누가 스위트그린에 들러 다른 사람들이 주문한 메뉴까지 들고 올지에 할애된다고 해도 과언이 아니다. 아마 우리 팀만의 이야기가 아닐 것이다. 이만큼 사람들이 열성적으로 좋아하는 점심 메뉴 체인점은 거의 찾기 어렵다. 스위트그린은 출발할 때부터 샐러드 이상의 큰 가치를 내걸었기 때문이다.

스위트그린은 조지타운대학교를 갓 졸업한 조너선 너먼

Jonathan Neman과 너새니얼 루Nathaniel Ru, 니컬러스 재밋Nicolas Jammet 셋이 창업해 워싱턴DC 조지타운 지역의 단일 상점으로 시작했다. 첫날부터 세 사람은 그저 양상추가 아닌 훨씬 큰 이야기를 담은 브랜드를 만들기로 작정했다. 기능 면에서 스위트그린은 비교적 뻔한 문제를, 건강하면서 맛있고 편리한 음식이 없다는 문제를 해결하려 나섰다. 패스트푸드부터 포장음식까지 수없이 많은 브랜드가 해결하려 나선 보편적인 문제이다. 하지만 스위트그린은 브랜드를 다른 시각으로 접근해 소비자의 마음속에 기능적 편익을 넘어선 높은 지위를 확보할 수 있었다. 물론 재료도 신선하고 조리법도 독창적이고 드레싱도 맛있다. 이런 토대 없이는 스위트그린이 첫발조차 떼기 어려웠을 것이다. 그렇지만 이 브랜드는 여기에 그치지 않는다. 창업자들은 '건강한 커뮤니티 가꾸기'라는 사명을 띠고 음식과 사람들의 관계를 바꾸려 나섰다. 스위트그린이 정의한 커뮤니티는 범위가 넓어 재료를 공급받는 농장부터 상점을 여는 동네, 회사 직원, 그리고 물론 고객들까지 아우르며, 브랜드가 그 중심에서 건전한 생태계를 조성하려 한다. 이런 의지는 전체 브랜드 경험 곳곳에 녹아 상점 내 경험과 디지털 경험, 브랜드의 활동 전체의 방향성을 결정한다.

보통 체인점이라 하면 동네를 점령하고 동네 상점을 몰아내는, 동네의 적으로 여겨졌다. 이게 스위트그린이 마주한 모순이었다. 여기서 그 주장을 반박하거나 각 도시에 스위트그린이 없는 게 더 좋을지 아닐지 논할 생각은 없다. 스위트그린의 고객층이 특정 계층과 직업군에 몰려있다고 주장할 수도 있을 것이다. 하지만 한 가지 확실한 건 서브웨이나 맥도날드, 심지어 스타벅스에서도 풍기는 미국 어디든 세계 어디든 똑같은 느낌을 주는 체인점 점포의 인상을 피하고자 스위트그린이 여러 장치를 용의주도하고 영리하게 적용해왔다는 사실이다. 스위트그린이 새로운 장소에 상점을 열 때는 개성이 뚜렷한 공간을 골라 건물의 원래 구조를 보존하는 데 역점을 두는데, 이런 식으로 동네를 점령하기보다 그대로 담아내려 한다. 스위트그린의 웹사이트에도 올라 있듯이 '우리 손님들은 그냥 스위트그린이 아닌 **자기 동네 스위트그린에 갑니다**'이다. 상점 공간 안에는 그 지역 예술가의 작품을 전시해 그 지역의 특수성과 현지성을 한층 강조한다.

스위트그린은 음식을 대하는 태도 역시 여느 체인점과 다르며, 음식을 단지 맛과 건강만이 아니라 공동의 가치관을 실현하는 매개로 본다. 지역마다 지속가능성과 동물복지 정신을 실천하는 농가와 제휴해 투명한 공급망을 구축했다. 상점마다 음식의 산지를 농장 단위까지 적어놓아 고객과 음식이 오는 곳 사이 연결고리가 명확해진다. 덕분에 음식을 먹는 소비자와 그 음식을 공급하는 농장주 사이에는 전에 없었던 유대감이 생긴다. 요즘 같은 기업식 농업의 시대에는 씨가 마르다시피 한 새로운 연결고리이다. 직접 기른 농작물을 식탁에 올리는 최고급 '팜투테이블farm-to-table' 식당이라면 모를까 일상생활에서는 소비자들이 식재료가 어디서 어떻게 재배되는지, 재배 방식이 자신의 가치관에 맞는지 정보를 얻기 어렵다. 스위트그린은 공급처를 공개함으로써 소비자들도 샐러드를 구입할 때마다 이런 사명에 동참할 기회를 만들어준다. 이런 식으로 커뮤니티 의식을 차곡차곡 다진다.

스위트그린은 책임감 있는 식자재 개발과 농작물 재배 혁신으로 유명한 스타 셰프 댄 바버Dan Barber와도 협력했다. 2015년에는 블루힐(Blue Hill, 댄 바버의 유명 레스토랑 이름-옮긴이) 샐러드를 함께 개발해 기존에는 조리에 쓰이지 않고 으레 버려지던 케일 줄기 등을 재료로 활용했다. 또 2018년에는 바버가 설립한 종자 개발 회사 로우세븐Row 7의 씨앗으로 재배한 새로운 애호박 품종 '로빈스 코지넛Robin's Koginut'으로 메뉴를 구성했다. 댄 바버와 스위트그린은 음식물 쓰레기를 줄이기로 뜻을 모았고 스위트그린은 특정 농작물을 주문하기보다 농장에서 재배하는 농작물에 맞춰 메뉴를 개발한다. 식재료는 그날그날 공급받고 음식은 매장 내 속이 훤히 보이는 개방형 주방에서 직접 만든다.

스위트그린은 별로 드러나지는 않아도 목적이 분명한 결정을 내렸는데, 음식 조리과정을 생산 라인처럼 분업화하는 대신 직원 한 명이 고객 한 명의 샐러드를 처음부터 끝까지 조리한다. 언뜻 별것 아닌 차이 같지만, 이런 작은 차이로 소비자는 음식이 기계적으로 생산되는 게 아닌 인간적인 손길로 조리했다고 느낀다. 이러한 결정 하나하나가 모여 우리 지구, 우리 건강, 우리 이웃에 대한 공동의 책임감이 된다. 인간은 모두 서로 연결되어 있다는 인식, 즉 우리가 음식을 사 먹는 곳이 우리 지구에 영향을 주고, 우리가 먹는 음식을 키우고 조리하는 사람들이 중요하다는 생각이 있기에, 고객들은 스위트그린이라는 브랜드를 중심으로 커뮤니티를 생생하게 느낀다.

스위트그린은 커뮤니티에 공을 들인 덕택에 샐러드 체인점으로서는 상상하기 어려웠던 영역까지 브랜드를 확장할 수 있었다. 예를 들어 2011년에는 메릴랜드주 1만 7,000석 규모의 야외공연장 메리웨더 포스트 파빌리온Merriweather Post Pavilion에서 스위트라이프Sweetlife라는 음악축제를 열었다. 음악은 스위트그린의 브랜드 DNA라 해도 과언이 아닐 정도로 처음부터 중요한 부분이었다. 창업자들은 사업 초기시절 조지타운지역 듀폰 서클 매장 앞에 DJ 부스까지 차려 손님을 끌었고 매장 주차장에서 꽤 지명도 높은 밴드를 초대해 두 차례 라이브 음악행사를 열어 판매를 올리고 입소문을 탔다. 그런 의미에서 스위트라이프 축제 개최는 당연한 수순이기도 하지만, 행사의 규모가 굉장했다. 첫해 행사에는 록밴드 더 스트록스The Strokes를 주축으로 걸 토크Girl Talk 와 티어필러스 런던Theophilus London 등 인기 음악가들이 무대에 올랐고, 애플게이트 팜즈Applegate Farms와 어니스트 티Honest Tea처럼 비슷한 철학을 공유하는 브랜드도 행사에 참여했다. 스위트그린은 심지어 공연장에 입점해 있던 외식업체까지 설득해 전형적인 콘서트 메뉴 말고 더 건강한 메뉴를 제공했다. 스위트라이프 축제는 연례행사로 몇 회 이어가면서 예 예 예스Yeah Yeah Yeahs와 라나 델 레이Lana Del Rey, 켄드릭 라마Kendrick Lamar 같은 유명 음악가도 유치했다. 켄드릭 라마는 한정판 샐러드 메뉴도 공동 개발해 "비트'도 이 느낌을 '케일'할 수 없지(Beets Don't Kale My Vibe, 라마의 히트곡Bitch, Don't Kill My Vibe 제목을 비트beet와 케일kale로 바꿔 귀엽게 표현-옮긴이)"라는 이름으로 판매하기도 했다. 나중에 창업자들은 대형 음악축제보다는 소규모의 더 친밀감 있는 이벤트 전략으로 돌아가기로 했지만 스위트라이프 축제의 연이은 성공을 보면 이 브랜드가 커뮤니티를 일구는 일에 얼마나 정성을 들이는지 잘 알 수 있다.

스위트그린이 아닌 다른 레스토랑 체인점이 이 정도 대형 행사를 열었다면 구차하게 돈만 좇는 느낌을 떨치기 어려웠을 것이다. 스위트그린이 화려한 대형 음악축제를 열 수 있었던 이유는 아티스트와 청중 양쪽에게 그만큼 신뢰를 얻었기 때문이었고, 또 이런 신뢰를 얻은 건 시작부터 화합을 브랜드 DNA로 삼았기 때문이다. 스위트라이프 같은 대범한 전략 덕분에 스위트그린 브랜드는 업계에서 독보적인 존재로 올라섰고, 그저 점심 먹으러 가는 곳 이상의 의미 있는 장소로 자리매김했다.

꼭 요란한 음악축제가 아니어도 스위트그린의 가치관은 매일 일상의 작은 행동 하나하나에 드러난다. 스위트그린 브랜드는 고객서비스 정책이 후하기로 유명하며, 불만 사항에 재빨리 대응하고 보통은 묻지도 따지지도 않고 다음번 구매에 사용할 수 있는 포인트 형태로 전액 환불해준다. 또 구매실적이 가장 높은 단계인 블랙에 오른 고객을 골라 특별 서비스를 약속하는 이메일을 보낸다. 블랙 단계는 연간 2,500달러 이상 구매한 사람으로서 언뜻 대단히 큰 금액처럼 보이지만, 한 번 먹는 데 대충 13달러씩은 드는 샐러드 가게로서 이 정도 단골은 매우 많다. '블랙' 단계에 오른 고객은 각종 사은품을 받는 것 외에도 스위트그린 상점을 한 곳 골라 무료로 10명 규모의 모임을 열 수 있다. 스위트그린 웹사이트에서 설명하듯이 "이쯤 되면 당신은 우리 가족이나 다름없습니다. 당신의 이름과 샐러드 취향을 아는 건 물론이고 부모님도 만나봤을지 모르니까요." 적립 제도를 운영하는 기업은 많고 많지만, 스위트그린은 보상에서도 비공개 행사 초대장, 10인 샐러드 모임, 구매금액 일부를 스위트그린 자선단체에 기부와 같은 독창적인 접근으로 동지애와 공동의 목적의식에 밑줄을 긋는다. 공짜 샐러드에서 그치는 게 아니라 스위트그린의 세계에 참여하는 것이다.

물론 스위트그린이 그저 돈 잘 버는 직장인들에게 비싼 샐러드나 파는 데서 그쳤다면 브랜드의 사명인 '건강한 커뮤니티 가꾸기'도 가식처럼 보였을 것이다. 하지만 스위트그린이 이끄는 사회적 책임 운동을 보면 그 사명이 구호에 그치지 않는다는 걸 알 수 있다. 우선 2010년 시작한 '스위트그린, 학교에 가다Sweetgreen in Schools'라는 프로그램에서는 건강과 지속가능성을 주제로 미국 북동부 지역 학생들에게 단기 워크숍과 정규 교과과정을 제공했다. 2019년에는 미국 비영리단체 '아동 식품 봉사단FoodCorps'과 협력해 '새로운 학교 급식실Reimagining School Cafeterias' 프로그램을 지원했다. 프로그램의 목표는 아이들이 건강한 음식을 선택할 수 있도록 식재료를 개선하는 한편, 아이들이 직접 살펴보고 무엇을 먹을지 의사를 표현할 수 있는 장치를 만드는 것이다.

스위트그린의 사회적 책임 프로그램은 스위트그린의 전반적인 기업 방향성과 꼭 맞는다. 그래서 대충 끼워 맞춘 활동이 아닌 브랜드의 연장선처럼 느껴진다. 식품 생산과정의 윤리성을 추구하는 브랜드 방향성과 젊은 세대에게 더 나은 선택을 하도록 가르치려는 사명감은 자연스럽게 하나로 묶인다. 스위트그린은 그저 입으로만 사회공헌을 떠벌리는 것처럼 보이지 않는다. 오히려 사회공헌을 통해 커뮤니티에 대한 인식을 더 강화하는 브랜드 같다. 브랜드의 방향성이 그렇듯 '커뮤니티' 역시 하루아침에 느닷없이 만들거나 영리한 소셜미디어 전략으로 꾸며낼 수 없다. 가장 성공한 커뮤니티는 브랜드가 가치관을 명확히 세우고 꾸준히 지킬 때 절로 발달하며, 단순히 같은 제품을 사는 사람들이 아닌 브랜드의 철학에 동참하는 사람들끼리 자연스레 유대감을 형성한다.

더 깊이 있는 대의 마케팅

수십 년 동안 브랜드 마케터들은 기업이 어떤 방식으로든 사회에 환원하거나 의미 있는 일에 연계되면 제품을 구매하는 사람들이 '뭐가 됐든 큰 수'만큼 증가한다는 종류의 통계를 접해왔다. 이른바 '대의 마케팅cause marketing'은 1970년대부터 있었고 주로 소비자의 구매금액 중 몇 퍼센트를 공익이나 자선 활동에 기부하는 형태를 띤다. 보통 1년 중 대의 마케팅이 가장 활발한 시기는 세계 '유방암 인식의 달'인 10월로서 보통 브랜드마다 제품에 핑크색을 입혀 판매하고 수익 일부를 유방암 연구에 기부한다. 그 옆에 작은 글씨로 쓰인 주의사항을 읽으면 이런 기부액에 상한선이 정해져 있지만, 설령 한도가 있다 해도 기업이 사회에 환원하겠다는데 뭐라 하기는 어렵다.

Q. 만약 사회에 환원하는 브랜드를 만들고 싶으면 그냥 관심 있는 주제를 골라 기부하면 되나?

물론 기업이 아무것도 하지 않는 것보다야 자선단체에 한 푼이라도 기부하는 게 훨씬 낫다. 하지만 브랜드를 만드는 관점에서 심지어 사회공헌 이미지를 구축하는 관점에서도 '수익의 X퍼센트 기부'식 접근은 영혼이 없어 보일 수 있다. 기업이 선택한 비영리단체는 기업의 제품과 별 관련이 없는 경우가 많다. 또 기업은 자신들이 고른 주제, 즉 대의에 대해 소비자에게 알리거나, 소비자가 동참하도록 동기를 부여하는 노력을 별로 하지 않는다. 냉소적으로 보자면 이런 브랜드들은 간신히 최소한만 하고 있다. 기부 금액도 최소, 일도 최소인 셈이다. 이런 사회공헌 활동은 별로 사려 깊어 보이지 않고 처음부터 브랜드의 방향성과 브랜드 스토리에 있었다기보다는 어거지로 엮은 느낌이 난다. 그러니 커뮤니티 형성에 별 도움이 안 될 수밖에.

반면 최근의 새로운 브랜드들은 스위트그린이 아동 식품 봉사

단과 제휴한 사례처럼 브랜드 성격과 어울리는, 목적의식이 더 뚜렷한 대의를 찾아 다양하고 창의적인 방법으로 참여하고 있다. 이런 새로운 흐름에서는 사회적 책임이 브랜드 스토리의 부록이 아니라 애초에 브랜드 정체성을 구성하는 요소이다. 탐스슈즈는 이런 새로운 사회 환원을 개척한 기업이다. 2006년 블레이크 마이코스키Blake Mycoskie가 설립한 탐스는 지금은 어디서나 볼 수 있는 '원포원one-for-one' 기부 모델을 처음 고안했다. 신발을 한 켤레 판매할 때마다 탐스는 저개발국 어린이에게 신발 한 켤레를 제공한다. 탐스 모델은 무엇보다 단순하고, 단순해서 쉽게 와닿고, 그래서 더 탁월하다. 탐스도 남들처럼 빈곤 퇴치를 위해 노력하는 단체에 수익 일부를 기부할 수도 있었지만, 그랬더라면 지금 정도로 사회를 움직일 만한 호응을 얻지 못했을 것이다.

기존의 '수익의 X퍼센트 기부' 방식은 지나치게 추상적이다. 소비자가 볼 때 수익의 1퍼센트나 10퍼센트가 얼마인지는 고사하고 기업의 수익이 얼마인지조차 감을 잡기 어렵다. 게다가 그 돈이 어디로 가는지, 효과가 있기는 한지조차 실감하기 어렵다. 반면 탐스의 방식에서는 소비자가 구매의 효과를 **생생하게** 떠올릴 수 있다. 자신이 신발 한 켤레를 사면 신발이 필요한 누군가가 똑같이 한 켤레를 받는 원리니까. 탐스의 첫 신발 디자인 역시 무척 단순해서 한눈에 알아볼 수 있었다. 탐스 신발의 독특한 모양은 금세 상징성을 띠게 되었다. 패션 아이템으로서는 호불호가 극명하게 갈렸지만 '원포원' 신발을 몰라보는 사람은 없었다.

탐스 신발을 신는다는 건 그저 그런 아무 슬립온 신발을 신는 게 아니었다. 남을 돕겠다는 가치관을 **드러내고**, 또 남을 돕는 이 희한한 브랜드를 믿고 지지하는 다른 모든 이들과 **교감하는** 것이었다. 발에 자신의 신념을 당당히 드러내는 것이었다. 탐스는 눈부시게 빠른 속도로 성장했고, 여기에는 언론과 입소문의 영향이 컸다. 또 탐스는 기업 사회공헌의 새로운 가능성을 개척했고, 사람들은 앞다투어 이 참신한 사업모델에 대해 더 듣고, 더 알리고 싶어 했다.

탐스가 비영리단체는 아니지만 '깨어있는 자본주의conscious capitalism'의 새로운 시대를 대표하기는 한다. 탐스의 사업모델은 태생부터 기업의 사회적 사명과 단단히 엮여 있어 하나 없이 다른 하나를 생각할 수 없다. '원포원' 없이는 탐스도 없다. 달리 말하면 브랜드 스토리에 사회적 책임을 녹여 넣을 때, 전체 브랜드 정체성에 별 영향을 주지 않고 부록처럼 붙였다가 쉽게 쳐낼 수 있다면 아직 갈 길이 멀었다고 할 수 있겠다.

탐스가 급속도로 커뮤니티를 형성할 수 있었던 이유는 소비자들이 브랜드의 사명에 깊이 공감했고, 그러다 보니 같은 신발을 신고 같은 사명에 동참하는 동료 소비자들, 그리고 탐스 구매로 새 신발을 신게 된 전 세계 어린이들과도 유대감을 느꼈기 때문이다. 이런 강력한 유대감이 있기에 '원포원' 사업모델은 사회적인 흐름으로 발전했다. 제품 하나만으로도 누구든지 자신의 선한 영향력을 즉각 이해할 수 있었다. 발을 내려다보면서 자신도 사명에 동참했다고 뿌듯해할 수 있었다. 탐스의 로고도 하늘색 가로 줄무늬 틈에 대문자로 이름이 쓰인 모양새가 마치 깃발처럼 느껴진다. 마치 탐스가 새로운 국가의 시민이 되라고 초대하는 것 같다. 더 나은 세상을 만들기 위해서는 행동도 달라져야 한다고 믿는 사람들의 국가 말이다.

탐스가 빠른 성공을 거둔 뒤 다른 브랜드도 원포원 기부 모델을 도입한 건 어쩌면 당연한 일이었다. 와비파커가 처음 등장했을 때도 브랜드 스토리에서 '안경 하나당 하나' 프로그램을 가장 중요하게 다뤘다. 이 프로그램을 상세히 보면 직원이 직접 시력 검사를 할 수 있도록 교육하고, 저렴한 가격의 안경을 판매하고, 어려운 환경에 있는 학생들에게 시력 관리와 치료 혜택을 제공하고 안경을 주기도 한다. 와비파커는 웹사이트에 안경 하나의 사회적 효과를 상세하게 설명하고 프로그램의 수혜 국가와 사람들의 사진을 올려놓았다. 이 역시 돈을 기부하겠다는 모호한 약속이 아닌 눈으로 직접 보고 믿을 수 있는 생생한 결과이다.

봄바스Bombas 역시 급속도로 성장하는 브랜드로서 처음부터 원포원 기부 모델이 중심인 브랜드 스토리로도 잘 알려졌다. 봄바스도 탐스를 본받아 사회공헌을 마케팅 도구가 아니라 브랜드의 핵심으로 삼았다. 창업자 데이비드 히스David Heath와 랜디 골드버그Randy Goldberg는 노숙자 쉼터에서 요청하는 물품 중 1위가 양말이라는 사실을 알고 깊은 인상을 받았다. 두 사람은 탐스의 대성공, 그리고 비슷한 기부 모델을 택한 다른 기업들의 성공에 착안해 양말 한 켤레를 판매할 때마다 노숙자 쉼터에 한 켤레씩 기부하는 사업을 시작하기로 했다. 하지만 두 사람은 영리하게도 고결한 사명만으로는 덕심몰이를 할 수 없는 현실을 직시했다. 둘은 최고의 양말을 개발하기 위한 여정에 나섰고, 결국 주요 부위의 소재와 구조를 개선해 훨씬 우수한 양말을 만들 수 있었다. 이들은 기부를 위한 전용 양말도 개발했는데 자주 세탁하지 않아도 여러 번 신을 수 있게 만들었다. 양말은 길고 긴 세월 동안 혁신이라고는 찾아볼 수 없었던 상품군이었는데다 감동을 주는 브랜드는 더더욱 없었던 분야였다. 두 창업자는 우수한 제품과 매력적인 창업 이야기로 무장한 채 2013년 출시를 목표로 크라우드펀딩 사이트 인디고고Indiegogo에서 펀딩 캠페인을 열어 크게 성공했고, 결국 창업을 주제로 한 리얼리티쇼 〈샤크 탱크Shark Tank〉의 데이먼드 존Daymond John에게 투자도 받았다. 존은 봄바스를 지금까지 가장 성공한 투자사례로 소개하곤 한다.

양말이란 대부분의 사람들이 거의 잊고 지내는, 특별히 웃돈을 내고 살만한 아이템은 아니다. 하지만 봄바스의 사례에서 알 수 있듯이 사람들은 신뢰하는 브랜드가 제대로 만든 양말이라면 기꺼이 구입한다. 봄바스 양말은 한 켤레에 11~16달러로, 절대로 싼 가격은 아니다. 이렇게 비싼 양말을 사면서도 한술 더 떠서 봄바스를 알리고 입소문 내고 싶어 들썩거린다. 양말 브랜드 중 이렇게 사람들이 신고 자랑하는 브랜드는 처음이다. 누군가가 봄바스를 처음 발굴하면 당장 다른 사람들에게 알리고 싶어 한다. 이렇게 입소문을 타고 성장할 수 있는 이유는 봄바스가 어느 것 하나 소홀함 없이 다 갖췄기 때문이다. 창업자들도 세상에 좋은 영향을 주고 싶다는 진심으로 사업을 시작했지만, 그렇다고 싸구려 양말에 브랜드 이름만 붙여 사회적 사명 하나에 브랜드 스토리를 통째로 내걸었던 건 아니다. 두 사람은 훨씬 더 편안한 양말을 개발하기 위해 무척 공을 들였다. 이런 노력 덕택에 사람들은 저마다 다양한 이유로 봄바스에 끌린다. 나눔을 실천하는 사명에 감동한 사람들이 있는 한편 기막히게 편안한 양말 브랜드를 발굴한 기쁨에 들떠 주변에 알리고 싶어 하는 사람들도 있다. 처음부터 기부 프로그램은 브랜드의 한 부분이었기 때문에 과하거나 어설픈 느낌 없이 브랜드 스토리와 단단히 얽혀 있다. 브랜드의 정체성이 사회적 사명에 뿌리를 두고 있지만, 그렇다고 가르치려

들거나 혼자 잘난 느낌을 풍기지는 않는다. 그보다는 모두 함께 참여하자고 초대하는 분위기이다.

봄바스라는 이름은 라틴어로 호박벌이란 뜻으로서 모두에게 좋은 환경을 만들기 위해 함께 노력하는 동물을 나타낸다. 하지만 무슨 뜻인지 몰랐다 해도 말 자체가 소리부터 재미있고 생기 넘치고 기억하기도 쉽다. 로고는 이름을 바탕으로 왕관 쓴 벌 모양을 사용했고, 양말 중에는 벌집 패턴이 그려진 게 많다. 양말 안쪽에는 브랜드의 슬로건이자 좌우명인 '더 나아지자(Bee better, 벌을 뜻하는 bee와 '되다'를 뜻하는 be를 합성 - 옮긴이)'를 수놓아 나눔 뿐 아니라 개인의 성취와 제품의 혁신을 표현한다. 재치 있는 슬로건으로 명랑함과 감동을 적절히 버무려, 대단한 일을 해내면서도 허세는 부리지 않는 브랜드라는 인상을 준다. 제품과 사회적 사명, 브랜드의 인상 중 어느 한 가지도 따로 놀지 않고 조화를 이뤄 사람들이 자랑스레 동참할 수 있는 밝고 재미있는 세계가 된다. 이렇게 회사의 선한 노력과 제품을 모두 응원하는 열정이 모이면 커뮤니티가 자라난다.

소비자는 이런 브랜드의 가치관을 알아보는 정도가 아니라 거기에 깊이 감동하며, 이 감동은 사회운동에 동참하는 느낌으로 이어진다. 소비자들은 신뢰하는 브랜드에 돈을 지출함으로써 말 그대로 '돈으로 표를 행사(vote with one's dollars, 소비자가 마치 투표

권을 행사하듯 가치관에 맞는 브랜드에 돈을 써 책임 있는 기업 활동을 지원하는 개념-옮긴이)'하고, 비슷한 행동을 하는 사람들과 힘을 모을 수 있다. 하지만 단서가 있다. 브랜드를 사회적 사명과 연결하면 커뮤니티가 하루아침에 생길 것 같지만, 커뮤니티 형성은 기부금 한 번에 쉽게 해결되는 일이 아니다. 오늘날 새로이 성공하는 브랜드는 사회적 공익을 실천하기로 하면 제품을 만드는 방식에도, 각종 프로그램에도, 참신한 방법으로 사회 변화를 이끌 때도 하나부터 열까지 구석구석 실천한다.

이처럼 한 단계 깊은 사회적 사명 실천 전략은 기존의 '대의 마케팅'이 진화해 '기업의 사회적 책임CSR, corporate social responsibility'이 된 데서 알 수 있다. CSR은 사업모델에 사회적 의식을 포함하는 경영방식이다. CSR을 적극적으로 실천하는 기업은 일상적인 기업 활동에서 세상에 좋은 영향을 주는 (나쁜 영향을 피하는) 방안을 끊임없이 찾는다. 이들 기업에게 CSR이란 잠시 지나가는 마케팅 캠페인이 아니라 사업을 운영하는 고유한 방법이자 브랜드의 구심점이다. 성공적이고 길게 보는 브랜드 구축 사례가 모두 그렇듯 CSR는 겉면만 싸는 포장이 아니라 기업의 구성원 모두가 공유하는 철학이다.

한배를 탄 사람들

공동의 사명을 향한 열정은 분명 커뮤니티 형성의 강력한 동력이지만, 그렇다고 브랜드가 사회적 사명을 갖춰야만 유행이 되는 건 아니다. 사람들이 단합하고 열광할 만한 소재가 있으면 된다. 열정이란 원래 홀로 있을 때도 강력하지만 여럿이 나눌 때는 누구도 말릴 수 없으니까. 여럿이 나누는 열정이 있다면 브랜드가 유행을 만들어낼 수 있다. 이러한 종류의 집단적 열병에 특히 잘 취하는 분야가 있는데 그중 피트니스 분야는 이미 언급했고 음악도 이와 비슷하다. 사람들을 하나로 묶는 데 음악만 한 동력도 없다. 하지만 음악업계 사람들이 공공연히 말하듯 그렇다고 음악에 관련된 브랜드는 저절로 홈런을 친다는 뜻은 아니다. 여기서도 가장 성공한 브랜드는 음악을 듣는 사람들끼리 통할 때 음악의 의미가 더욱더 풍부해진다는 사실을 잘 안다. 이런 게 바로 콘서트 현장의 뜨거운 열기이자 같은 밴드를 좋아한다는 이유만으로 팬들이 나누는 진한 동지애이다.

스포티파이Spotify는 이런 음악의 힘을 기막히게 활용해 세계 최대의 음악 스트리밍 서비스를 구축했다. 처음부터 스포티파이는 그저 음악 듣기의 편리함만을 내세운 적이 없다. 그보다는 늘 더 참신하고 재미있는 방법으로 사용자들을 서로 이어주고 모두 함께 더 큰 무언가에 속한 기분을 느끼게 해준다.

스포티파이의 이런 커뮤니티 구축 전략은 제품에 속속들이 녹아있다. 우선 사용자 경험부터 사용자가 직접 꾸린 플레이리스트를 중심으로 설계했다. 이런 플레이리스트는 현대판 믹스테이프지만 과거처럼 친구나 썸남, 썸녀에게만 주는 대신 스포티파이의 모든 사용자와 공유하는 것이다. 예를 들어 1990년대 힙합을 좋아하는 사용자라면 스포티파이의 플레이리스트 외에도 전 세계 다른 사용자들이 만든 플레이리스트를 팔로우할 수 있다. 친구들을 팔로우해 어떤 음악을 듣는지 볼 수 있고, 자신이 듣는 음악을 페이스북 등 다른 플랫폼에도 올릴 수 있다. 그렇게 해서 스포티파이 사용자는 음악을 매개로 이어지고, 알고리즘이 추천하는 것 말고도 더 인간적이고 사적인 방식으로 새로운 음악을 발견할 수 있다. 전 세계 팬들은 음악을 사랑하는 이들로 이루어진 큰 커뮤니티의 일원이 되어 취향과 지식을 나눌 수 있다.

관심이 높고 적극적인 사용자층은 스포티파이의 가장 귀중한 자산이며, 스포티파이는 이러한 독특한 장점을 광고에서 영리하게 뽐낸다. 광고는 내부 크리에이티브팀이 직접 개발하며, 2016년을 시작으로 연말마다 전 세계에 올린 옥외광고 캠페인에서는 기발하고 배꼽 잡는 방식으로 사용자 데이터를 조명한다. "올해 '여자들의 뜨거운 밤' 플레이리스트에 '좋아요'를 눌러준 1,235명의 남성 여러분, 사랑해요" 같은 헤드라인이 있는가 하면, 그 동네에 꼭 맞춘 "올해 뉴욕 극장 지구Theater District에서 〈해밀턴 Hamilton〉 사운드트랙을 5,376번 들은 분에게. 표 좀 구해줄래요?"도 있다. 그때부터 매년 스포티파이는 새로운 데이터로 무장한 새로운 광고 캠페인을 벌이며 사용자들의 별스럽고 재미있는 행동을 공개한다. 요즘처럼 분열과 갈등이 늘어나는 시대에 스포티파이 광고 캠페인은 유머를 활용해 개인의 시각을 따뜻하게 조명하기도 하고("'좌파 엘리트주의 스노우플레이크 BBQ'라는 플레이리스트 주인과 비건 브리스킷(양지머리 또는 차돌박이 요리-옮긴이) 한 접시 합시다") 사람들 사이의 공통분모를 뽑아내기도 한다("브렉시트 투표일에 '이제 우리가 아는 이 세상은 끝장이야It's the End of the World as We Know It'를 스트리밍한 3,749명에게. 조금만 더 힘내요"). 결국 광고 캠페인이 드러내는 건 사람들의 **공통점**이며, 저마다 음악을 통해 어떻게 좋은 시절을 기뻐하고 힘든 시절을 견뎌내는지, 또 알고 보면 누구나 하나쯤은 있는 별난 취향이 무엇인지다.

이런 캠페인이 전하는 메시지는 우리가 모두 인간이며 음악이야말로 우리를 인간답게 만드는 특성이고, 그러므로 모두 스포티파이 가족에 속한다는 것이다. 광고를 본 사용자들은 다른 사람의 특이한 플레이리스트를 보고 낄낄대는 한편 자신의 음악 취향과 철학을 되돌아볼 수 있다. 이 광고 캠페인에서 "로스앤젤레스에서 밸런타인데이에 '영원히 외톨이Forever Alone' 플레이리스트를 4시간 들은 사람"에게 깊이 공감하는 순간, 생판 모르는 사람 끼리도 따스함과 유대감을 느낄 수 있다. 그 사람이 누구인지 알 필요도, 페이스북 프로필을 볼 필요도 없다. 우리도 그 사람이었던 적이 있기 때문이다. 스포티파이가 우리를 이어주는 한 우리는 외톨이가 아니다. 스포티파이가 사용자들의 인간적인 면모를 알아차림으로써 사용자들은 동료 사용자와도 브랜드와도 더욱 친밀감을 느낀다. 그렇게 사용자들은 스포티파이를 세계적인 기술 플랫폼이라기보다 동호회처럼 느끼는 것이다.

Q. 음악을 중심으로 커뮤니티를 구축할 수 있다는 건 이해하겠는데, 우리 회사는 전혀 다르다면? 사람들이 자연스레 서로 어울릴만한 업계가 아니라면 어떻게 해야 하는가?

물론 스포티파이는 원래 감성이 충만한 음악업계에 있으니 유리하다. 하지만 어떤 사업이든 요구와 취향이 비슷하거나 인생 시기가 비슷한 사람들을 대상으로 하는 건 마찬가지다. 그 사람들을 더 가깝게 이어주는 방법은 얼마든지 있고, 사람들끼리 가까워지면서 브랜드에도 더욱 애착을 느낄 수 있다. 어떤 브랜드는 사용자 후기 게시판이 내용도 탄탄하고 교류가 활발해 사용자들이 제품에 대한 의견뿐 아니라 자기만의 활용 팁이나 조언도 나눈다. 어떤 브랜드는 인스타그램 페이지에 실사용자의 경험담을 올려 그 제품을 매일 실제 사용하는 사람들을 치켜세운다. 사용자들끼리 친밀하고 끈끈하게 느낄수록 브랜드의 인지도 역시 더 확대될 수 있다. 단순히 군중이냐 커뮤니티냐의 차이와 같다. 커뮤니티 안에서는 구성원 한 명 한 명이 모두 소중하다. 모두 집단에 속하고, 또 모두를 위해 제 역할을 한다. 얼굴 없는 군중 속 이름 없는 인간이 아니다. 제자리를 찾는 것이다.

같은 언어로 말하기

브랜드는 참여하는 사람 모두가 내부자라는 확신을 줌으로써 강력한 커뮤니티를 구축한다. 이런 강한 소속감을 끌어내는 방법은 다양하다. 우선 공동의 목적의식이다. 모두 같은 가치나 사명에 관심 있을 때 소속감을 느낄 수 있다. 그다음은 똑같은 복장이다. 취향이 비슷한 사람들끼리 똑같은 브랜드 옷을 입는 데서 자부심을 느낀다. 마지막으로 같은 언어를 공유할 때 소속감을 느낄 수 있다. 브랜드의 언어적 정체성, 즉 **어떤 식으로 말하는가**는 커뮤니티 형성에 큰 역할을 한다. 브랜드는 어떤 식으로 말할지 선택함으로써 누구를 위한 브랜드인지뿐 아니라 누구에게 적합하지 않은지도 정확히 알린다. 예를 들어 어느 정도 전문성을 지닌 사람들을 위한 브랜드로 보이고 싶으면 일반 대중에게 친숙하지 않은 전문용어를 사용할 수 있다. 요리 애호가를 겨냥한 조리도구 브랜드라면 별다른 설명 없이 블랜칭(blanching, 끓는 물 또는 기름에 짧게 데치기-옮긴이)이나 수비드(sous vide, 비닐로 밀폐해 미지근한 물에 장시간 데우기-옮긴이)에 대해 이야기할 수도 있다. 스포츠나 게임처럼 평균 이상의 내공을 자랑하는 사람들이 존재하는 업계도 마찬가지일 것이다.

하지만 괜히 배타적이거나 범접하기 어려운 느낌을 풍겨 고객을 몰아내고 싶어 하는 기업은 별로 없으니 신중하게 결정해야 한다. 모두를 만족시키려는 전략에도 위험이 따르긴 마찬가지다. 예를 들어 전문가를 겨냥하는데 용어가 지나치게 쉬우면 초보자를 위한 브랜드처럼 보이고 소비자들이 제품의 품질을 의심할 수 있다. 코르타도(에스프레소에 우유를 1:1로 섞은 커피-옮긴이)가 뭔지도 모르는 사람들에게 파는데 이 에스프레소 기계가 정말 최고의 제품일까? 어느 분야든 애호가들은 유치원생 취급당하기 싫어하며, 이미 잘 아는 용어까지 일일이 설명해야 하는 집단에 속하고 싶어 하지 않는다.

문장 표현이나 유행어 사용에도 똑같은 원칙이 적용된다. 경고하지만 브랜드는 유행어 사용에 극도로 **신중**해야 한다. 괜히 '요즘 애들이 말하는' 대로 말하려는 브랜드는 대개 너무 애쓰는 인상을 풍긴다. 마치 아버지의 입에서 십 대 유행어를 듣는 것처럼 손발이 오글거리는 느낌이다. 세상사가 대부분 그렇듯, 과연 제대로 해낼 수 있을지 의심스럽다면 아마도 해내기 어려울 것이다. 하지만 어떤 브랜드에는 특정한 대화법이 정체성의 핵심이기도 하다. 이런 브랜드는 특정한 타깃 고객이 공감하는 단어나 문장을 충분히 사용하고, 나머지 사람들이 등 돌리는 건 크게 신경 쓰지 않는다. 그 덕택에 타깃 고객들은 마치 가까운 친구 집단처럼 끈끈한 유대감과 공감대, 내부자의 지위에 오른 듯한 뿌듯함을 공유하게 된다. 어차피 통하거나 아니거나 둘 중 하나이며, 아니라면 원래 당신과는 맞지 않는 브랜드이다. 특정한 어투에 집중하는 사례로 더스킴theSkimm만 한 브랜드도 드물다.

더스킴은 2012년 룸메이트인 칼리 재킨Carly Zakin과 대니엘 바이스버그Danielle Weisberg가 일간 이메일 뉴스레터로 시작한 뒤 점점 성장해 팟캐스트와 책, 앱 등 '더 똑 부러지게 살기 쉽도록' 도와주는 다양한 제품과 서비스를 갖추고 있다. 브랜드의 중심에는 뉴스레터가 있으며 2018년 말 기준 700만 명이 구독하고 있다. 뉴스레터에서는 어떤 뉴스 미디어에서도 찾아보기 힘든 격의 없는 대화체로 아침마다 그날의 중요한 뉴스를 훑어준다. 뉴스마다 특유의 문체로 익살스러운 제목을 붙여 시작하는데, 뒤에 이어질 내용을 농담조로 열거나("지금 옐프(Yelp, 해당 지역의 각종 사업체를 찾을 수 있는 리뷰 사이트-옮긴이)에서 '영국 최고의 변호사'를 검색하는 사람은 누구일까… 줄리언 어산지(Julian Assange, 위키리크스 창업자-옮긴이)" 또는 "당신의 부모님보다 사생활 개념이 없는 건 무엇일까… 페이스북") 아니면 독자의 입장이 되어 더 많은 정보를 하나씩 캐묻는다. 어떤 브랜드는 일부러 전문가를 타깃 독자로 정하지만 더스킴은 뉴스나 정치에 빠지지 않은 사람들을 대놓고 독자로 삼는다. 이를테면 "이거 어디서 들어본 느낌이 드는데"라는 말로 새로운 단락을 시작하고 뒤이어 "아마 들어봤을걸. 이란 핵합의와 관련 있으니까"라고 이어가거나 "어, 잠시 역사 좀 알려줄래"라고 시작한 뒤 "가자지구는 예전에 이집트가 지배했거든…"이라고 이어가는 덕분에 독자는 답을 몰라도 전혀 부끄럽지 않다. 뉴스레터 하나에 필요한 정보는 전부 들어있어서 과거에 대한 지식이 많지 않아도 최신 시사 정보를 파악할 수 있다. 두 친구가 수다 떠는 어조로 쓰였으면서도 중요한 정보를 간결하게 전달한다.

이처럼 독특한 어조 때문에 더스킴은 혹평을 받거나 비웃음을 사기도 했다. 기자들은 더스킴이 중요 시사 문제를 지나치게 단순화하거나 심각한 주제를 너무 가볍게 다룬다고 비난해왔다. 하지만 타깃 독자의 공감대를 사는 데는 누구보다도 탁월했다. 더스킴을 읽고 수없이 많은 사람이 뉴스와 정치에 관심을 가진 데다 당파를 초월한 '핑계 금지No Excuses' 캠페인 덕택에 투표장으로 향하기도 했다. 더스킴은 또한 사용자들이 입소문을 내도록 '스킴배서더(Skimm'bassadors, 더스킴과 대사의 합성어-옮긴이)'라는 브랜드 홍보대사를 운영했고, 이들에게는 사은품과 행사 초대, 전용 콘텐츠와 교류 기회를 제공하고 생일을 맞은 사람은 뉴스레터에서 공개적으로 축하했다. 창업자 재킨과 바이스버그는 더스킴의 방식이 모든 사람을 만족시키지는 않아도 괜찮다는 태도를 공개적으로 밝혀왔다. 두 사람은 브랜드의 정체성과 행동 특성을 명확히 정의하고 타깃 고객인 '스킴 걸the Skimm girl'의 취향과 습관을 내부용 브랜드 가이드북으로 정리한 뒤, 사회 변화에 따라 스킴 걸의 특성도 조금씩 조율해가고 있다. 더스킴의 충성 독자층은 끊임없이 늘어나고 있어 독자를 업신여긴다는 비난이 오히려 무색할 정도다. 모든 사람이 더스킴의 방식에 공감할 필요는 없다. 하지만 그 때문에 공감한 사람들끼리는 더욱 한 식구라고 느낀다.

—

브랜드가 강한 소속감을 만들어낼 때 성공적으로 커뮤니티가 형성된다. 이때 일부러 특정 사람들을 소외시킬 필요는 없지만,

누구를 위한 브랜드이며 어떤 가치관을 내세우는지 당당히 밝힐 필요는 있다. 파타고니아에서 지구 환경보존을 등한시하는 기업들의 플리스 조끼 단체복 주문을 거절하기 시작했을 때 '월가 금융남'들은 일부 실망했을 수 있지만(파타고니아 플리스 조끼는 월가의 유니폼이라 할 정도로 금융기업의 단체복 주문이 많았다-옮긴이), 환경을 중시하는 고객들의 사랑은 더 깊어졌다. 이들은 파타고니아의 가치관에 더욱 공감했고 브랜드에 대한 충성심도 더 키웠다. 브랜드가 내세우는 가치를 고객이 이해하고 그 가치에 동의하면 거기서부터 끈끈한 유대감이 형성된다. 커뮤니티는 로고나 영리한 소셜미디어 전략이 아닌 공동의 이상과 열정을 중심으로 만들어진다. 다시 강조하지만, 제품 이야기를 넘어서는 가치를 내세우는 브랜드를 처음부터 만드는 게 중요하다. 성능이 정말 좋거나 대단한 신기능이 있는 제품을 출시했을 때 처음에 다들 열광할 수는 있지만, 처음의 열기만으로 성공을 지속하기는 어렵다. 브랜드가 고객에게 손을 내밀어 커뮤니티의 일원으로 초대할 때 고객이 그럴싸한 새것으로 갈아탈 가능성이 작아진다. 자기정체성의 한 부분을 차지하던 집단의 동질감을 잃고 싶지 않기 때문이다.

5장

핵심에 집중하는 브랜드의 힘

브랜드의 정체성뿐 아니라

정체성에서 제외할 요소도 정의해야 한다.

그러면 브랜드가 어떤 가치를 내세우는지 명확해진다.

모든 사람이 당신을 좋아하지는 않겠지만,

한 번 좋아한 사람들은 팬이 될 것이다. ▬

최근에 에어컨이 필요해 구매했는데, 그 경험이 어찌나 불쾌한지 그냥 확 때려치우고 더위를 견디는 게 나을지 고민될 정도였다. 우선 따져봐야 할 브랜드부터 너무 많았고, 브랜드마다 특장점과 기능은 백만 가지나 있으면서도 정말 중요한 게 무엇인지는 딱히 알 방법이 없었다. 어느 기능에 돈을 더 써야 한담? 내가 조용한 걸 더 중요시했던가, 아니면 효율을 더 따졌던가? 어쨌든 와이어커터(Wirecutter, 〈뉴욕타임스〉의 제품 리뷰 사이트-옮긴이)를 뒤져 철저히 조사하고 제품 후기를 읽고 주변 사람들에게 추천을 받은 뒤 드디어 제품을 정했는데, 기쁨도 잠시뿐 이제는 승강기가 없는 우리 아파트까지 배달하고 설치하는 골치 아픈 문제가 기다리고 있었다. 이런 수난을 겪고 나니 그동안 내가 요즘 소비자 직접 판매 브랜드에 얼마나 길들여졌는지 다시 한 번 깨달았다. 딱 한 가지 모델만 파는 웹사이트에서 물건을 사는 게 얼마나 기분 좋은지! 손발품 팔지 않고도 이 가격이 최선인지 아는 게 얼마나 마음이 놓이는지! 고객센터에 연락하면 실제로 적절한 답을 주고, 내 편에서 해결해주리라고 믿는 게 얼마나 안심이 되는지! 또 내게 무엇이 필요한지를 염두에 두고 전체 경험을 설계한 브랜드를 고르는 게 얼마나 더 신나는 일인지! 선택의 압박에서 해방될 때 우리는 자유롭고 가볍다. 누군가가 이미 고민을 해결해줬기 때문이다. 누군들 기능 비교와 리뷰 읽기에 시간을 쏟아붓고 싶겠는가? 나라면 그냥 정답을 알려주는 편이 훨씬 좋다.

집중의 힘

3장에서는 브랜드가 자신의 정체성을 고민하기보다는 타깃 고객의 정체성을 어떻게 공략할지 더 생각해야 한다고 설명했다. 4장에서는 커뮤니티를 구축하려면 모든 사람의 취향을 전부 만족시키려 해서는 안 된다고 주장했다. 이 두 가지 원리를 실천하려면 특정한 사고방식이 필요한데, 때로는 어려운 결정을 감수하면서까지 결단을 내리고 **집중**해야 한다는 뜻이다. 성공한 요즘 브랜드는 모든 경우에 빈틈없이 대비하려 하기보다는 한 가지 방향을 확실히 정해 겁내지 않고 쭉 내달린다.

물론 브랜드가 성장하려면 결국에는 굉장히 넓은 고객층을 확보해야 하고, 이 고객층은 처음 그 브랜드에 입덕했던 사람들과 똑같지는 않을 것이다. 비록 오늘날에는 인스타그램과 페이스북의 면도날만큼이나 예리한 타깃 설정 기능에 힘입어 극히 작은 시장 중 작은 조각을 노리는 이른바 '틈새 브랜드'도 많고 많지만, 그래도 신규 브랜드 중 대다수는 큰 시장을 목표로 한다. 하지만 아무리 목표가 수십억 달러 가치의 기업이라 해도, 초창기부터 브랜드를 지지하고 충성 고객이 되어주는 사람들이 없다면 나머지의 관심을 끌 기회조차 없을 것이다. 이러한 첫 브랜드 챔피언들은 브랜드가 어떤 가치를 내세우는지 정확히 이해하고 그 가치가 마음에 쏙 들기 때문에 거기에 푹 빠진다.

오늘날처럼 문화를 소비하는 방식이 근본적으로 바뀌는 시대에 어느 브랜드든지 대규모로 성장할 수 있다는 사실부터가 신기한 일이다. 특히 모든 사람이 똑같은 프로그램을 시청하거나 똑같은 상점에서 구매하는 일이 점점 줄어드니 말이다. 과거 2000년 전후 티보TiVo에 대한 잡지기사를 읽은 기억이 난다. 그 기사를 본 뒤 광고를 업으로 삼아야겠다고 결심하기도 했다. 혹시 2000년 이후에 태어난 독자들을 위해 부연하자면, 티보는 케이블 방송을 녹화한 후 나중에 시청할 때 광고를 건너뛰게 해준 최초의 디지털 영상저장장치DVR 제품이다. 그리고 케이블 방송은 뭐였냐면… 아, 그냥 관두자.

요점은 프로그램을 'TV 본방'이 아니라 언제든 원할 때, 그것도 광고 없이 볼 수 있다는 개념이었는데 당시로선 가히 신세계라 할 수 있었다. 그 잡지기사에서는 TV 광고가 없는 미래를 설명했고, 나중에 우리가 손주들에게 과거 모두가 똑같은 브랜드에서 세탁세제를 사던 시절이 있었다고 설명하려면 얼마나 쩔쩔맬지 점치기도 했다. 기사에서는 TV 광고가 만들어왔던 획일화된 소비자 문화의 종말을 예측하기도 했다. 기사를 읽고 나는 사람들이 정말로, 적어도 지금으로서는 모두 똑같은 브랜드의 세제를 구매한다는 사실을 인식했고, 마케팅이 어떤 역할을 해야 제품이 인간의 보편적인 요구를 해소할 수 있는지 곰곰이 생각하기 시작했다. 그리고 그해 여름, 광고기획사에 인턴사원으로 취직했다. 브랜드들이 어떻게 소통하길래 저마다 다른 사람들의 공감을 사는지, 거기서 알아낼 수 있는 인간의 공통점이 무엇인지 제대로 이해하기 위해서였다.

다시 현재로 돌아오면, 이미 사람들 대부분이 케이블 TV도 잘 안 보는 시대에 DVR이라는 개념은 더욱 케케묵어 보인다. **하지만** 단일문화가 쇠퇴하고 온라인상거래가 부상하는 중에도 우리가 누구나 알고, 더구나 사랑하는 브랜드의 중요성은 사라지지 않았다. 다만 오늘날의 브랜드는 과거와 다른 성장경로를 찾아야 하며, 그 시작은 '집중'이다.

오늘날 성공한 신규 브랜드 대부분이 몇 개 안 되는 제품만으로 판매를 시작하는 데는 그럴만한 이유가 있다. 이런 브랜드 다수는 처음부터 40가지 스타일을 10가지 색상씩 들고 나서는 대신 딱 한 가지 또는 두 가지 제품으로 시작한다. 표면상으로는 소비자의 선택권이 줄어드는 것 같지만, 실제로는 소비자의 시간만 낭비하고 일상을 더 어렵게 만드는 가짜 차별화를 걷어내는 일이다. 전통적인 유통점 시절, 저마다 진열장을 장악하기 위해 개별 상품을 최대한 많이 출시하던 관행과 대조적이다. 이런 관행 때문에 편의점에 가면 똑같은 브랜드에서 20가지도 넘는 치약이 나와 있고 어느새 진열대 앞에서 어느 기능이 더 중요한지, 치석 관리인지 미백인지, 아니면 치석 관리와 미백을 동시에 하는 건지, 입 냄새 박멸인지 아니면 두꺼운 판지도 씹어 먹게 만드는 능력인지 30분 동안 고민하게 되는 것이다. 이와 대조적으로 오늘날은 사람들이 무엇을 원하는지 알아차리고 단순 명료하게 해결해주는 브랜드가 성공한다. 이런 브랜드는 선택지를 알아서 선별하고 구성해줌으로써 소비자를 배려하고, 소비자는 답례로 이 브랜드를 선택해준다. 이렇게 브랜드는 충성 고객을 확보하고, 그렇게 해야 다른 제품도 고객이 적응할 수 있는 속도로 차근차근 소개할 수 있다.

단순함도 경쟁력

이 정신없는 21세기에 접어들 때 누구나 예측했겠지만, 우리는 정보 과잉, 선택 과잉, 결정 과잉, 몰아보기 영상 과잉의 시대에 살고 있다. 시간을 즐길 방법도 수천 가지, 쇼핑할 곳도 수백만 가지다. 하지만 다행히 이런 세분화 때문에 동네마다 다른 세제 브랜드가 들어서지는 않았다. 대신 성공한 신세대 브랜드는 고객의 선택을 줄여주기만 해도 도움이 된다는 사실을 간파했다. 브랜드는 제품이나 서비스를 단순화함으로써 자잘한 차별화가 아닌 중요한 감성적인 이야기에 집중할 여력이 생긴다.

우리 팀은 소비자 직접판매 브랜드를 만들고 싶어 하는 전통적인 액세서리 회사와 프로젝트를 수행했지만 결국 출시하지는 못한 적이 있다. 우리는 고객사와 몇 달에 걸쳐 옥신각신하며 첫 출시에 디자인 종류와 색상을 줄여야 한다고 권했다. 고객사의 상품팀은 도대체 왜 제품 선택의 폭을 줄여서 시장에 진출하자는 것인지 끝까지 이해하지 못했다. 백화점 구매담당자를 만날 때는 있을 수 없는 일이었기 때문이다. 하지만 소비자 직접판매 방식의 묘미는 적어도 처음에는 구색을 조금만 제공함으로써 브랜드 스토리로 직행할 수 있다는 데 있다. 소비자가 원하는 걸 찾기 위해서 끝없이 세분된 제품을 비교하는 데 귀중한 시간을 쓰지 않아도 된다.

소비자 직접판매를 택한 신규 기업들의 성공담을 보면 제품 전략으로 '집중'을 택했고, 그 덕택에 사랑받는 브랜드를 만들 여력을 확보할 수 있었다. 이런 브랜드는 더 적게 제공함으로써 더 큰 가치를 내세울 수 있다.

어웨이Away는 2019년 기준으로 브랜드 가치가 14억 달러로 평가받는데 2016년에 딱 한 가지 제품으로 시작했다. 어웨이는 와비파커에서 근무한 스테프 코리Steph Korey와 젠 루비오Jen Rubio가 창업했다(스테프 코리는 부정적인 언론 보도에 타격을 입어 2019년 말 CEO 자리에서 잠시 물러났다가 다시 복귀했다). 브랜드를 처음 출시했을 때는 기내용 하드 케이스 캐리어 딱 하나만 판매했다. 225달러라는 경쟁력 있는 가격에 평생 보증이 포함되고, 단 4가지 색상만 판매했다.

어웨이는 제품별 차이점을 설명하고 개별 소비자들에게 어떤 모델이 가장 잘 맞는지 결정을 도와주는 데 시간을 쏟기보다 딱 한 가지 제품에 집중함으로써 브랜드 스토리에서 여행을 사랑하는 마음에 초점을 맞출 수 있었다. 여행 가방이 아닌 여행에 집중하면 풍성하고 공감하기 쉬운 이야기의 장을 펼칠 수 있으며, 어웨이는 처음부터 이런 감성의 영역을 공략했다.

2015년 말, 목표하던 연말 연휴 출시가 어려워지자 코리와 루비오는 사전주문 전략으로 선회해 오히려 훨씬 더 명확한 브랜드 스토리를 소개할 수 있었다. 이들은 크리에이티브 직종 종사자 중 매력적이고 영향력 있는 사람들을 인터뷰해 양장본으로 《우리가 늘 다시 찾는 곳The Places We Return To》이라는 책을 만들었다. 여행 가방을 사전주문하는 고객에게 책을 보내주었고, 책은 곧 품절사태를 빚었다. 이런 전략 덕분에 어웨이는 처음부터 브랜드 분위기를 확실하게 알릴 수 있었다. 어웨이의 브랜드 사명은 여행을 사랑하는 사람들을 이어주는 것이며, 여행 가방은 이 목적을 이루기 위한 수단이라는 이미지였다.

한 가지 스타일만 출시하면 브랜딩도 더 빠르게 나타날 수 있다. 그 제품이 브랜드의 상징이 되어 금방 알아볼 수 있기 때문이다. 어웨이 여행 가방이나 올버즈 운동화는 쉽게 눈에 띄고, 가방을 들었거나 운동화를 신은 사람이 어떤 사람인지 은근히 표시하기도 한다. 어웨이 여행 가방은 한눈에 알아볼 수 있는 독특한 디자인으로 순식간에 여행 중심의 라이프스타일을 대변하는 상징물이 되었다. 2016년 가을 새로운 제품을 추가할 때에도 소비자들이 전통적인 '결정 피로decision fatigue'에 걸려들지 않도록 배려했다. 첫 번째 기내용 캐리어를 이을 제품으로는 '더 큰' 기내용과 '중형' 가방, '대형' 가방을 추가했다. 제품별 차이를 단번에 알아차릴 수 있는 명칭이었다. 어웨이의 웹사이트에는 소비자들이 필요한 제품을 더 쉽게 선택할 수 있도록 각각의 치수뿐 아니라 옷이 몇 벌 들어가는지와 가장 잘 맞는 여정이나 항공편 종류를 보기 좋게 정리했다. 훨씬 더 인간적이고 쉬운 구매방식이었다. 사실 21.7인치가 얼마나 큰지 소비자들이 알게 뭐람? 하지만 옷을 몇 벌 넣고 싶은지는 보통 알고 있다. 투미Tumi 같은 브랜드를 보면 '테그라 라이트 대형 국제선 확장형 기내용'과 '트레 레제 국제선 기내용', '아케이디아 국제선 확장형 기내용', '서터 국제선용 양 문형 4륜 기내용' 외에도 수십억 가지 종류의 기내용 가방을 제공한다. 이런 수십억 가지의 제품을 힘겹게 다 훑어볼 때쯤엔 이미 비행기는 놓친 뒤이다. 어웨이의 판매방식 덕택에 소비자는 웹사이트에 갇혀 제품 상세설명을 클릭해보며 시시콜콜한 차이점을 고민하는 신세를 벗어나 목적지를 떠올리며 설렐 수 있다.

어웨이는 사업을 확장함에 따라 여행 브랜드로서의 입지를 탄탄히 다져갔다. 세부 전략은 늘어났지만, 사업의 초점은 그대로 유지하고 있다. 우선 여행을 주제로 〈여기 이곳Here〉이라는 계간 지를 발행해 온라인과 쇼룸에서 여행 가방을 구매하는 사람에게는 사은품으로 주고, 그 외에는 판매를 했다. 2017년에는 파리 패션위크 기간에 파리 호텔 하나를 통째로 빌려 '셰이 어웨이Chez Away'라는 팝업 호텔을 열어 상주 네일케어와 타투 아티스트를 두고 뜻이 맞는 다른 브랜드와 공동 워크숍과 행사도 개최했다.

2018년 여름에는 뉴욕의 소호 지역에 터미널 A라는 체험형 팝업 공간을 열었다. 공항을 주제로 하면서도 훨씬 멋스럽고 교통안전청TSA의 골치 아픈 공항 검색대도 없앤 팝업 공간에서는 어웨이 상품을 비롯해 여러 가지 여행 관련 상품을 판매했다. 2018년 오프라인 상점을 열면서는 자사 상품 외에 '여행 필수품'도 함께 판매해 어웨이 상점을 '여행 기본템을 꾸리는' 곳으로 포지셔닝했다.

Q. 이런 마케팅 활동과 신제품 때문에 브랜드 초기에 정한 초점에서 멀어지지는 않을까?

집중하는 브랜드를 만든다고 해서 기업이 영원히 한 가지 제품만 판매해야 한다는 뜻은 아니다. 어웨이는 첫 출시 이후 제품을 계속 확대해 세면도구 가방이나 정리 가방 같은 액세서리와 알루미늄 여행 가방도 출시했고, 아마도 계속 더 많은 제품을 선보일 것이다. 하지만 어웨이는 이미 '여행 라이프스타일' 브랜드로 자리 잡았기 때문에 다음 단계로 여행 관련 영역이라면 물품부터 체험까지 진입할 수 있었다. 첫날부터 최대한 많은 제품을 최대한 여러 종류로 판매해 인지도를 높이려 하는 대신 **약속** 하나를 바탕으로 시작했고, 그때부터 고객에게 그 약속을 실현해줄 방법을 꾸준히 늘리고 있다. 어웨이처럼 고도로 집중한 제품 전략을 취할수록 오히려 브랜드의 비전은 훨씬 넓게 가져갈 수 있다. 결국, 비전은 이 가방과 저 가방 사이의 기능 비교가 아닌 여행 전체이기 때문이다.

새로운 충성고객

어웨이는 사람들 대부분이 자기가 쓰는 여행 가방 브랜드를 진심으로 좋아하거나 재구매하려는 마음이 없다는 사실을 보고 기회를 제대로 포착했다. 어웨이가 등장하기 전에는 가격, 판매방식, 포지셔닝 등 어느 모로나 요즘 여행자를 속 시원히 만족시킬만한 브랜드가 없었다. 1,000달러짜리 여행 가방을 보러 백화점에 가던 시대는, 적어도 웬만한 사람들에게는 지나간 시대가 됐지만 그 자리를 채울만한 고급스러운 대안은 없는 상태였다. 지금 같은 디지털 시대에는 백화점이라는 개념부터가 한물간 느낌이고, 전통적인 유통기업은 그 고통을 한 해 한 해 뼈저리게 느끼고 있다. 이 기회에 다양한 브랜드가 새로 나타나 아직 여행 가방이나 침대 매트리스나 접시가 필요하지만 죽어도 토요일을 블루밍데일스 백화점이나 생활용품점인 베드배스앤비욘드Bed Bath & Beyond에서 보내고 싶지 않은 사람들(게다가 무엇이든 스마트폰으로 구매할 수 있는데 뭣 하러 가겠는가?)을 신나게 쓸어 담고 있다. 이런 신규 브랜드는 처음 등장할 때부터 소비자들에게 자신있는 한 가지를 분명하게 약속함으로써 짜증 나지만 할 수 없이 하던 숙제를 세상에서 가장 쉬운 일로 바꾼다.

우리 팀은 스노우라는 브랜드의 출시를 도왔다. 스노우도 어웨이와 마찬가지로 소비자들이 과거의 구매행태를 거부하면서 새로운 해결안이 필요한 지점을 포착했다. 스노우의 창업자는 레이첼 코헨Rachel Cohen과 안드레스 모닥Andrés Modak 부부로, 집 안에 들일 생활용품 쇼핑이 징글징글하게 어려웠던 경험에서 아이디어를 얻었다. 이 시장의 한쪽 극단에는 이케아가 있었고 다른 쪽 극단에는 가격 거품이 넘치는 백화점 브랜드가 있었다. 안드레스는 창업 동기를 이렇게 설명했다. "사실 함께 가정을 꾸리는 커플로서 우리가 마주친 문제를 해결하려 나선 거예요. 어디를 둘러봐도 가성비가 엉망이었어요. 한편으로는 거의 일회용품급 품질에 그저 그런 디자인, 그러니까 질보다는 양만 따지는 브랜드가 정말 많아요. 그렇다고 럭셔리 브랜드를 보자니 우리 주머니가 너무 가벼웠어요. 가격이 적당하면서도 정말 사고 싶게 만드는 브랜드는 없었던 거죠."

아무리 뒤져도 가격이 적당하면서 품질이 우수하고 자신들 취향과 분위기에 맞는 가정용품 브랜드를 찾을 수 없자, 두 사람은 가정용품 소비자 직접판매 회사 스노우를 세웠다. 쉽게 말해 접시나 유리잔, 침대 시트, 수건 등 집집마다 꼭 필요한 기본 용품, 과거 결혼하는 커플마다 웨딩 레지스트리(wedding registry, 결혼하는 커플에게 꼭 필요한 결혼선물을 주기 위한 풍습으로, 커플이 상점을 정해 필요한 물건을 골라두면 결혼식 하객들이 목록에 있는 물건을 선물로 사줌-옮긴이)에 등록하던 품목들이다. 그렇지만 사람들은 이제 혹시라도 여왕이 자신의 집으로 식사하러 방문할까 걱정하는 사람들처럼 고급 도자기 패턴을 고르며 '좋은' 그릇 세트에 투자하거나 벽장에 손님용 수건을 따로 쌓아두지 않는다. 심지어 대부분은 '함께 가정을 꾸리'기 위해 굳이 결혼까지 기다리지 않는다. 미국인의 주거문화 전체가 과거보다 훨씬 간편하고 효율화되었으며, 사람들은 이제 그릇을 살 때 TV 앞에서 시리얼을 먹을 때도, 손님을 저녁 식사에 초대할 때도 잘 어울리는 단 한 세트를 찾는다. 여기서도 지금껏 쓸데없이 많은 선택지 때문에 어수선해진 몸과 마음을 깔끔하게 정리해주는 게 중요하다.

Q. 잠깐, 한꺼번에 여러 가지 제품군을 제공하는 게 어째서 집중이지? 스노우도 처음에는 그릇이나 수건처럼 한 가지 품목만 고수했어야 하는 것 아닌가?

집중이 늘 같은 모습을 띠는 건 아니다. 어웨이 같은 기업은 여행 가방 딱 하나로 시작하는 전략이 적합했지만, 이런 전략이 모든 제품군에 통하지는 않는다. 특히 집에 자연스레 함께 놓이고, 각각 다른 웹사이트에서 따로따로 사는 것보다 한꺼번에 사는 것이 훨씬 쉬운 물품들이 있다. 스노우의 경우는 가구 빼고 집 안에 들이는 물건을 전부 한 곳에서 사게 해주니 고객의 경험도 훨씬 좋아졌다. 친절한 맞춤식 구매 경험 덕택에 고객의 선택이 단순해진다. 안드레스는 선택의 단순화를 이렇게 설명한다. "예전에는 대형 유통점을 전부 둘러보느라 브라우저 탭을 50개씩 열어두고 뭘 살지 결정하느라 끙끙댔어요. 아니면 베드배스앤비욘드에 들어서다가 숨이 턱 막히는 듯한 기분을 느끼거나." 레이첼과 안드레스는 기회를 확실히 포착한 다음에는 반대론자들, 즉 여러 가지 제품군을 한꺼번에 다루는 건 정신 나간 짓이라고 조언하면서 딱 한 가지 제품에만 집중하는 회사보다 잘 해낼 수 있을지 의심의 눈길을 보내는 사람들을 애써 무시해야 했다. 두 사람은 어떤 제품군이 함께 살만한지 분석했고, 이런 결정을 처음 내려보는, 이제 막 이케아를 졸업해서 자기 취향과 품질, 그리고 가격까지 따지는 고객을 떠올리며 어떻게 하면 이들의 구매과정이 쉬워질지 고민했다. "구매과정의 모든 잡음을 다 뚫고 나가려면 전체 과정을 단순하고 효율적으로 만들어 여기서 전부 살 수 있는 원스톱 구매사이트가 되어야 했죠."

스노우의 성공은 집 전체를 책임지고 고객에게 지속적인 가치를 제공하는 전략이 주요하게 작용했지만, 성공한 뒤에도 스노우는 제품을 구성할 때 극도로 신중한 태도를 보였다. 웹사이트 구조는 가정에서 벌어지는 주요 활동, 즉 잠자고, 씻고, 먹고, 마시는 활동을 중심으로 짜여있다. 선택은 꼭 필요한 곳에서만 존재하며, 그때도 제품 간 차이가 무엇인지 소비자에게 명확하게 설명한다.

예를 들어 스노우가 베개를 새로 출시하며 푹신함, 중간, 단단함이라는 세 가지 종류를 내놓았을 때는 베개마다 같은 화분을 올려놓아 얼마나 푹 꺼지는지 직접 시연했다. 또 스노우는 패턴이나 색상을 백만 가지씩 제시하지 않는다. 스노우가 추구하는 건 특정한 스타일이 아니라 모두가 좋아할 만한 느낌이다. 이를테면 가볍지만 튼튼한 식사용 접시와 손에 잡는 느낌이 기막히게 좋은 유리잔, 보들보들하고 폭신폭신한 수건의 느낌. 안드레스는 스노우의 제품 철학을 이렇게 설명한다. "우리는 기본 중 기본 아이템을 제대로 만들고 싶었어요. 오랜 시간에 걸쳐 차곡차곡 모아 이리저리 조합할 수 있는 필수품을요."

스노우는 각 제품을 차별화할 때에도 소비자가 제품을 선택할 때 가장 중요히 여길 요소들을 철저히 조사하고 테스트한다. 그 결과 유리잔을 식탁에 세게 부딪히거나 식기세척기에 던져넣어도 걱정이 없도록 티타늄을 입힌다거나 수건이 훨씬 보드랍고 빨리 마르도록 실을 짤 때 공기를 함께 엮는 등 여러 가지 혁신을 이뤘다. 안드레스는 또 다음과 같이 설명했다. "리넨 침구도 미국에서 점점 인기를 끄는 걸 빤히 알았지만 2년 반 동안 출시하지 않았어요. 출시를 위한 출시는 하고 싶지 않았거든요. 그 대신 1년 넘게 노력해 완성도를 높여갔어요. 새로운 공정을 개발해 리넨 소재를 허리케인 강도의 바람으로 두들겨 믿을 수 없을 정도로 부드럽게 만들었죠. 우리는 '이만하면 된' 정도로 만족하지 않아요. 시장엔 이미 그런 물건이 널려있어요. 특히 아마존의 등장으로 질보다는 양을 추구하는 그저 그런 범용제품이 너무나 많아졌어요. 하지만 우리는 좀 더 사려 깊은 소비자를 노려요. '적을수록 좋다'고 믿는 사람들이자 돈을 조금 더 들이더라도 오래가는 제품을 사려는 사람들이죠."

우리 팀이 제안한 스노우의 브랜드 전략은 '아름다움을 삶의 기반으로ground your life in beauty'로, 매일 사용하는 물건이 사려 깊고 의미 있게 우리 생활을 받쳐주어야 한다는 개념이었다. 웹사이트 대문에는 '스노우로 시작해요. 일상을 펼쳐봐요Start with Snowe, see what happens'라는 헤드라인을 걸어 브랜드의 철학을 전달했다. 좋은 접시 한 장은 목적이 아니라 음식을 둘러싼 경험을 만들어내는 수단이라는 의미였다. 접시는 세월에 굴하지 않고 매일매일 제 할 일을 소리 없이 완벽히 해내야 한다. 다시 말해 접시 하나에 너무 깊이 고민하지 않아야 한다. 스노우의 집중 덕분에 고객들은 쇼핑이 쉬워지지만, 그저 편리함 때문만은 아니다. 물론 편리함도 좋지만.

스노우를 **시작**하기 쉬운 이유는 스노우가 제시하는 가치가 너무나 명확하기 때문이다. 어떤 머그를 살지, 심지어 어디서 살지 고민할 필요 없이 스노우의 품질을 믿고 집 전체를 채울 수도 있다. 브랜드 전체가 사려 깊고 꼼꼼한 디자인과 여유롭고 편안한, 현대적인 분위기를 잘 조화시킨 느낌이다. 중요한 건 세계 최고의 유리잔을 찾아 나설 필요 없이 잘 만든 제품에 투자해 어떤 분위기든 상관없이 매일매일 즐길 수 있는 것이다. 안드레스가 말하듯 "가장 중요한 건 음식을 먹고 함께 나누는 순간, 하루를 마무리하며 마시는 와인 한 잔이에요. 우리는 제품에 얽매이지 않는 이런 순간순간에 호기심과 흥미를 불러일으키려 해요. 제품은 경험을 더 즐겁게 해주는 토대 역할을 하죠."

웹사이트에 올린 사진도 결점 하나 없는 비현실적인 모습이 아니라 싱크대에 든 접시처럼 어수선한 실생활의 모습을 자연스럽게 표현한다. 웹사이트 어디든 제품 이미지 위에 커서를 대면 뜻밖의 귀여운 이미지를 볼 수 있다. 이를테면 그릇에 든 엠앤엠즈M&M's 초콜릿, 접시 위 반쯤 베어 문 마카롱, 와인잔에 든 금붕어, 마티니 잔 속 아이스크림 선데 등이다.

　스노우는 전체적으로는 세련되고 군더더기 없이 단순한 디자인을 추구하지만 지나친 허세는 피하려 한다. 고객부터 이들을 그리 대단하게 생각하지 않기 때문이다. 평생 갈 제품을 살 수 있는 곳이지만, 이곳은 친근하고 가식이 없다. 브랜드 원칙 중에는 '단순하게 가자'도 있지만, 안드레스는 "디테일이 대단히 중요해요. 이게 언뜻 이해 가지 않는 모순이죠. 우리는 단순하게 가지만 오히려 세세한 부분에 머리를 쥐어뜯으며 고민해요. 세세한 부분 하나하나가 정말 중요해요. 우리의 타깃인 사려 깊은 고객은 지금보다 훨씬 나은 경험을 추구하거든요. 우리는 과하게 덕지덕지 붙이지도 않고, 스스로 아주 흡족하지 않으면 제품을 절대로 출시하지 않아요"라고 부연한다.

　오늘날 우리에게 너무 많은 선택권이 주어져 오히려 진이 빠지는 문제를 스노우는 명쾌하게 해결해준다. 너무 많은 선택권에 질린 사람들은 뭘 하든 너무 애쓰기 싫어한다. 만약 어떤 상품이든 비교분석에 시간이 너무 많이 들거나, 구매가 너무 어렵거나, 몇 주씩 기다려서 배송받거나, 아니면 배송비를 내야 한다면 아마 통째로 포기할 것이다. 그 틈을 타고 어떤 브랜드가 명확한 메시지에 너무나 쉬운 구매과정, 후한 반품정책을 들고 혜성처럼 나타나면 우리는 기꺼이 사랑에 빠진다. 장애물이 훨씬 적기 때문이다. 브랜드는 그런 불필요한 잡음과 매끄럽지 못한 면을 전부 제거함으로써 신나는 알짜배기 부분으로 직행할 수 있다. 그럼으로써 물류나 운영이 아닌 라이프스타일을 다루는 세계에 머물 수 있다. 선택권이 축복 아닌 짐처럼 느껴질 때는 너무 깊이 생각하지 않아도 되는 브랜드가 승리한다.

모두를 만족시킬 필요 없다

소비자 앞에 최대한 여러 가지를 펼쳐놓고 선택권을 주는 게 언뜻 배려하는 것 같지만, 이런 전략은 거의 항상 소비자보다 브랜드에 이득이다. 오히려 처음부터 방향성을 명확히 정하면 브랜드가 초반에 할 일이 더 많아진다. 고객 편익을 브랜드 방향성에 맞춰 위계를 잡고 체계화하는 것이 온갖 편익을 한꺼번에 늘어놓기보다 어렵기 때문이다. 덕심몰이를 위해서는 일부 소비자, 일부 기회는 남겨둘 줄도 알아야 한다. 너무나 많은 스타트업들이 투자유치용 사업계획서를 꾸릴 때 하늘 아래 모든 성장 기회를 전부 잡으려 한다. "지금은 반려동물을 대상으로 하지만, 머지않아 노년층까지 끌어안을 수 있습니다." 그러나 모두가 좋아하지만 그다지 친절하지는 않은 거대기업 이야기를 하자면, 아마존도 처음에는 달랑 책 하나만 팔았고 그 하나를 기막히게 잘했다. 맞다.

종이로 만든 그 '책' 말이다.

솔직히 신규 브랜드가 출시 전부터 제품을 줄이기는 절대 쉽지 않다. 제품을 줄이는 데는 위험부담이 따른다. 사업 관점에서는 분명 잠재 수입원을 놓칠 수도 있기 때문이다. 어웨이의 예를 들자면 끝까지 소프트 케이스형 여행 가방만 고집할 소비자가 분명 있다. 어웨이는 하드 케이스 하나만 출시함으로써 그 사람들을 잠재고객에서 제외했다. 그러나 어웨이의 유일한 제품이 빠르게 인기를 끌어 한눈에 알아볼 정도가 되자 어웨이는 초단시간 안에 수익을 냈고, 여행 브랜드로서 신뢰를 얻어 결국 여행 가방보다 훨씬 넓은 영역으로 확장할 수 있었다. 만약 어웨이가 처음부터 10가지 여행 가방 모델에 여행 액세서리, 세면도구, 호텔 숙박권까지 한꺼번에 내놓으려 했다면, 그 모든 상품에 똑같이 배려와 서비스, 스토리텔링까지 갖춰 잘 해낼 수 없었을 것이다. 고도로 집중할수록 브랜드가 내세우는 가치에 관한 이야기를 의도대로 정확히 전달할 여력이 생긴다. 특히 한 업계를 완전히 바꾸고 주도하려고 마음먹었다면 이야기 전달은 무척 중요하다. 또 집중할수록 소비자가 새로운 행동방식을 인지하고 이해하기 쉽다. 여러 가지 이야기를 한꺼번에 하기보다 처음에 한 가지 메시지를 깊이 있게 전달할 수 있기 때문이다.

드라이바Drybar는 처음부터 선택지를 없애 오히려 크게 성공한 브랜드이다. 미용실에서 해주는 드라이는 전혀 새로운 개념이 아니었다. 미국 어디를 가도 동네마다 미용실이 있고, 미용실마다 아마도 전부 드라이기가 있을 테니까. 하지만 드라이바 창업자 앨리 웹Alli Webb은 일반적인 미용실의 '풀 서비스' 말고도 가성비 좋은 드라이 서비스를 원하는 소비자 요구를 눈치챘다. 전문 헤어 스타일리스트였다가 전업주부가 된 웹은 2008년에 스트레이트 앳 홈Straight-at-Home이라는 집에서 해주는 출장 드라이 서비스 사업을 시작했고 엄마들을 대상으로 한 블로그에 광고를 올렸다. 수요가 폭발해 혼자서는 감당하기 어려워지자, 웹은 2010년 드라이바라는 브랜드로 로스앤젤레스의 브렌트우드 지역에 상점을 열었다.

첫날부터 드라이바는 무엇을 파는 곳인지 명명백백하게 밝히는 슬로건을 내걸었다. '커트 노. 염색 노. 드라이만 해요!No Cuts. No Color. Just Blowouts!' 이처럼 한 가지에 집중한 결과, 전에는 '별일 없지만 그냥' 드라이하는 일이 별로 없었던 여성들도 드라이하러 갈 이유가 생겼다. 무엇을 파는지 너무나 쉽고 명확한 데다 가격까지 적당하니 흔쾌히 해볼 만하다. 미용실은 특별한 이벤트가 있을 때 가거나 숙제처럼 해결하는 느낌이지만, 드라이바는 그냥 한 번 들르거나 친구를 만나러 가는 느낌이 들었다. 들어갔다가 나오기까지 딱 1시간이면 되고, 문을 나설 때는 머리가 잘 된 날 느낄 수 있는 특유의 자신감에 차는 것이다. 앨리 웹 자신도 이야기했듯 드라이바는 드라이 서비스가 아닌 머리가 완벽해 일도 술술 풀린 날에 느끼는 행복과 자신감을 판매한다. 드라이바는 구체적인 영역에 집중함으로써 사람들이 예전 같으면 생각해보지 않았을 작은 사치를 누릴 기회를 준다. 여기에는 결정을 내려야 하는 피로도, 수고도 없고 재미만 있다.

드라이바는 탁월한 브랜딩으로 처음부터 끝까지 기분 좋은 경험을 만들었다. 보통 미용실 업계, 특히 중저가 시장은 조각조각 잘게 나뉘고 예측하기 어려운 데 반해 드라이바는 서비스의 품질부터 공간의 분위기까지 일관성을 가장 중요하게 내세운다. 또 드라이바의 '바' 콘셉트로 머리 스타일을 칵테일 이름에 대입한 메뉴를 만들어 '매끈하고 찰랑거리는 맨해튼'부터 '볼륨감 넘치는 큼직한 머리 서던 컴포트'까지 고를 수 있다. 그러니 소비자는 원하는 스타일을 설명하거나 심지어 알아야 한다는 부담조차 덜 수 있다. 사진이 가득한 책자에서 고르기만 하면 끝이다.

드라이바 미용실 역시 모두 똑같이 밝고 깨끗하고 경쾌한 느낌에 한눈에 알아볼 수 있는 노랑과 회색의 브랜드 색이 주도하는 공간이다. TV 화면마다 여성 취향의 '칙플릭(chick flick, 젊은 여성chick을 겨냥한, 주로 사랑을 주제로 한 가벼운 영화flick −옮긴이)'이 나오고 손님에게 무료로 와인이나 샴페인, 쿠키가 제공된다. 또 자리마다 모두 휴대전화 충전기를 두는 작은 배려로 경험의 질을 크게 높였다. 대부분의 미용실에서 대수롭지 않게 여기던 불편사항이었다. 화장실까지도 빈티지 느낌의 흑백사진을 벽에 걸고 군데군데 밝은 노랑으로 포인트를 주어 아름답게 장식했다.

드라이바는 또한 모든 스타일리스트가 똑같이 높은 품질을 유지할 수 있도록 교육에 직접 투자한다. 대부분의 미용실에서 교육비용을 개인이 부담해야 하는 것과 대조적이다. 이 모든 요소를 조합하면 어느 드라이바 미용실에 들어서든 즐거움이 보장되고, 문을 나설 때는 외모도 기분도 한껏 좋아진다는 뜻이 된다. 현재 드라이바는 미국에만 점포를 100곳 이상 가지고 있다. 2013년에는 한눈에도 브랜드를 알아볼 수 있는 노랑 헤어드라이어를 비롯해 자체 헤어스타일링 제품군을 만들었고, 지금도 노드스트롬Nordstrom 백화점과 세포라Sephora 매장, 드라이바 미용실마다 판매한다. 어쩌면 드라이바의 성공을 가장 확실하게 알 수 있는 증거는 이들의 뒤를 따라 등장한 유사한 기업들의 숫자일 것이다. 드라이 서비스를 그대로 복사한 미용실부터 눈썹 정리처럼 인접 분야에서 단일 서비스를 제공하는 기업도 있다.

창업자 앨리 웹은 투자자들에게 드라이에만 머물지 말고 서비스를 더 확장하라는 압력을 받는다고 밝힌 적 있다. 그러나 앞으로도 확장하기보다는 한 가지를 잘해 브랜드의 진정성을 지키겠

노라고 이야기한다. 이런 드라이바의 집중력은 상품과 서비스의 품질 신뢰도를 높이는 데 결정적인 역할을 한다. 설령 드라이바가 스타일리스트 교육에 적극 투자하는지 모르는 사람이라도 드라이바 스타일리스트들이 온종일 하는 일이 드라이뿐이라면 그 한 가지는 기막히게 잘하겠다는 생각이 절로 들 것이다. 마치 엄선한 메뉴 몇 가지만 선보이는 고급 레스토랑과 40페이지 책자를 쥐여주는 치즈케이크팩토리(The Cheesecake Factory, 치즈케이크 외 다양한 음식을 판매하는 레스토랑 체인-옮긴이)의 차이 같다. 브랜드가 집중할수록 철저하다는 느낌, 양보다 질을 중요시한다는 인상을 줄 수 있다. 또 모두를 만족시키려 하지 않기 때문에 오히려 타깃 고객은 자신에게 맞는 브랜드인지 더 쉽게 알 수 있다. 그러나 한편으로 집중에는 특정한 사람들과 그들의 지갑을 포기하는 용기가 필요하다.

수십억 달러 규모의 헤어케어용품 회사 미스제시즈Miss Jessie's를 창업한 미코 브랜치Miko Branch는 성공 비결을 묻자 일찍부터 마음먹고 전체 소비자 중 굉장히 특성이 명확한 집단을 노린 덕분이라고 답한다. 1990년대에 미코와 여동생 티티 브랜치Titi Branch는 뉴욕 브루클린 베드스타이(베드포드 스타이버슨의 애칭으로 할렘과 더불어 뉴욕 흑인문화를 대표하는 동네-옮긴이) 동네에 미용실을 열었다. 당시 미코는 신생아를 키우고 있었고, 미코의 말에 따르면 "그때

동생 티티와 가정형 미용실을 함께 운영하며 한부모로서 아들을 꼭 제 손으로 키우고 함께 시간을 보내겠다고 굳게 마음먹었어요. 우리가 사는 뉴욕 연립주택(brownstone. 뉴욕 등 대도시 거리에 일렬로 늘어선 연립주택으로 붉은 사암 느낌의 정면 외벽과 도로변 계단이 특징-옮긴이) 4층에서 아들이 목욕시간에 첨벙거리며 물을 마구 튀긴 다음에는 맘 편히 먹고 제 꼬불꼬불한 곱슬머리를 그대로 놔둬야 했어요. 매끄럽게 편 머리를 더는 유지할 수 없었죠. 고객의 머리를 해주러 미용실이 있는 2층(parlor level. 연립주택의 도로에서 계단을 올라 들어가는 층-옮긴이)까지 뛰어 내려가면서 꼬불꼬불하게 말려있는 머리를 다시 펼 수는 없으니까요." 하지만 이런 지극히 현실적인 결정 덕택에 오히려 사업의 방향을 결정짓는 대발견을 하게 된다. 미코에게 들은 이야기처럼 "손님 몇 명이 예전의 매끄럽게 편 머리 스타일보다 꼬불꼬불한 머리 스타일에 관심을 보였"을 때였다.

미코는 그때 아프리카계 미국인의 타고난 곱슬머리를 그대로 살리며 스타일링하고 싶어 하는 여성을 위한 상품이 시장에 아직 없다는 사실을 깨달았고, 이 시장을 직접 개척하기로 했다. 두 사람은 결단을 내리고 미용실에서 꼬불꼬불한 머리를 펴는 서비스를 중단했다. 비록 수익 면에서는 위험했지만 미코는 "잃을 것도 없었어요. 미용 서비스를 바꾸면 고객이 어떻게 반응할지보다는 집 담보대출금을 갚지 못할까 더 걱정이었죠"라고 설명했다. 곱슬머리 스타일링 방식을 새로 개발하자 인종과 민족을 불문하고 뉴욕의 모든 곱슬머리 여성들이 미용실에 몰려왔다. 미코와 티티는 새로운 방식에 쓸만한 스타일링 제품을 시중에서 찾을 수 없자 필요한 제품을 집에서 직접 만들었고, 그렇게 미스제시즈 브랜드와 대표상품 컬리 푸딩Curly Pudding이 탄생했다. 2010년에는 대형마트 타깃Target 250개 지점에 입점했고, 현재는 타깃 외에도 월마트 등 미국 전역의 대형마트 체인에서 판매되고 있다. 사업이 성장해감에 따라 타고난 머리 스타일을 살리려는 움직임도 힘을 얻었고, 브랜치 자매는 이 분야의 권위자로 자리 잡았다.

자연스러운 곱슬머리 스타일링 전문가가 되겠다는 브랜치 자매의 결정은 결국 상상도 못 한 큰 성공으로 이어졌고, 거기에 제품 혁신까지 더하니 더욱 크게 성공했다. 새로운 스타일링 기술과 제품군으로 두 사람은 시장 개척자의 지위에 올랐다. 또 미코는 세월이 많이 흐른 뒤에도 중심을 잃지 않았다. "지금껏 어떤 유통기업도, 사모펀드 회사도, 엔젤투자자도, 경쟁자도 우리 브랜드 자산을 흔들지 못했어요. 우리 본연의 모습에 충실하고 우리 가치관에 비춰 가장 옳은 결정을 내리니 개인적으로도 직업적으로도 도움이 되었어요."

브랜드와 소비자, 천생연분이 되다

브랜드에 단일한 비전이 있을 때 소비자의 신뢰를 얻기도 쉬워진다. 돈을 뜯기는 느낌이 아닌 제대로 이해받는 느낌이 들기 때문이다. 미스제시즈의 칼같이 명확한 상품 정의는 미코 브랜치의 미용실 시절 머리 펴는 서비스를 없앤 때부터 쭉 이어졌고, 타고난 머리를 자연스럽게 관리하려는 여성들은 자신의 요구가 눈가림이 아닌 브랜드의 동력이라는 인상을 받는다. 또 브랜드는 첨단기술을 활용해 더욱 정교한 개인 맞춤 서비스를 제공하며 이런 개념을 더욱 발전시키고 있다. 이런 신규 브랜드들은 한 벽면 가득 비슷비슷하면서도 전혀 다른가 싶은 제품으로 채워 우리를 압도하기보다 소비자의 요구에 적중한 제품 딱 하나를 제시해 집중의 수준을 한 차원 높이고 있다.

특히 개인 맞춤형 전략은 브랜딩에 있어 집중 전략을 극명하게 보여주는 예시이다. 모든 사람의 요구에 맞추기 위해 제품 종류를 계속 늘려가는 대신 각 개인의 요구에 따라 하나의 제품을 제공할 수 있기 때문이다. 헤어케어 산업을 더 들여다보면 샴푸 진열대의 기존 브랜드를 잠시만 훑어봐도 기능별로 세분된 제품이 하나씩 있다. 심한 곱슬기 줄이기와 손상모 회복, 볼륨감 높이기, 모발 두께 키우기(볼륨감과는 다르니 혼동하지 말자), 영양 공급, 염색 지속력 높이기, 비듬 해결, 매끄럽게 하기… 모두 한 브랜드 제품이다.

하지만 만약 염색도 유지하고 곱슬기도 눌러야 한다면? 그땐 어쩌라고? 혹시 몰라 말하는데 나 말고 아는 사람 얘기다….

이 장 앞쪽에서 가짜 차별화는 소비자보다 브랜드에게 이득이라고 이야기한 적 있다. 가짜 차별화를 해결하는 방법 하나는 선택지를 줄여 단순하게 만드는 것이다. 또 다른 해결방법은 소비자가 원하는 것을 정확히 알아내 만들어주는 방법이다. 우리 팀은 프로즈Prose라는, 헤어케어 업계에서 전례 없는 고도의 개인 맞춤으로 업계에 지각변동을 일으키려 나선 브랜드와 협업했다. 프로즈의 창업자인 CEO 아르노 플라Arnaud Plas와 제품 부사장 폴 미쇼Paul Michaux는 로레알에서 만났고, 소비자의 요구를 더 효과적으로 들어주면서 고충을 해결하는 새로운 헤어케어 사업을 차릴 기회를 포착했다.

샴푸와 컨디셔너, 헤어 마스크에서 시작해 프로즈의 전 제품은 맞춤 생산이다. 아르노는 이를 다음과 같이 설명한다. "프로즈는 전혀 다른 모발 관리 방식을 개척해 처음부터 뷰티업계를 뒤흔들려는 의도로 시작했어요. 맞춤형 제품만 생산하는, 대량생산에 대항하는 방식이죠. 업계 전체가 손상모, 심한 곱슬모, '에스닉(꼬불거리는 곱슬머리 전용을 뜻하나 모발 특성이 아닌 '민족'과 '인종'이란 개념 사용으로 특정 인종을 타자화한다는 비판을 받아옴-옮긴이)', 이렇게 소비자 요구를 세그먼트라는 명목으로 점점 잘게 쪼개는 걸 보았죠. 이런 구시대적인 전략은 개인의 특성을 지나치게 단순화해버려 개인은 개인대로 모발 관리에 필요한 걸 속 시원히 해결하지 못하고 기업에선 효과도 없는 제품만 쏟아져 나올 뿐이죠." 프로즈는 독자적인 알고리즘으로 135가지 요인을 계산해 재료의 조합을 정하고 개인에게 완벽하게 맞춘 제품을 만든다. 알고리즘에서는 개인의 머리카락에 영향을 끼칠만한 환경 유해물과 두피 상태, 스트레스 정도, 식습관 외에도 다양한 요인을 계산에 반영한다.

소비자들은 전통적인 구매 경험 대신 여러 가지 질문에 답을 입력해 자기만의 특제품을 구매한다. 또 이 설문에서 비건이나 무無향 같은 취향을 밝힐 수 있다. 응답 하나하나에 따라 제품의 구성 성분이 달라지니 소비자들은 예전처럼 어떤 편익이 가장 중요한지 억지로 고를 필요 없이 각자의 모발 상태와 평소 생활, 가치관과 목표에 꼭 맞는 제품을 받아볼 수 있다. 지금처럼 편리함과 속도가 중요한 시대에 소비자에게 시간을 들여 설문에 답을 하라니, 언뜻 이해하기 어렵지만, 폴은 이런 상담절차의 필요성을 설명해준다. "25가지 문항이 너무 많다고 느낄 수 있는 건 알아요. 그렇지만 동급 최고의 제품을 찾아 나서는 소비자라면 그정도 시간을 들이리라는 것도 알게 되었어요. 요즘 소비자들은 자기 가치관에 맞고 필요한 것과 원하는 것을 제대로 해결해주는 브랜드를 선택하려 하죠. 빠른 온라인쇼핑에서는 아마존을 따를 자가 없지만, 다른 한편으로 소비자들은 이제 더 몰입할 수 있는 대화형 구매 경험을 찾고 있어요." 프로즈가 구축한 구매 방식 덕택에 고객은 새로운 경험을 할 수 있고, 높은 가입률과 구매율을 보면 이런 구매 방식의 효과를 알 수 있다. 고객 피드백을 활용해 새로운 원료를 추가하고 알고리즘을 발전시키고 고객들과 점차 의미 있는 관계를 쌓아갈 수 있다.

우리팀이 제안한 프로즈의 전략 아이디어는 "둘도 없는 머릿결hair like no other"로서, 소비자마다 모발이 다르다는 의미도 있지만 프로즈가 꿈꾸던 머릿결을 만들어주겠다는 중의적 의미도 있다. BI 디자인 역시 프로즈의 정밀한 개인 맞춤 방식을 마음껏 뽐냈다. 각 병에 붙은 제품 라벨을 맞춤 제작해 고객의 이름과 우편번호, 이 제품을 조제한 전문 스타일리스트의 이름과 조제법에 반영한 주요 요인을 인쇄했다. 과학적인 분위기마저 띠는, 제품의 품질과 브랜드의 신념을 강조한 디자인이다. 프로즈에게는 개인 맞춤이 그저 관심을 끌려는 꼼수나 마케팅 전술이 아니라 사업모델을 견인하는 핵심 동력이며, 개인 맞춤이 있기에 프로즈는 고객들에게 전체적으로 더 큰 가치를 제공할 수 있다.

아르노는 개인 맞춤 덕택에 오히려 3가지 새로운 기회가 열리고 있으며 그중 첫째는 효율성이라고 설명한다. 고객의 요구와 욕구를 콕 집어 해결하면 제품의 효과가 좋아진다. 둘째 기회는 차별 없는 포용성이다. 다른 브랜드가 특정 인종이나 성별을 뭉뚱그려 겨냥하는 반면 프로즈는 각 개인을 위해 제품을 만든다. 셋째 기회는 지속가능한 생산이다. 고객 주문을 접수한 다음에야 정확히 맞춤 생산하니 같은 업계 경쟁자들보다 폐기물량이 비교할 수 없이 적다.

포용성부터 지속가능성까지 프로즈 브랜드가 지향하는 럭셔리는 고급 살롱 전문 브랜드의 화려하기 그지없는 패키징과의 결별을 뜻한다. 당신의 가치관에 맞고 오직 당신만을 위해 만든 제품에서 느껴지는, 퍼스널라이징을 강조하며 친구가 슬쩍할 수 없도록 병에 찍힌 이름에서 느껴지는 고급스러움이다. 브랜드의 사려 깊고 정밀한 성격이 더욱 돋보이는 장치도 있다. 프로즈 웹사이트에는 제품에 들어가는 최고급 원료와 절대로 사용하지 않을 원료를 모두 강조했다. 사용하는 원료 중에서도 자연 유래 원료와 인공 원료도 구별해놓았으며, 회사가 점차 제거하기 위해 노력하는 원료에는 별표를 달았다.

이 정도로 철저한 투명성 덕분에 소비자들은 프로즈의 맞춤 제품이 효과뿐 아니라 안전까지 우수하다고 안심할 수 있고, 걱정과 의사결정의 부담을 모두 내려놓을 수 있다. 원하는 효과를 얻기 위해 더 이상 이것저것 써보거나 여러 가지 제품을 쌓아둘 필요가 없다. 프로즈가 모발을 착실히, 책임감 있게, 고급스럽게 관리해주니까. 폴은 이런 새로운 럭셔리를 이렇게 설명한다. "고객이 프로즈를 대하거나 주문하거나 사용할 때 머리끝부터 발끝까지 배려받는 느낌, 특별한 사람이 된 느낌이 들었으면 좋겠어요. 그게 우리가 생각하는 현대적인 럭셔리에요."

과거 끝도 없는 신제품 출시에 번번이 새로운 기적의 묘약을 약속하고 소비자들에게는 알쏭달쏭한 주장을 해독하고 자질구레한 차이 중 하나를 선택하라고 강요하는 업계에서 프로즈는 완전히 새로운 행보를 보인다. 프로즈는 개별 소비자에게 딱 맞춘 해결책 한 가지를 제시한다. 나이를 먹으면서 모발이 변하거나, 습한 기후로 이사하거나, 염색을 시작할 때마다 새로운 제품을 찾으려 조사할 필요 없다. 프로즈가 그 사람의 변화에 함께 적응하면 된다. 겉으로 보기에는 맞춤 해결안이 더 복잡하지만, 소비자에게는 더 단순하다. 어림짐작이나 추측도 필요 없다. 전문가의 손에 맡기면 되니까.

개인 맞춤의 매력은 비슷하게 선택의 과잉으로 몸살을 앓고 있는 건강과 웰니스 업계에도 위력을 발휘했다. 케어/오브Care/of는 프로즈처럼 비타민과 단백질 파우더를 개인에게 맞춤형으로 제공하는 브랜드이다. 비타민과 건강보조제 시장만큼 복잡하고 어려운 업계도 거의 없다. 브랜드와 제품만 해도 수천 가지인 데다 서로 상충하는 정보도 많고, 정말 '효과가 있는지' 알기조차 어려운 건 물론이다. 이처럼 당장 효과를 느낄 만큼 즉각적인 반응이 없는 상황에서 많은 사람에게는 어유fishoil나 가짜약 snakeoil이나 그게 그거고, 비타민만 해도 수많은 선택에 기가 눌려 아예 포기해버리기도 한다.

케어/오브 같은 브랜드는 친절하게 이끌어주는 전략과 집중력 덕택에 업계에 새로운 소비자를 유입시킬 기회도 확보했다. 이번에도 선택의 괴로움을 없애니 소비자들은 제품 아닌 자신에 대해서만 전문가이면 된다. 철저한 조사도 신중한 고민도 필요 없다. 그저 몇 가지 질문을 읽고 기본 정보, 건강 목표, 생활양식, 가치관에 대한 정보를 입력하면 어떤 영양제를 왜 먹어야 하는지 추천해준다. 스트레스로 피로하다면 로디올라를, 위도가 높은 지역에 산다면 비타민D를 추천할 것이다. 추천하는 내용은 정확하고 간결한 형식으로 쉽게 설명하되 브랜드 특유의 쾌활하고 깔끔하고 친근한 분위기를 입혔다. 패키지는 깔끔하고 딱 부러진 느낌으로, 케어/오브의 맞춤 영양제마다 고객 이름이 찍혀있고 그날의 건강 팁이 인쇄되어 있다. 맞춤 영양제가 아닌 기성품을 별도로 구매하려 해도 케어/오브는 각 영양제와 보조제, 허브류의 복용 목적을 명확하게 소개해 구매과정을 쉽게 만든다. 이 경험을 비타민숍Vitamin Shoppe이나 GNC 상점에서 진열장을 살피려 애쓰거나 건강보조제 매장 안쪽구석에서 허브류가 든 먼지투성이 주머니를 뒤지는 경험과 비교해본다면 골드만 삭스가 왜 2018년 케어/오브의 가치를 1억 5,600만 달러로 평가해 투자했는지 이해할 수 있을 것이다.

중요한 것에 집중하라

인간이 선택권을 가장 중요하게 여긴다는 통념을 뒤집고, 소비자는 알아서 정해주는 걸 더 선호한다는 생각에 적극 공감하는 브랜드가 점점 많아지고 있다. 이를 위해 다양한 선택을 없애고, 개인 맞춤과 상담절차를 활용할 수 있다. 써드러브ThirdLove 같은 브랜드에게 잘 맞는 전략이다. 써드러브는 간단한 설문을 토대로 정확한 치수를 찾고 딱 맞는 브래지어를 추천해준다. 써드러브는 비록 브라를 맞춤 제작하지는 않지만, 고객에게 맞는 제품을 추천함으로써 많은 여성이 자신의 브래지어 치수를 파악하거나 브라를 구입하는 과정 전반에서 느끼는 스트레스를 줄여준다. 또 1/2컵 치수를 만들고, 제품 개발에 실제 여성들의 치수를 활용해 78가지 브라 치수를 제공한다.

Q. 아까는 분명 고객을 돕기 위해 선택지를 줄인다고 하지 않았나?

치수를 78가지나 제공하는 것을 어째서 집중이라고 하지?

써드러브의 제품 종류가 많아 마치 집중의 개념에 어긋나는 것 같지만, 이처럼 치수든 피부색이든 포용성을 높이기 위해 더 다양하게 제공하는 브랜드는 별다른 이유도 없이 제품을 수없이 많이 제시하는 브랜드와 똑같은 함정에 빠지지는 않는다. 생각해 보면 소비자 한 명이 다양한 치수를 놓고 고민하는 일은 거의 없고, 각자 자신에게 딱 맞는 치수 하나를 찾고 있기 때문이다. 써드러브는 그 치수 하나를 찾게 도와주는 것이다. 써드러브 같은 브랜드가 출현하기 전에는 몸에 잘 맞는 브라를 찾는 여성이 선택할 수 있는 것이라곤 그저 한쪽 구석에 처박힌 비좁은 속옷가게에 찾아가는 것뿐인데, 들어서는 순간 사적 영역과 사생활 개념이 매우 자유분방한 직원의 오지랖에 **속옷**(intimates, '속옷' 외에도 '사적이고 은밀한'이라는 뜻-옮긴이)의 의미를 새로 곱씹어야만 했다. 이런 흔한 경험이 어찌나 충격적인지 TV 시트콤 〈브로드시티Broad City〉에서 풍자할 정도였지만, 여성들은 아직도 이 끔찍하지만 나름 전문적인 도움을 받기 위해 굳이 애를 쓴다. 그러나 이제는 집 안에서 편안하게 전문가의 조언을 받을 수 있고, 여기서도 브랜드가 힘든 일을 대신 처리해준다. 맞춤형 상품을 소개함으로써 소비자들을 더 배려하게 되고, 이 책에 여러 번 등장한 대로 브랜드가 사람들과 제대로 공감대를 형성하게 된다. 오늘날에는 시장의 뒤집힌 권력 관계를 적극적으로 수용하는 브랜드가 성공한다. 지금은 그 어느 때보다도 구매자의 힘이 큰 수요자 시장buyer's market의 시대이기 때문이다.

언제나 선택의 폭이 클수록 좋다는 생각은 신화에 가깝다. 브랜드가 아닌 소비자에게 도움이 되는 경우는 매우 드물기 때문이다. 보통은 무엇을 얼마나 많이 늘어놓든 소비자가 구별하기 어려울 정도로 별 차이 없어서 누군가가 나를 제대로 이해해주는 느낌보다는 의사결정 능력이 마비된 듯한 기분이 들 것이다. 물론 사람들에게 색상을 선택하라면 좋아하긴 하지만 치약 진열장 앞에 서 있는 시간을 즐기는 사람이 얼마나 될까? 심지어 이런 무의미한 구분 때문에 아기 분유 같은 품목에서 부모들이 면역력 향상과 소화 용이성처럼 중요해 보이는 기능을 놓고 어느 하나만 억지로 선택해야만 한다면? 이런 다양화는 대부분 '새로운 신기능' 즉 광고업계에 매년 연료를 공급해주는 군더더기를 확보하기 위해, 그리고 유통환경에서 자리를 더 차지하기 위해 억지로 쥐어짠 것이다. 하지만 지금은 브랜드가 스마트폰을 매개로 찰떡궁합인 소비자를 콕 집어 만날 수 있고, 만난 자리에서 제품을 바로 구매할 수 있도록 준비되어 있다. 브랜드와 소비자 관계가 그 정도로 정밀해진 이상 브랜드의 메시지와 상품도 그만큼 예리해야 한다. 브랜드는 하늘 아래 모든 요구와 취향을 전부 맞춰 최대한 많은 사람을 잡으려 하는 대신, 특정 제품이 아니라 가치를 공유함으로써 처음부터 딱 맞는 사람과 관계를 맺을 수 있다. 이 정도로 첫날부터 집중한다면 꾸준히 의미 있게 브랜드를 키우고 세월에 바래지 않는 덕심을 확보할 것이다.

6장

관행
깨부수기

규칙을 깰 때는 그저 요란을 떨기 위해서만이 아니라
고객을 위해 어디에서 어떻게 깰지 계산하자.
고객이 한 번도 경험해보지 못했으면서
당신의 브랜드가 더 잘해줄 수 있는 일이 무엇인가? ▬

인정하기 부끄럽지만, 대학 시절 새로 나온 색색의 아이맥iMac을 신랄하게 욕했었다. 당시는 1998년으로 애플은 알록달록한 사탕 색상 데스크톱 컴퓨터를 막 출시했고, 이 컴퓨터가 점점 더 많은 기숙사 방에 들어서기 시작했을 때 내 첫 반응은 '진짜 이상하게 생겼다'는 것이었다. 대체 누가, 왜 알록달록한 색 컴퓨터를 원하 겠어? 우스꽝스럽고, 너무 튀고, 무엇보다 강력하고 진지한 기술 처럼 느껴지지 않잖아. 이런 생각을 친구 제임스에게 이야기했더 니 이렇게 답했다. "한때는 모든 우산이 검정이었지." 너무나 간 단한 한마디였지만, 그 한마디 덕분에 생각하는 관점이 달라졌 다. 늘 해왔던 방식을 그대로 반복할 필요 없지 않은가? 무엇보 다 과거에 지루하고 별 볼 일 없었던 무언가를 재미있고, 아름답 고, 매력적으로 바꿀 기회가 있다면 적극적으로 뛰어들어야 한다 는 생각이 들었다. 내 컴퓨터를 실제로 맥Mac으로 바꾼 건 몇 년 후이지만, 그때 이후로 남들과 다른 길을 가는 브랜드를 다시 보게 되었다. 그때부터 나는 조금 마음이 불편해지는 브랜드를 일부러 찾아 나서기 시작했고, 전혀 예상하지 못했던 데서 마음에 드는 브랜드를 찾기도 했다. 또 지금은 어느 제품이든 항상 가장 통통 튀는 색을 선택하고, 내 우산 색은 밝은 노랑이다.

브랜드가 나타나 모든 것을 바꾼다

딱 한 가지 모델만 출시하기부터 이름 짓는 방식을 바꾸기까지, 또 과거에 철저히 기능적이었던 영역에 감성을 불어넣기까지, 오늘날 성공한 브랜드들은 브랜드 전략을 새롭게 정의하고 있다. 어쩌면 성공한 브랜드들은 업계의 규칙을 완전히 뒤집으려는 대담함 덕택에 성공했다고도 볼 수 있다. 지금은 산업이나 기술에서 기존 질서에 변화를 가져온다는 **디스럽트**disrupt, 혹은 지각변동이라는 말도 스타트업 업계에서 흔하다 못해 진부한 표현이 됐지만, 이런 브랜드가 기존 방식에 지각변동을 일으키고 있다는 사실은 부정할 수 없다. 우리 고객 대부분은 완전히 새로운 산업을 개척하거나 기존 산업 안에서 인식과 행동을 근본적으로 바꾸려는 기업들이다. 과거에는 샴푸와 컨디셔너를 살 때 편의점에 들어가 수많은 기능 중 한 가지만 골라 사야 했지만, 지금은 프로즈로 온라인에서 맞춤형 제품을 살 수 있다. 과거에는 백화점에서 바가지를 써야 했지만, 지금은 스노우에서 질 좋은 가정용품을 살 수 있다. 그리고 레드앤틀러 고객은 아니지만, 우버와 리프트야말로 산업을 뒤흔든 대표적인 사례로서 사람들이 차량을 부르고 탑승료를 내는 방식을 완전히 바꿔놓았고, 나도 어쩌다 뉴욕의 옐로캡 택시를 타면 무심코 요금을 내지 않고 내리려 할 정도이다. 기사들은 이 정도쯤은 늘 있는 일이라고 퉁명스럽게 알려준다. 이런 브랜드는 영향력이 어찌나 강한지 우리 몸이 기억하는 행동까지 바꿨고, 우리가 한때 택시에서 내릴 때 손을 뻗어 지갑을 찾던 조건반사까지 아득히 지워버렸다.

이런 광범위한 행동 변화의 핵심 원료는 기술혁신이지만, 변화를 이끌어가는 엔진은 브랜드이다. 처음부터 사람들의 공감을 얻고 '새로움'을 그럭저럭 괜찮은 정도가 아닌 매력으로 만드는 브랜드의 역할이 없다면, 수많은 사람이 평생 해오던 방식을 버리고 새로운 방식을 택하기란 훨씬 어려운 일이다. 어떤 산업에서는 우리 습성이 몸에 깊이 배어 있어 다른 방식은 상상조차 어렵다가, 브랜드 하나가 나타나 모든 것이 바뀌기도 한다. 이런 기업이 성공하는 이유는 기존의 규칙을 전부 깨부수지만, 마구잡이로 달려들지 않고 용의주도하게, 또 이게 핵심인데 항상 고객을 위해 부수기 때문이다. 제품부터 브랜드 스토리까지 이들 브랜드는 전보다 나은 방법이 존재한다는 사실을 보여주고, 다른 사람들도 동참하자고 이끈다. 여기에는 고객 서비스 개선, 투명성 증대, 더 쉬운 구매 경험 등 기존의 것을 발전시키는 예도 있다. 하지만 브랜드와 무관하던 산업에 갑자기 인기 브랜드를 만드는 예도 있다. 어쩌면 궁극의 지각변동은 과거 브랜드가 별 역할을 하지 못하는 줄 알았던 산업에서도 브랜드가 중요하다고 입증하는 것인지 모른다. 오늘날 콘택트렌즈, 임대 보험, 발기부전 치료 등 온갖 기능 위주의 '지루한' 사업이 모두 기회 영역이다. 그리고 브랜드의 등장으로 발칵 뒤집힌 산업으로 매트리스 업계만 한 사례가 없다.

캐스퍼는 잠의 규칙을 어떻게 바꿨나

지난 5년 동안 매트리스 업계는 뿌리부터 너무 큰 변화를 겪어 과거에 어땠는지 떠올리기 어려울 지경이며, 이 변화의 진원지는 브랜드이다. 요즘은 아무 날에나 페이스북을 열었을 때 이런 열띤 토론쯤은 어렵지 않게 접할 수 있다. "친구들, 내가 캐스퍼를 살까 고민 중인데… 인기만큼 이름값을 할까?", "리사Leesa와 터프트앤니들Tuft & Needle 중 추천해줄 분?" 거기서부터 댓글이 줄줄이 달리며 월드컵이나 최신 넷플릭스 프로그램에 어울릴법한 열기로 토론이 후끈 달아오른다. 모두가 앞다퉈 자기 제품을 칭

송하며 구매과정이 얼마나 쉬웠는지, 가격이 얼마나 합리적이었는지, 배송이 얼마나 빨랐는지, 그리고 무엇보다 얼마나 꿀잠을 잤는지 이야기한다.

하지만 한때, 불과 몇 밤 전 아무도 매트리스에 관심이 없던 때가 있었다. 그때 매트리스란 누구나 하나씩은 소유하지만, 관심 있거나 깊이 생각하는 사람은 거의 없었던 제품이었다. 적어도 브랜드 관점에서는 그랬다. 심지어 템퍼-피딕Tempur-Pedic이나 1만 달러를 주고 해스텐스Hästens를 사지 않은 이상 매트리스 브랜드조차 기억하기 어려웠을 것이다. 뭐 이렇게 말했겠지. "아마 S로 시작하는 것 중 하나일걸? 썰타Serta인가?" 아마도 슬리피즈Sleepy's 같은 체인점 아니면 백화점에서 부담스러울 정도로 졸졸 따라다니는 영업 직원한테 샀을 것이다. 어쩌면 이런 지루하기 짝이 없는 볼일에 토요일을 통째로 날리며 이런저런 침대에 몇 분씩 누워본 다음, 정작 살 때는 엉뚱한 기능이나 프로모션에 넘어갔을지도 모른다. 하지만 이런 모든 과정이 지극히 정상일 뿐 아니라 꼭 필요하다고 느꼈을 것이다. 침대는 집에서 가장 비싸고 중요한 물건인데 **어떻게 누워보지도 않고 살 수 있지?** 하지만 구매하고 나서 시트를 덮은 다음에는 그걸로 끝이었고 10년 후에야 다시 신경 쓰는 물건이었을 것이다.

캐스퍼 팀이 처음 우리 사무실에 왔을 때는 캐스퍼라는 회사

이름도 아직 없을 때였다. 남성 5인조 중 2명은 내 공동창업자 제이비가 스타트업 창업을 꿈꾸는 사람들이 지원해 이익 일부를 떼어주는 조건으로 자금과 각종 자원을 받고 중요한 사람을 소개받을 수 있는 액셀러레이터 프로그램에서 강연했을 때 만난 사이였다. 제이비와 만났을 무렵 이 팀은 두 번째 사업 아이디어를 추진 중이었다. 캐스퍼는 세 번째였고, 삼세번에 득한다더니 정말 홈런이었다. 창업자들과 이야기를 시작하자마자 이 팀에 뭔가가 있다는 감이 왔다. 사업 아이디어는 최고급 매트리스를 만들어 가격거품도, 귀찮은 절차도 없이 온라인으로 소비자 직접판매를 하는 내용이었다. CEO인 필립 크림Philip Krim은 온라인에서 매트리스를 판매한 경험이 있었다. 그는 고객에게 손해만 입히는 불필요한 중간단계와 마크업, 비효율에 대해 열정적으로 설명했다. 산업디자인을 이끄는 제프 채핀Jeff Chapin은 대단한 경력의 소유자로서 매트리스용 자체 폼foam을 개발해 눈에 띄는 성과를 거두고 있었다. 말도 안 되게 편안한 데다 너무 푹 '꺼지고' 열이 빠져나가지 못하는 메모리폼 특유의 불편한 점을 없애고 압축해서 상자에 넣어 배송할 수 있는 소재였다. 온라인 상거래를 계획했기 때문에 상자에 들어가는 특징은 가장 중요한 강점이었다. 게이브 플레이트먼Gabe Flateman은 기술 담당, 닐 파리크Neil Parikh는 운영과 물류 담당, 루크 셔윈Luke Sherwin은 브랜드 담당이었다.

문제는 물론 실현 가능성이었다. 아무리 최고의 제품과 내부 인력, 고객 서비스, 적당한 가격 등 모든 것을 갖추고 있다 해도, 대체 어떻게 해야 소비자들이 체험해보지도 못한 매트리스를 알지도 못하는 브랜드에서 살까? 소비자들은 이미 모두 불빛이 환한 쇼룸에서 신발을 신은 채 누워있는 3분의 시간이 미래의 수면 행복에 꼭 필요하다는 생각에 길들어 있는데. 쇼룸이 일종의 스피드 데이트(남녀가 모여 여러 사람을 돌아가며 잠깐씩 만나보는 행사-옮긴이)라면, 이건 뭐지? 맞선조차 없는 중매결혼인가? 게다가 누구에게나 똑같은 배우자가 배정되는?

바로 이 부분이 전략의 핵심이었다. 캐스퍼는 처음부터 딱 한 가지 매트리스만 판매할 계획이었다. 푹신, 중간, 단단의 3단계 강도나 '700'이라는 아리송한 표시도 없고, 반은 700에 나머지 반은 800도 없었다. 캐스퍼 팀은 잠을 자는 모든 사람의 선호 강도를 정규분포에 넣을 수 있고, 대부분은 똑같은 중간 강도를 선호한다고 굳게 믿었다. 나는 처음엔 별로 수긍하지 않았다. 하지만 창업자들은 설득력 있는 한마디를 던졌다. "정말 좋은 호텔 침대를 생각해보세요. 모두가 편안하다고 생각하죠. 집에 있는 침대라고 다를 게 있나요?" 게다가 이 주장을 뒷받침할 통계자료까지 든든히 갖추고 있었다. 쇼룸에서 매트리스에 누워본 사람들이 오히려 구매 후 만족도가 떨어진다는 내용이었다. 매트리스 딱 하나로 시작해 나중에 여러 가지 매트리스로 확장하고 시트와 베개, 다른 제품까지 갖춰가는 전략은 먼저 선택과 집중으로 소비자를 끌고 이를 바탕으로 성장하는 모범 중의 모범 사례이다.

많은 투자자가 처음에는 회의적인 반응을 보였지만, 캐스퍼 팀은 이 피로도 높은 산업을 뒤집기에 지금이 적기라고 확신했다. 소비자 직접판매 방식이 여러 영역에서 힘을 얻고 있었고, 와비파커 같은 회사도 한때 오프라인에서만 직접 구매하던 물품인 안경도 온라인에서 판매할 수 있다는 사실을 증명해내고 있었다. 물론 캐스퍼는 와비파커처럼 집에서 착용해보는 방식을 똑같이 따라 할 수는 없었다. 아무리 그래도 매트리스를 5개씩 배송한 다음 맘에 들지 않는 매트리스를 돌려보내게 할 수는 없지 않은가? 게다가 매트리스처럼 실용적이고 재미없는 분야에서 소비자 직접판매 방식으로 대성공을 거둔 기업은 아직 존재하지 않았다. 그때까지 이런 방식이 성공한 분야는 대부분 액세서리나 패션 분야 정도였다. 하지만 이 모든 건 기회이기도 했다. 성공하려면 브랜드 충성도라고는 거의 찾아볼 수 없었던 영역에서 사랑받는 브랜드를 구축해야만 했다. 캐스퍼 팀은 처음부터 브랜드가 결정적인 역할을 해야 한다고 굳게 믿었다. 어떤 훌륭한 브랜드도 발 들인 적 없는 이 영역에 기막힌 브랜드를 만들어야 사람들이 이 무명의 회사를 한번 믿어보고 온라인으로 매트리스를 구매할 것이었다. 캐스퍼 팀이 아직 이름도 정하지 못했고 심지어 최종 제품 설계조차 없었지만, 우리는 이 일을 맡기로 했다.

시장 검증의 한계

우리는 성공하려면 예전 방식을 완전히 뒤집고 새 길을 개척해야 한다는 사실을 알고 있었다. 캐스퍼는 매트리스를 완전히 새로운 방식으로 판매하려 했기 때문에, 브랜드 또한 사람들의 주의를 잡아끌 정도로, 그리고 기존의 행동을 다른 눈으로 보게 할 정도로 독특한 분위기를 내야 했다. 캐스퍼처럼 혁신적인 기업에는 브랜드가 두 가지 역할을 해줘야 한다. 먼저 사람들이 현재 방식에 안주하지 않도록 인식을 뒤흔든 다음("지금은 물론 이렇게 하고 있지만, 꼭 그래야만 할까요?"), 새로운 방식으로 유혹하는 것이다. 여기서도 새롭고 도발적인 요소와 익숙하고 편안한 요소 사이에 절묘한 균형을 만드는 게 관건이다. 그전까지는 전혀 몰랐지만 알고 보니 필요했던 해법을 찾아줘야 한다.

이미 이야기했듯이 새로움은 강점이자 약점이다. 특히 사람들이 기존 방식에 익숙해져 있는 상황에선 더 심하다. 어떤 분야의 제품이나 서비스든, 특히 역사가 긴 분야는, 전통이나 언어가 정해져 있어 시간이 지날수록 점차 모든 경쟁자가 서로 비슷비슷한 영역에 머물게 된다. 브랜드 간의 미세한 차이는 물론 존재하지만, 모두가 똑같은 규칙에 따라 경쟁하며, 그러다가 새로운 브랜드가 나타나 규칙을 깨고 어마어마한 성공을 거두면 규칙이 새롭게 바뀐다. 한때는 청소 용품 진열대를 지날 때면 온통 빛이 번쩍 해님이 반짝였지만, 메소드Method가 나타나 간결하고 세련된 디자인을 선보이며 업계의 기준을 새로 세우기도 했다. 애플 또한 끊임없이 기존 통념을 깨면서도 승승장구하는 대표적인 사례이다. 첨단 전자제품은 포장부터 광고까지 항상 기능으로 경쟁하고, 기능은 요란하고 화려할수록 좋다고 여긴다. 하지만 애플은 절제된 우아함과 디자인 중심주의로 정반대 전략을 택했고, 한낱 기계장치를 사람들이 탐내는 대상으로 만드는 데 성공해 이제는 각각의 제품보다 브랜드에 관심이 더 높을 정도이다.

그러나 규칙을 깨는 일은 그리 간단하지 않다. 기존의 규칙을 뒤집는 데는 어마어마한 위험이 따르기 때문에 수없이 많은 브랜드가, 심지어 새로운 브랜드도, 이미 탄탄하게 닦인 길만 고수하는 것이다. 게다가 기업들이 소비자 검증에 지나치게 의존할 때는 기존의 길에서 벗어나기 더욱 어렵다. 특히 전통적인 기업의 경우 단계마다 검증을 거친다. 새로운 제품이 출시되려면 보통 제품 콘셉트 단계부터 검증한다. 이 단계에서 새 제품이나 서비스에 대해 글로 설명하고 때로는 그림이나 샘플 사진을 첨부해

포커스 그룹(특정 주제에 대해 6~8명 정도의 참여자가 진행자의 안내에 따라 토의하는 조사방법. FGI, FGD로 통용 – 옮긴이)이나 온라인 설문, 혹은 둘 다 시행해 소비자의 관심도를 가늠한다. 제품 생산에 본격적으로 투자하기 전에 아이디어의 성공 가능성을 미리 파악할 수 있다고 믿기 때문이다. 하지만 정말 획기적인 아이디어라면 오히려 성공을 실패로 예측하는 '**부정 오류**'에 빠질 위험이 있다. 만약 사람들이 사랑스러운 브랜드와 아름다운 웹사이트, 폭발적인 언론의 반응, 즉각적인 입소문의 후광 없이 웬 모르는 회사가 매트리스를 인터넷에서만 팔고 상자에 넣어 배송한다는 설명만 글로 읽었다면, 조사 데이터로 이 브랜드의 엄청난 인기를 예측할 수 있었을까?

또 브랜드가 본격적인 출시를 결정하기 전, 아이디어의 가능성을 보기 위해 이른바 '최소기능제품minimum viable product'이나 허름한 1.0 버전의 제품을 출시해도 똑같은 위험이 따른다. 이런 전략은 일부 업계에는 통하겠지만, 소비자 제품을 들고 기존의 규칙에 도전하려는 브랜드에는 효과를 보기 어렵다. 만약 캐스퍼가 제대로 된 브랜드도 없이 간신히 형태만 갖춘 웹사이트에 평범한 홍보 사진을 임시로 얹어놓은 채 850달러짜리 매트리스를 판지 상자에 담아 판매하려 했다면, 지금처럼 경쟁사가 따라잡기도 어려울 만큼 큰 인기를 끌 수 있었을까? 캐스퍼는 처음부터 브랜드에 집중했기 때문에 새로운 시장을 개척할 수 있었다.

하지만 출시하기도 전에 브랜드를 만드는 일은 매 단계 과감한 결단이 필요한 어려운 일이다. 과거의 질서에서는 제품이 콘셉트 검증을 통과한 다음에도 제품 형상, 패키지 디자인, 네이밍과 로고 디자인, 광고 캠페인을 둘러싸고 줄줄이 소비자 조사가 이어진다. 우리 선반을 차지하고 집안을 채우는 제품을 만들어온 전통적인 기업에서는 모든 의사결정을 철저하게 검증하지 않고는 제품을 출시할 수 없다. 소비자의 목소리를 우선시하니 좋은 방식이라고 생각할 수도 있다. 하지만 실제로는 회사의 요구를 앞세우는 방식이다. 보통은 위험을 상쇄하고, 의사결정을 합리화하고, 그 결정을 내부에 설득할 때 사용하기 때문이다. 만약 조사 결과가 좋았다면 실전에서 폭삭 망하더라도 해고당할 가능성이 줄어드니까. 이런 전략으로 더 우수하거나 효과적인 결과가 나오는 경우는 매우 드물다.

Q. 뒷받침할 데이터도 없이 기업이 어떻게 결정에 자신감을 가질 수 있을까?

제품개발에 착수하기 전 초기 단계에는 조사가 무척 유용할 수 있다. 특히 타깃 고객을 제대로 이해하고, 고객의 요구를 깊이 있게 분석하고, 해결할 문제를 찾으려 할 때는 말이다. 또 실시간으로 반응을 볼 수 있는 환경에서는 검증이 큰 효과를 볼 수 있다. 예를 들어 페이스북 광고를 두 가지 버전으로 올려 사람들이 어느 광고를 클릭하는지 보거나 웹사이트의 랜딩페이지(사용자가 외부 링크를 클릭해 웹사이트에 도착land하는 첫 페이지-옮긴이)를 A와 B 디자인으로 나눠 어느 페이지에서 가입이나 구매 등 의도한 반응이 잘 일어나는지 보는 데는 매우 효과적이다. 이런 조사에서는 결과가 확실하므로 실패를 성공으로 예측하거나(긍정 오류) 성공을 실패로 예측할(부정 오류) 위험이 없다. 하지만 출시 전 모든 의사결정을 낱낱이 검증하고 앉아있다면 업계의 개념부터 재정립하는 브랜드를 만드는 건 불가능하다. 소비자 조사 환경에서는 소비자 자신도 나중에 어디에 끌리게 될지 알아보기 **어렵다**. 예를 들어 패키지 디자인 샘플을 보여주고 인쇄된 기능 중 가장 중요한 순서대로 순위를 매겨보라 하면 소비자들은 전부 중요하다고 답할 수 있고, 그러다가 상자 앞면에 17가지 특징을 바글바글 구겨 넣게 된다. 그러나 막상 상점에 들어서면 소비자는 가장 단순하고 우아하고 깔끔한 상자에 끌리리라는 사실, 가장 다르게 생긴 상자에 끌리리라는 사실은 이런 조사에서 예측할 수 없다. 또 광고를 글로 설명해주고 이러이러한 재미있는 곡과 함께 떠올려보라 하면 사람들은 정보가 부족하다고 하겠지만, 그 광고를

TV에서 보면 감성적으로 반응하고 며칠이 지난 뒤에도 기억할 것이다.

로고나 브랜드 이름같이 중요한 요소일수록 검증은 더욱 어렵다. 소비자들은 처음에는 거의 항상 가장 익숙하고 가장 직설적인, 이해하기 가장 쉬운 예시를 마음에 들어 한다. 그건 소비자에게 감성적인 반응이 아닌 이성적인 평가를 요청하기 때문이다. 이럴 때 소비자는 당연히 그 회사가 하는 일을 가장 있는 그대로 설명하는 이름을 고를 것이다. 앞에서 설명했듯이 회사로서는 직설적인 이름이 나중에 사업을 확장하려 할 때 방해가 되는데도 말이다. 로고도 마찬가지로 그 회사가 판매하는 물건을 그대로 표현한 로고를 고를 것이고, 회사는 왠지 모르게 끌리는 디자인의 힘을 활용할 기회를 **놓치게** 된다. 소비자들이 자기가 뭘 원하는지 몰라서가 아니다. 다만 완전히 새로운 무언가를 원하는지 어떤지 콕 집어 말하기는 누구에게나 무척 어려울 뿐이다.

물론 익숙함의 힘을 무시할 수 없다. 소비자들이 우유 팩부터 병원 진료실까지 특정한 모습이나 느낌을 보고 무언가를 절로 떠올린다면, 그 덕분에 믿음을 갖고 쉽게 결정을 내리는 부분도 있다. 사람들이 습관적으로 반복하는 일과가 있고, 그 덕분에 생활에 안정감과 안락한 느낌이 생긴다. 그리고 이렇게 몸에 밴 규칙이 있기에 브랜드가 이 규칙을 벗어나면 더욱 신나고 의미 있다.

하지만 특별한 이유 없이 그저 다르기 위해 달라서는 효과가 없다. 모두가 이쪽으로 간다고 해서 아무렇게나 저쪽으로 갈 수는 없다. 그렇게만 할 수 있다면야 성공하는 브랜드를 만들기는 식은 죽 먹기일 것이다. 마치 TV 시트콤 〈사인펠드Seinfeld〉에서 등장인물 조지 코스탄자George Costanza가 생각하는 것과 반대로 움직이던 것처럼(코스탄자는 늘 일을 그르치지만 귀여운 인물. 한 에피소드에서 직감대로 행동하면 늘 실패한다는 깨달음을 바탕으로 계속 반대로 행동해 의외의 성공을 거둠-옮긴이) 다른 사람들이 무얼 하는지 보고 정확히 반대로만 하면 되니까. 하지만 세상사가 늘 토스트에 참치 대신 굽지 않은 호밀빵에 치킨샐러드를 주문하는 것(같은 에피소드에서 코스탄자의 주문 내용-옮긴이)만큼 간단하지는 않으며, 모든 사람이 오른쪽으로 진격하는데 혼자 왼쪽으로 방향을 트는 데는 위험이 따른다. 보통 경쟁사가 그 전략을 택하는 데는 그럴 만한 이유가 있다. 대부분 그 분야의 선두주자들이 수년간 조사와 수정, 보완을 거친 결과이기도 하다. 이들은 성공 공식을 잘 알고, 많은 경우 자기 손으로 성공 공식을 쓰기도 했다.

모두와 반대로 가려면 이유가 확실해야 하며, 우선 익숙하고 편안한 느낌을 줄 부분을 확실히 정해야 그 외의 곳에서 규칙을 깰 여유가 생긴다. 다시 말해 전략이 필요하며, 전략은 소비자 통찰에서 비롯되어야 한다. 만약 당신이 업계 하나를 완전히 바꾸거나 새로운 업계를 창출하려 한다면 이런 질문으로 시작해야 한다. 아직 아무도 차지하지 않았으면서 소비자들이 관심이 있는 영역 중 어떤 것을 대표해야 할까? 완전히 새로우면서 사람들 마음에 남을만한 독자적인 영역을 어떻게 만들어내지?

우리가 처음 캐스퍼의 브랜드 전략을 수립하러 나섰을 때는 구매과정의 즐거움에 초점을 맞추리라 생각했다. 상자에 넣어 배송하는 온라인 상거래 매트리스로서 당연히 차지해야 할 영역 같았다. "가장 간단하고, 쉽고, 빠르게 '침대에 뛰어드는' 방법이에요." 하지만 이 아이디어를 다양하게 탐색할수록, 뭔가 부족해 보였다. 지금까지 쭉 무미건조하고 지극히 실용적이었던 영역에서 사랑받는 브랜드를 만드는 목표라면, 여전히 기능과 편리함에 무게가 많이 실린 아이디어를 브랜드의 토대로 삼을 수는 없었다. 물론 편리함은 캐스퍼의 편익 중 하나였지만, 애초에 원하지도 않은 매트리스가 재빨리 도착한다고 누가 관심이나 있을까?

캐스퍼는 그보다 더 큰 기회를 포착했다. 처음부터 창업자들은 한 번도 매트리스 회사를 차리겠다고 나선 적이 없었다. 이들은 잠을 책임지는 수면 회사가 되고 싶어 했다. 그러니 자연스럽게 떠오른 질문은 '잠이 왜 중요한가?'였다. 우리 삶에서 잠이 어떤 역할을 할까? 경쟁사들은 확실히 잠에 대해 끊임없이 이야기하고 있었다. 매트리스 판매 쇼룸을 한 바퀴만 쓱 돌아도 인류 역사상 최고로 잘 자게 해주겠다는 약속이 수없이 많고, 과학적 근거가 있는지 없는지 모를 전문용어까지 난무할 것이다. 상표등록까지 마친 새로운 용어, 임상시험으로 증명되었다는 의학적 주장, 폼 분야의 다양한 신기술까지… 어찌나 많은지 이불 속에라도 숨고 싶을 것이다. 어떻게 하면 밤에 잠을 잘 자는지에 지나치게 집착하느라 우리가 밤에 잠을 잘 자면 어떻게 되는지에는 아무도 관심이 없다. 잠이 중요한 이유는 우리가 침대에 누워있는 6~8시간 때문이 아니다. 결국, 일이 모두 순조롭게 풀리면 그 시간 동안 의식조차 없을 테니까.

잠이 중요한 이유는 사람들이 깨어났을 때 받을 느낌 때문이며, 이 느낌이 나머지 깨어있는 시간을 좌우하기 때문이다. 사람들의 깨어있는 생활에 미치는 영향 때문에 잠이 중요한 것이다. 그래서 캐스퍼의 브랜드 전략은 잠을 푹 잘 자면 더욱 활기차고 흥미로운 삶을 산다는 콘셉트로 정했고, 캐스퍼 팀은 잠자리에 드는 행위와 잠에서 깨는 행위가 공존하는 삶을 책임지는 수면 회사를 만들러 나섰다.

이렇게 정한 다음에는 모든 크리에이티브 관련 의사결정은 늘 꿈꾸던 삶을 사는 데 잠이 어떤 영향을 주는지 이야기하는 데 초점을 맞췄다. 이런 시각으로 보았을 때는 제품이 전부가 아니었다. 중요한 건 사람들이 진정 누구인지, 어떤 사람이 되고자 하는

지의 큰 이야기를 짜고, 그 이야기에 제품이 어떻게 들어맞는지였다. 이런 방향성은 브랜드를 만들어가는 과정에서 모든 주요 의사결정의 기준이 되었고, 우리는 기회가 될 때마다 전략적이고 주도면밀하게 과거의 방식에서 탈피하려 했다. 캐스퍼는 온라인 상거래 기업으로 출발했기 때문에 우리는 웹사이트에 어마어마한 정성을 쏟았고, 매트리스 회사라면 으레 이럴 거라는 통념을 깨는 소소한 깜짝 요소를 웹사이트 곳곳에 넣었다. 매트리스 강도를 설명하기 위해 무미건조한 전문용어를 사용하는 대신, 그림으로 다이아몬드부터 젤리까지 강도별로 쭉 늘어놓고 캐스퍼를 정중앙에 놓았다.

창업자 5명의 소개글도 올려 클릭할 때마다 '낮'과 '밤'을 오가며 활동할 때는 어떤 사람인지, 잘 때는 어떤 사람인지 보여주었다. 웹사이트 사진으로는 사람들이 침대에 누워 행복하게 꿈꾸는 장면 같은 판에 박힌 장면을 피하고, 대신 야생 새 관찰에 관한 책 읽기부터 침대에서 미니 골프 치기까지 사람들이 즐기는 재미있고 특이한 활동을 나타냈다.

매트리스 이야기도 빼놓을 수 없다. 보통 매트리스는 겉에 드러나는 일이 거의 없고, 보통 흰색에 빙글빙글 도는 무늬가 있거나 별 특색 없는 미색 폼으로 전부 똑같이 생겼다. 캐스퍼는 이를 기회 삼아 한눈에 알아볼 수 있는 빼어난 디자인을 만들기로 했다. 항상 시트와 담요로 덮여있을 테지만 상관없었다. 캐스퍼의 제품개발팀은 실제로 보일 일이 거의 없다는 걸 알면서도 침구를 덮어씌우지 않았을 때의 매트리스 모습을 완벽하게 만드는 데 집착에 가까운 열정을 쏟았다. 그 결과 두 가지 색이 조화된 투톤 디자인을 만들어 업계에 새로운 스타일을 정착시켰고, 매트리스보다는 스웨터나 청바지에 달려 있을법한 작은 브랜드 이름표를 달았다. 이 이름표는 비록 아주 작고 거의 항상 숨어있지만, 캐스퍼로서는 굉장히 중요한 디자인적 결정이었다. 사람들이 구매하는 건 단순히 매트리스가 아닌 브랜드라는 표시였기 때문이다. 사실상 겉에 드러나지 않는 매트리스에 이 정도로 세심하게 신경쓰니 오히려 고객들과의 관계가 더욱 각별해졌다고 볼 수도 있다. '이 디자인은 오직 당신만을 위해 존재한다'는 의미였다. 마지막으로 제품 상자가 있다. 매트리스와는 달리 상자는 인지도를 높일 기회이자 가장 강력한 초기 마케팅 수단이었다. 이제는 누구나 한눈에 알아보는 남색과 흰색의 줄무늬는 캐스퍼를 배송받는 사람에게뿐 아니라 지나가는 이웃 모두의 시선을 사로잡게 한다. '이건 뭔가 달라요, 한번 기억할 만한 물건이에요!'

꿈같은 삶

통념을 깨려는 캐스퍼의 노력은 첫 출시가 한참 지난 지금도 계속되고 있다. 캐스퍼는 의사결정의 순간마다 고객 경험을 어떻게든 근본적으로 개선할 수 있는지를 기준으로 삼는다. 캐스퍼가 기존의 규칙을 깬다면, 그건 고객을 위해서이다. 예를 들어 캐스퍼가 첫 제품을 출시한 지 얼마 지나지 않아 뉴욕시 지하철 차량 내 광고판을 할인된 가격에 쓸 기회가 생겼다. 당시 지하철 내부광고는 성형외과나 치과 등의 단발성 광고와 제트블루JetBlue처럼 잘 알려진 브랜드가 차량 전체를 도배하는 광고로 양분되어 있었다. 뉴욕에 와보지 않은 독자를 위해 설명하자면, 지하철 도배광고는 한 브랜드가 지하철 차량 한 대 내부의 모든 광고패널을 대여해 전체를 채우고 광고 효과를 높이는 전략이다. 탑승객으로서는 어느 방향으로 고개를 돌려도 같은 회사의 광고를 보게 되니 놓치려야 놓칠 수 없다. 언젠가부터 전체 도배광고는 지하철 광고의 모범답안이 되었고, 지하철에 탔을 때 개별 광고를 여러 개 보는 일이 오히려 드물어졌다. 도배광고의 일반적인 형태는 여러 가지 각기 다른 재치 있는(희망 사항이지만) 헤드라인으로 한 회사의 여러 가지 면을 설명하고, 패널마다 회사의 로고를 찍는 모습일 것이다. 캐스퍼가 지하철 내부광고를 결정했을 때 우리 팀이 크리에이티브 아이디어를 개발할 시간은 충분치 않았고,

캠페인을 실행할 시간은 더더욱 부족했다. 하지만 그렇다고 남들과 비슷하게 할 마음은 전혀 없었다.

당시 캐스퍼는 매트리스를 딱 한 가지만 판매했기 때문에 캠페인 주제는 매트리스 하나로 거의 모든 사람이 푹 잘 수 있다는 내용으로 정했다. 이 내용을 표현하기 위해 패널마다 매트리스가 얼마나 편안한지, 사람들이 매트리스에 얼마나 만족했는지, 아니면 뭐가 됐든 인터넷으로 매트리스를 사고도 푹 잘 잘 수 있다는 내용의 헤드라인을 잔뜩 도배할 수 있었다. 하지만 캐스퍼는 뉴욕 사람들에게 '선물'이 될 만한 캠페인을 만들기로 했다. 뉴욕 사람들에게 하루 중 재미와 유머가 가장 절실히 필요한 순간, 북적거리는 지하철에 갇혀 깜깜한 터널을 지나며 주변 승객들과 혹여 눈이 마주칠까 봐 애써 위만 쳐다보는 그 순간에 재미있고 유익한 내용으로 즐거움을 선사하자는 의도였다. 우리가 만든 캠페인에서는 다양한 사람들이 캐스퍼 위에서 잔 뒤 활기 있는 생활을 하는 모습을 재미있게 표현했다.

우리는 '옆으로 자는 사람'이나 '등을 대고 자는 사람', 기능적으로 매트리스를 연상시키는 내용에 집중하지 않았다. 삽화 형식으로 뉴요커의 별난 점들을 다양하고 재미있게 나타낼 수 있는 캐릭터를 만들었다. 그림은 작가 토미 엄Tomi Um에게 맡겼는데, 토미 특유의 그림 스타일은 점차 캐스퍼 브랜드를 나타내는 핵심 요소가 되었다. 우리 팀은 토미와 머리를 맞대고 다채로운 등장인물을 만들었는데, 연인(수컷 코알라 두 마리), 동네 사람(피자 한 끼를 즐기는 쥐와 비둘기, 그리고 다람쥐), '쿨'한 사람들(눈사람), 그 밖에도 아주 많이 만들었다. 그리고 물론 모든 등장인물이 캐스퍼 위에 편안하게 올라 있었다. "모두에게 가장 좋은 매트리스 Perfect Mattress for Everyone"니까. 이 캠페인 덕택에 지하철 승객들이 하나씩 하나씩 재미있는 내용을 발견하면 여정이 조금이라도 짧게 느껴지리라는 계산이었다. 우리가 만든 건 저 반대편에 앉아서도 훤히 보이는 커다란 글씨가 아니었다. 궁금한 사람은 가까이 다가가서 그림에 한 번 웃고, 자세히 들여다보며 곳곳에 깨알같이 숨어있는 유머를 발견해야 했다. 그러다 보니 인파에 밀려 한쪽 벽에 붙어버려도 그리 불쾌하지 않았고, 북적이는 지하철 안에서 승객들이 광고를 전부 읽기 위해 인파를 헤치고 다니는 모습도 심심찮게 볼 수 있었다.

우리는 이 캠페인을 몇 번 같은 주제로 조금씩 다르게 운영했는데 처음에는 등장인물을 바꾸고, 그다음에는 줄거리를 더해 '가장 상쾌하게 일어났을 때' 어떤 일이 일어나는지 이야기를 펼쳤다(늑대가 마침내 아기 돼지의 집을 불어 쓰러뜨리는 장면, 잠자는 숲속의 공주가 입맞춤해줄 왕자는 안중에도 없이 벌떡 일어나 모터 달린 자전거를 타고 가버리는 장면). 그 다음번에는 복잡한 숨은그림찾기를 만들어 승객들이 직접 '숨어있는 한 시간' 찾기(시계 그림 찾기) '그림의 떡, 하늘 위의 파이(pie in the sky, '허황한 공상'이란 관용구를 문자 그대로 '하늘에 있는 파이'로 표현한 말장난—옮긴이)' 찾기(당연히 숨어있는 파이지!)에 참여하도록 이끌었다.

캐스퍼 지하철광고는 너무나 인기를 끌고 화제가 되어 다른 브랜드도 깜찍한 일러스트레이션을 넣고 비슷하게 따라 했지만, 다른 브랜드들이 놓친 건 딴 맘 없이 오로지 사람들을 기쁘게 해주려고 하나하나 기획한 깨알 재미였다. 우리는 모든 그림과 캡션을 완벽해질 때까지 고치고 또 고쳤지만, 캐스퍼에 관한 내용 때문이 아니라 유머가 충분한지, 의외성이 있는지, 누군가의 출퇴근길을 밝혀줄 만한지 때문이었다. 물론 광고 속 유머는 전혀 새로운 개념이 아니다. 마치 설탕 한 숟가락이면 새로운 초강력 야간 기침약도 쑥 내려가는 것처럼(설탕 한 숟가락이면 쓴 약도 쉽게 먹는다는 영화 〈메리 포핀스〉 주제곡 가사. 다양한 말장난에 활용됨—옮긴이), 지난 100년 동안 광고회사들은 줄곧 마케팅 메시지를 전달할 때 재미있는 이야기를 자연스레 끼워 넣어왔다. 때로는 광고 내용과 판매하는 제품이 거의 관련 없을 때도 있다. 연상 작용을 이용해 긍정적인 이미지를 심는 전략으로써, 광고를 보고 미소를 지었으니 브랜드가 떠오를 때는 좋은 느낌이 난다는 원리를 이용한 것이다. 이런 접근은 오히려 역효과가 날 수 있다. 다들 특히 매년 슈퍼볼 즈음(프로 미식축구 챔피언 결정전. 전통적으로 기업들이 예산과 노력을 많이 쏟아부은 초호화 광고를 내놓는 시기-옮긴이) 어떤 광고가 정말 좋았는데 나중에 무엇에 대한 광고였는지 전혀 기억하지 못하는 경험을 한 번쯤 한 적 있을 것이다. 하지만 소비자들이 알았든 몰랐든 캐스퍼 광고 캠페인의 다른 점은 브랜드만을 위한 작업이 아니라는 사실이었다. 오히려 기회 있을 때마다 고정관념을 깨는 경험을 만들려는 노력이었다.

끊임없이 신선하게

Q. 기업이 더 이상 도전자가 아니라 선두주자가 되었을 때, 끊임없이 계속 규칙을 깰 수 있을까?

기존 질서를 깨는 브랜드가 어느 순간 마주해야 하는 가장 큰 장애물은 어떻게 해야 사업이 성장하면서도 **반항 정신**을 유지하는가이다. 오늘날에는 수없이 많은 브랜드가 산업의 기존 방식에 반발하면서 등장하며, 그 산업에서 제대로 작동하지 않거나 시대에 뒤떨어지거나 비효율적인 면을 찾아 고치려 한다. 몸집이 작고 어설프고 새로울 때는 관습을 무시하고 완전히 새로운 방식을 고안하기 훨씬 쉽다. 그때는 모든 의사결정을 따지고 분석하는 이해관계자도 적으니 더 민첩하게 움직일 수 있는 데다 잃을 것도 별로 없다. 그러니 위험을 안고 과감하게 행동하는 것이 더 쉬운 정도가 아니라 필수다. 눈에 띄려면 과감한 수를 두어야 하며, 그렇지 않으면 시선조차 끌지 못한다. 이런 스타트업이 성공하기 시작하면 당연히 투자도 더 받고 판매 목표도 더 공격적으로 상향설정하고 투자자 기대치도 급격히 높아진다. 예를 들어 처음에는 절대로 할인 코드를 발급하지 않고 업계의 관행인 제 살 깎아먹기식 가격전쟁을 피하면서 재미있고 감성적인 울림을 주는 광고를 할 수 있다. 하지만 시간이 지날수록, 또 브랜드가 계속 성장해야 할수록 적절한 할인 전략으로 판매를 늘리고 싶은 유혹이 점점 강해진다.

의미 있고 차별화된 브랜딩과 기능적이고 당장은 더 효과적일 수 있는 직설적인 방법 사이에 어떤 식으로 균형을 맞출 것인가? 이는 여러 스타트업들이 계속 겪는 어려움이다. 캐스퍼의 창업자 중 루크 셔원은 기가 막힌 비유로 이런 어려움을 표현했는데 지금도 자주 떠오르곤 한다. 그는 캐스퍼의 '브랜드 자산'을, 다시 말해 브랜드가 사람들을 기쁘게 해주려고 노력할 때 사람들이 브랜드에 느끼는 팬심의 크기를 항아리에 든 구슬에 빗댔다. 기업이 사무적인 광고나 판매를 직접 촉진하는 자료를 내놓을 때마다 항아리 속 구슬이 빠져나간다. 구슬을 빼내는 건 괜찮다. 성장하기 위해 꼭 필요할 때도 있다. 단, 항아리를 계속 채우지 않으면 나중에는 고객의 호의도 바닥나 더 끌어올 것도 없어진다. 그러니 '10달러 할인' 광고를 잔뜩 올리려 한다면 지금쯤 실험적인 팝업스토어에 투자할 때인지도 모른다.

새 브랜드의 반항 정신에 반한 가장 첫 고객층이 전부 모인 다음, 브랜드가 고객층을 확대해 좀 더 옛날식 구매행태를 편안하게 느끼는 소비자까지 끌어들여야 하면 상황은 더 어려워진다. 중요한 건 자신만의 성장 방식이다. 성장한 뒤에도 계속 사랑스러움을 유지하는 브랜드와 어느 날 일어나보니 부모님이 사용하는 옛날 브랜드와 똑같아져 있는 브랜드의 차이는 여기에 있다. 가장 중요한 선택의 기로는 디지털로 시작한 브랜드가 오프라인 유통으로 이동할 때 발생한다. 표면상으로는 소비자 직접판매 브랜드가 오프라인 상점을 열면 뜻밖이라고 여길 수 있다. 이런 브랜드 중 다수는, 예를 들어 에버레인은 출시부터 온라인 판매의 효율성을 이야기하고 일부러 전통적인 오프라인 상점과 반대 성격을 내세우며 등장했다. 이들은 하나같이 중간단계와 물리적인 시설을 생략함으로써 비용을 절감하고 편리해졌다고 자랑한다. 그런 다음에 어느 시점에서는 너도나도 오프라인 상점을 연다.

Q. 디지털로 시작한 브랜드가 오프라인 유통으로 이동하는 이유는 무엇인가? 업계에 지각변동을 일으키려는 사업모델과 상충하는 것 아닌가?

오프라인 공간으로 확장해야 하는 이유는 사업적으로 매우 유리하기 때문이다. 전과 다른 방식으로 인지도를 쌓을 수 있고, 초기 고객만큼 자주 온라인으로 구매하지 않거나 적어도 당신의 분야에서는 온라인 구매를 고려하지 않는 사람들에게도 다가갈 수 있다. 게다가 제대로만 만들면 오프라인 경험이 둘도 없는 훌륭한 브랜딩 기회가 된다. 웹사이트를 아무리 아름답게 디자인했어도 물리적인 공간에 들어서며 모든 감각을 동원해 브랜드를 경험하는 것을 대체하기는 어렵다. 하지만 이런 방식이 효과를 보려면 처음에 몰아내려 했던 기성 기업을 답습하지 않고 계속해서 규칙을 깨야만 한다.

오프라인 공간을 여는 일은 캐스퍼에게 유난히 어렵고 조심스러운 일이었다. 초기 브랜드 스토리의 대부분이 매트리스 쇼룸 방문이 얼마나 불쾌하고 무엇보다 쓸모없는지에 대한 내용이었기 때문이다. 우리 팀은 캐스퍼의 100일 밤 환불 정책을 광고할 때 매트리스를 100일 밤 동안 사용해볼 수 있는데 뭐 하러 쨍쨍한 전등불 아래에서 3분간 누워야 하는지 묻는 내용의 카피까지 쓰기도 했다. 우리는 당시 캐스퍼의 첫 매트리스가 웬만한 수면 습관에는 잘 맞는다고 이야기한 후, 캐스퍼가 모든 걸 알아서 해결해줬는데 굳이 극성스러운 영업 직원이 눈을 시퍼렇게 뜨고 쳐다보는 데서 매트리스를 15개씩 사용해볼 필요가 없다고 힘주어 이야기했다. 게다가 전체 브랜드 경험까지 사람들이 쇼룸을 벗어나 삶을 더 윤택하게 해줄 침대 속으로 쏙 들어갈 수 있도록 완벽하게 설계했다. 하지만 캐스퍼도 성장을 거듭하다 보니 사람들을 불러 매트리스를 직접 체험할 기회를 제공할 때가 왔다. 수없이 많은 고객이 구매한 덕택에 매트리스를 직접 보지 않고도 온라인에서 구매할 수 있다는 사실은 증명되었지만, 아직 설득할 사람이 더 있었고 그중에는 브랜드에는 호감을 느끼면서도 그 침대가 정말 그리 대단한지 의구심을 갖는 사람들도 있었다. 사업 초창기에는 뉴욕과 로스앤젤레스에 아담한 매트리스 체험공간이 두세 군데 있었지만, 유통 전략의 큰 그림에서 나왔다기보다 고객 경험 팀이 영업 보조수단으로 쓰는 정도였다. 캐스퍼 팀은 오프라인 유통에 본격적으로 뛰어들어야 하는 때가 온다면 그때 역시 통념을 깨는 신선한 전략이 필요하다고 믿었다.

캐스퍼는 팝업스토어 몇 가지를 실험해보기 시작했지만, 그중 오프라인 진입 면에서 의미 있는 성과를 본 건 특정한 매장이 아니었다. 적어도 장소는 아니었다. 첫 출시 후 1년 뒤, 캐스퍼는 이동식 '낮잠차napmobile'를 공개했다. 차 안에 개별 수면 공간을 4개 만들어 안에는 캐스퍼 매트리스와 침구, 베개를 갖췄다. 이 낮잠차로 미국과 캐나다에 순회 '낮잠 투어Nap Tour'를 다녔고, 도시에 들를 때마다 졸린 사람들이 온라인으로 낮잠을 예약하거나 예약 없이 가볼 수 있었다. 수면 공간마다 타이머가 있어 해가 지고 뜨는 모습대로 조명이 바뀌었고, 옛날이야기를 들으며 잠들 수 있도록 전용 스마트폰도 비치되어 있었다. 캐스퍼가 반려견 매트리스를 출시하자 낮잠차에는 강아지를 위한 자리도 생겼다. 이 기간에 1만 명 넘는 사람들이 낮잠 투어에 참여했고, 이들은 캐스퍼 매트리스에 그냥 누워보는 데서 그치지 않고 전통적인 매트리스 가게와는 전혀 다른 환경에서 실제로 잠들어 볼 수 있었다. 게다가 캐스퍼의 낮잠차는 소셜미디어에서 화제가 되었고, 낮잠차를 직접 체험해보지 않은 수많은 사람이 소셜미디어에서 낮잠차에 감탄하고 열광하는 일이 벌어졌다. 인스타그램에서 단 한 번이라도 매트리스 가게에서 찍은 사진을 본 적 있는가? 아니면 전통적인 상점 어디라도?

낮잠차가 미국 전역을 누비는 동안 캐스퍼는 고정 오프라인 상점 전략을 용의주도하게 고민했고, 2018년 초 뉴욕에 첫 상점을 열었다. 캐스퍼는 이번에도 매트리스를 줄줄이 진열하는 대신 사람들이 편하게 체험해볼 수 있도록 상점 곳곳에 캐스퍼 매트리스가 있는 아늑하고 사적인 느낌의 모형 집을 꾸몄다. 이때는 제품이 3가지 모델로 늘어있었다. 또 안내판도 복잡한 전문용어를 내세우거나 오늘의 특가를 홍보하는 내용 대신 과학박물관에 가까운 느낌이 나도록 직접적이고 재치 있고 재미있는 방식으로 제품의 특징과 장점을 설명했다. 전체 공간이 상점보다는 무언가를 체험하는 곳 같고, 어떤 일이 펼쳐질지 기대하며 탐색하고 싶은 느낌을 준다. 기존 방식을 재정의하는 일은 거기서 멈추지 않았다. 뉴욕 소호 지역 상점을 연지 두 달 후에는 가까운 위치에 '드리머리Dreamery'를 열었다. 예약 후 낮잠을 잘 수 있는 곳이다. 드리머리는 캐스퍼 상점 근처에 있지만 잠 외에는 아무것도 판매하지 않는다. 낮잠을 예약하면 파자마 잠옷 대여에 기초화장품 샘플, '잠들게 해주'려고 특별히 선별한 읽을거리를 함께 제공한다. 물론 회사로서는 드리머리에 들러 낮잠을 자는 사람 중 일부는 언젠가 옆집에 들러 캐스퍼 제품을 사리라는 계산을 했을 것이다. 하지만 드리머리를 만든 의도는 단순한 영업수단이나 마케팅 수법이 아니었다. 캐스퍼 팀은 오직 모든 이에게 꿀잠을 선사하는 **사명**에 헌신한다. 캐스퍼는 처음부터 전 세계 사람들이 잠자는 방식을 개선하고 싶어 했다. 그 바탕에는 괜찮은 삶을 누리려면 푹 잘 자야 한다는 신념이 있다.

캐스퍼가 앞으로 난관을 겪는다고 해도 지금까지 성과가 대단하다는 건 분명하다. 심지어 집에 캐스퍼 매트리스가 없는데도 캐스퍼를 얼마나 좋아하는지 내게 이야기하던 사람들도 많았다. 내 예전 직장상사의 다섯 살짜리 아들도 자기 방에 캐스퍼를 놓아달라고 졸랐다고 한다. 캐스퍼는 그 업계에서 가능한지조차 몰랐던 감성적인 유대감을 일구어낼 수 있었고, 브랜드의 새로운 가능성을 열었다. 또 규칙을 깸으로써 소비자의 사랑을 얻고, 기존과 완전히 다른 브랜드를 처음부터 만들었다.

'덕심몰이'를 하려면 제품과 브랜드 어느 모로나 차별화는 꼭 필요하다. 하지만 차별화에는 의도와 목적이 분명해야 한다. 새로움이 그저 관심 끌기 수법이 되어서는 안 된다. 설령 운이 좋아 인기를 끈다 해도 광속으로 쌓인 인기는 광속으로 증발할 것이다. 고객이 브랜드의 덕후가 되고 오랫동안 덕심을 유지하려면 변화도 차별화도 모두 고객을 위한 것이어야 한다. 혁신적인 기업은 고객의 요구를 새로운 방법으로 충족해야 하며, 이때 브랜드는 오래 지속되는 의미 있는 관계를 이어가야 한다.

7장

일관성을 지키며
의외성 발휘하기

브랜드의 방향성은 하나지만 그 방향성을
다양한 방법으로 표현할 수 있고,
또 표현해야만 한다. 요즘처럼 브랜드가
모습을 드러내야 하는 곳이 다양한 때에는
늘 유연한 전술로 흥미를 끌어야 한다. ▬

대학 시절, 친구들과 둘러앉아 '두 형용사' 게임을 즐기곤 했다. 각자 자기가 어떤 '유형'인지 두 단어로 완벽하게 설명해내는 놀이로서 들을수록 무릎이 탁 쳐지는 완벽한 조합을 만드는 것이다. 무척 '범생이' 게임 같지만… 재미있었고 배우는 것도 많았다. 어떤 친구들은 전혀 감을 못 잡고 기껏해야 **재미있고 여유로운, 섹시하고 핫한, 훤칠하고 믿음직한** 같은 말을 생각해냈다. 이런 조합은 게임의 의도를 전혀 이해하지 못한 결과로서, 너무 뻔한데다 실제 살아 숨 쉬는 사람을 생생하게 묘사하는 데 아무런 도움이 되지 않았다. 예를 들어 '재미있는' 친구를 마다할 사람은 없다. 그런 단어를 골라봐야 자신이 어떤 사람인지, 어떤 사람을 좋아하는지 전혀 드러나지 않는다. 좋은 조합, 정곡을 찌르는 답은 언뜻 전혀 어울리지 않을 듯한 조합이었다. 평소라면 함께 쓰지 않지만, 함께 놓는 순간 누군가를 기막히게 정확히 묘사하는 그런 특성을 찾아야 했다. **거만하고 소심한, 서툴고 시큰둥한, 강인**

하고 얼빠진. 당시에는 이걸로 먹고살 줄은 꿈에도 몰랐지만, 오랜 세월이 지난 지금 브랜드의 성격을 만드는 일을 할 때도 똑같은 원리가 적용된다. 가장 재미있는 브랜드, 덕심을 불러일으키는 브랜드는 긴장감을 담고 있다. 이들은 **의외성**의 힘을 능숙하게 활용한다.

일관성의 신화

전통적으로 브랜딩 분야에서 '브랜딩 개론'의 제1강은 일관성이 얼마나 중요한지 설명해왔다. 메시지 하나를 선정하면 처음부터 끝까지 쭉 가라. 무엇을 말할지 정한 다음에는 얼굴이 시퍼렇게 질릴 때까지 계속 이야기하라. 같은 메시지가 전 세계 모든 사람의 마음속에 깊이 새겨져 그들도 똑같은 열정으로 반복할 수 있도록. 물론 브랜드의 목적의식이 명확해야 하고 내세우는 가치가 확고해야 하니 완전히 틀린 가르침은 아니다. 하지만 일관성도 21세기에 맞는 옷으로 갈아입어야 한다. 명확성과 집중, 즉 내부 일관성과 마케팅과 메시지의 외부 일관성은 별개이다. 타깃 고객에게 보이는 모습에서 외부 일관성을 엄격하게 고수하면 오히려 브랜드의 성공에 독이 될 수 있다. 너무 많은 브랜드가 마치 정치인이 똑같은 주장을 반복하듯이 일관성 있게 보이려 언제 어디서나 똑같이 보이고 똑같이 말해야 하는 줄 안다. 그런 전략은 과거 TV 광고와 패키지 디자인 외엔 신경 쓸 게 없던 시절에는 통했을지도 모른다. 하지만 오늘날은 이토록 소통 경로가 다양하고 소통 채널마다 역할이 다른데, 이제는 틀로 찍어낸 듯 채널에 상관없이 똑같이 행동해봐야 말도 안 되고 현실감도 없다.

개인도 남들에게 보여주고자 행동하는 모습이 링크드인과 페이스북에서, 심지어 인스타그램 피드와 인스타그램 스토리에서 각기 다르다는 걸 떠올리면 된다. 표현은 다르지만 모두 한 사람이다. 아무도 산만하다거나 이중적이라고 비난하지 않는다. 각각의 채널마다 문화적 규범이 다르고, 그에 따라 어울리는 행동도 다르고, 사람들은 거기에 맞게 반응할 뿐이다. 오늘날의 브랜드도 똑같다. 가장 크게 사랑받는 브랜드들은 처음부터 매체에 맞게 메시지를 조정할 줄 안다. 매체마다 다른 가치를 내세운다는 뜻이 **아니다**. 오히려 하나에 집중한 명확한 전략이 있기에 등장하는 곳에 따라 행동을 조금씩 맞출 수 있다. 브랜드는 한 북극성을 향해 가지만 다양한 경로를 취할 수 있다. 목적의식이 분명하다면 정체성을 흐리지 않고도 브랜드의 개성과 방향성 안에서 때와 장소에 따라 다른 면을 강조할 수 있다. 바비큐 파티에 갈 때와 칵테일 파티에 갈 때 다르게 차려입더라도 어느 모임에서든 흠잡을 데 없이 완벽한 스타일로 눈에 띌 수 있다. 드레스코드에 어긋나서가 아니라.

오늘날 성공한 브랜드들은 좁게 한정된 길에 머물지 않고 대비와 대조를 즐기며, 아이디어를 맛깔스럽게 버무려 언뜻 봐서는 어울리지 않아도 조합하면 독특하고 개성 있는 정체성을 빚는다. 브랜드가 한 가지 방식으로만 행동한다면, 또 그 방식을 누구나 예측 가능하다면. 의외성의 힘이 끼어들 자리가 없다. 뛰어난 브랜드는 예상을 깨는 브랜드이다. 이런 브랜드는 예상을 깸으로써 더욱 풍성하고 오묘한 세계를 일궈 끊임없이 새로운 모습을 선보인다.

우리가 새로운 브랜드를 개발할 때 브랜드 전략을 기획하는 단계 중 하나가 브랜드의 '개성', 즉 행동하는 방식을 정의하는 것이다. 이때 너무나 많은 기업이 매번 똑같은 함정에 빠진다. 신뢰성 있는, 자신감 있는, 직관적인. 우리 고객들도 '신뢰할 만한'을 넣어달라고 상당히 자주 요청하는데, 그때마다 우리는 신뢰는 기본 중 기본이고 새로운 영역을 개척하는 데 아무 도움이 안 된다고 답하며 거절한다. 신뢰할 만하게 보이고 싶지 않은 브랜드가 있을까? 이름 한번 대보자. 그렇다고 해서 신뢰할 만한 인상을 주는 게 중요하지 않다는 이야기는 아니다. 오히려 너무 중요해서, 너무 당연해서 입에 담을 필요조차 없다. 대신 우리는 두 형용사 게임처럼 서로 대조되는 말을 찾으려 하며, 존재하지 않았던 새로운 조합을 만들려 한다. 브랜드가 풍성함과 오묘함을 갖추게 하는 우리 팀의 비결이다. 예를 들어 캐스퍼는 선구적이면서 사랑스럽다. 캐스퍼는 획기적인 연구결과를 토대로 혁신을 이어가고 엔지니어들은 매트리스 산업을 바꾸려는 의지가 넘치지만, 브랜드는 귀엽고 매력적이며 재치 넘친다. 우리는 만드는 브랜드마다 이런 긴장감의 순간을 찾아 기억에 남을만한 경험으로 녹여내려 한다. 일관성을 위해 긴장감을 회피하는 브랜드는 뻔함의 함정에 갇히고 만다. 특히 요즘처럼 브랜드와 소통할 방법이 훨씬 더 많을 때는 이렇게 양파처럼 겹겹이 새로운 층이 있기에 브랜드가 신선함을 유지할 수 있고, 사람들이 궁금해서 계속 다시 찾아오는 것이다.

소울사이클은 어떻게 서로 다른 특성을 대비시켰나

브랜드가 개성의 여러 측면, 특히 서로 모순되는 면을 맘껏 뽑내면 궁극적으로 더 풍성하고 생생한 경험을 만들 수 있다. 소울사이클SoulCycle 같은 브랜드가 대표적인 예로서, 소울사이클은 피트니스 업계에 돌풍을 일으켜 비슷한 꿈을 좇아 나선 소규모 고급 피트니스 스튜디오 분야의 폭발적인 성장을 이끌었다. 소울사이클이 2006년 뉴욕에 첫 스튜디오를 열었을 때, 실내 자전거 타기는 전혀 새로운 개념이 아니었다. 고정식 자전거는 수십 년 동안 미국 전역의 방구석에 앉아 먼지를 끌어 모아왔으며, 각종 체육시설에서도 1990년대 초반부터 실내 자전거 타기 교실을 운영해왔다. 하지만 소울사이클의 창업자 줄리 라이스Julie Rice와 엘리자베스 커틀러Elizabeth Cutler는 완전히 새로운 사이클링 경험을 고안했다. 브랜드의 특성을 각각 따로 분석해보면 서로 어울릴 거라고 상상하기 어렵다. 마치 반의어의 향연 같다.

첫째, 호화로움과 포용성이 있다. 수업 한 강좌당 36달러의 가격표를 보면 소울사이클은 의문의 여지 없이 럭셔리 브랜드이다. 정기적으로 수강하면 수강료만 순식간에 고급 피트니스센터 회원권 가격을 훨씬 웃돌 수 있다. 희소성의 매력 또한 호화로운 이미지에 한몫한다. 몇몇 지역에서는 인기 강사의 수업을 온라인에 개설하자마자 정원이 마감되기도 한다. 가장 핫한 새 레스토랑보다 소울사이클 수업에 들어가기가 더 어려울 때도 있다. 그러니 누군가는 돈을 더 내고 자전거 한 대당 15달러에 사전예약권이 생기는 소울 얼리Soul Early 기능을 사기도 한다. 스튜디오 공간도 호화로운 느낌을 물씬 풍긴다. 새하얀 벽에 생화로 둘러싸인 공간은 운동하는 곳보다는 고급 부티크나 스파처럼 보인다.

그러나 소울사이클 브랜드는 포용성을 빼고 설명할 수 없다. 회원은 어느 지역 어느 지점에 가든 늘 환영받는다. 소울사이클에 들어서면 프런트 데스크에는 직원이 충분히 많이 앉아 있고, 직원들은 친절하게 단골에게는 이름을 부르며 인사하고 새로운 고객이면 수업 준비를 도와준다. 철학적으로 소울사이클은 엄청 탄탄하거나 엄청 날씬한 사람만을 위한 곳이 아니다. 웹사이트에도 설명하듯이 '모든 영혼soul을 끌어안는' 곳이다. 강사들은 매번 수업을 시작할 때 신규 회원을 환영하고 시간이 지날수록 쉬워진다고 격려해준다. 게다가 칼로리를 태우는 것보다 개인의 변화와 인간의 잠재력을 이야기하는 데 주력한다. 강사들은 늘 회원들에게 아무 데도 갈 수 없는 자전거를 탔으니 이 시간을 즐기라고 독려한다. 보통의 상식에 비추면 럭셔리와 포용성은 공존할 수도 없고, 공존해서도 안 된다고 생각할 수 있다. 하지만 열혈 회원들은 전혀 상관하지 않는 듯하다. 오늘날 소비자들은 뭔가 특별한 집단에 든 기분을 느끼고 싶어 하지만, 그곳에서 푸근하게 환영받고 싶어 하기도 한다. "나를 회원으로 받아들이려는 클럽에는 가입하고 싶지 않군(재치 있는 언변으로 유명하던 코미디언 영화배우 줄리어스 헨리 마르크스의 말-옮긴이)"의 시절은 이제 지나갔다. 럭셔리의 개념도 변해 과거의 노골적인 우월의식과 배타적인 고급스러움을 버리고 좋은 경험의 가치를 최고로 치게 되었다. 소울사이클의 비싼 수업료를 감당할 수 있는 사람들은 다른 곳과 차별화되는 가치 있는 느낌과 경험을 얻을 수 있다고 여기기에 그 돈을 낸다. 바로 자신감과 자긍심이다.

둘째, 진지함과 강인함이다. 소울사이클은 브랜드 철학을 너무나 진지하게 내보여서 외부인에게는 독단적으로 보일 수 있다. 이 브랜드는 스스로 '성역', '어떤 일을 겪고 있든, 페달을 밟아 이겨낼 수 있는 안전한 곳'이라고 설명한다. 운동 스튜디오에는 벽마다 주문처럼 생긴 구호가 붙어있고 주로 "들숨에 의도를, 날숨에 기대를(we inhale intention and exhale expectation, 요가와 명상에서 흔히 활용하는 개념으로, 내부에서 자신의 힘으로 선택하는 능동적인 '의도intention'와 외부의 영향을 받는 수동적인 '기대expectation'는 대조되는 개념. '의도'할 때 자기 삶을 스스로 개척하고 자유로워진다고 가르침-옮긴이)." 같은 내용이다. 스튜디오에는 촛불을 밝혔고 강사들은 수업이 끝날 때 모두와 하이파이브를 하기도 한다. 소울사이클이라는 이름도 보통 격렬한 운동 프로그램이 연상되지는 않는 영성과 정신성을 담은 느낌이다. 하지만 소울사이클은 매우 강인하고 당당한 특성도 있어 지나친 '쿰바야(kumbaya, 흑인 영가 제목이지만 일상에서는 과도한 화합과 조화, 긍정 분위기를 냉소적으로 빗대는 말-옮긴이)' 분위기에는 빠지지 않는다. 스튜디오에서는 강렬한 음악이 폭발하듯 울리고, 가장 실력 있는 회원들은 앞줄 자전거를 차지하기 위해 경쟁하고 신규 회원들은 뒤쪽 자전거에 앉으라는 권유를 받는다. 심지어 〈뉴욕타임스〉는 2015년 앞줄 자전거의 대단한 지위를 다루는 기사를 싣기도 했고, 소울사이클은 '앞줄'이라고 인쇄된 탱크탑도 판매한다. 브랜드의 공식 로고는 노란색 자전거 바퀴 모양이지만 장비 대부분에는 해적 표시가 새겨있다. 해적 표시는 보조 심벌로서 반항적인 록 가수 분위기를 풍긴다. 이 같은 부드러움과 단단함, 응원과 경쟁의 조합은 소울사이클만의 독특한 특징으로서, 이런 긴장감 덕택에 다른 곳에서는 흉내 내기 힘든 경험이 만들어진다.

비단 겉면만의 특징이 아니다. 모든 구호와 해적 표시는 피트니스의 여러 가지 장르를 배합한 소울사이클의 독특한 운동방식을 상징한다. 수업에서 회원들은 구체적인 지시에 따라서 몸을 움직이기보다 각각 음악에 맞춰 움직이며, 그러다 보면 어느새 사이클링보다 춤에 가까워 보이는 율동적이고 몰입성 강한 동작이 연출된다. 다른 사이클링 스튜디오와 달리 누가 누구를 앞질렀는지 보여주는 공개 순위 판은 없다. 하지만 강사들은 회원들에게 자신을 더 몰아붙이라고, 더 높은 목표에 도전하라고, 안주하지 말라고 끊임없이 주문한다. 강사들은 방 안을 돌아다니며 칭찬과 격려를 아끼지 않는다. 전체적으로는 긍정과 응원의 분위기이지만, 이를 악물 만큼 고된 운동을 소화한다는 배경이 있다. 왜냐하면, 분명히 말해두지만, 소울사이클은 매우, 매우 힘들기 때문이다. 벽에 붙은 기분 좋은 문구에 현혹되어 운동까지 쉬울 거라는 착각에 빠져서는 안 된다. 운동이 그만큼 어렵고, 그래서 그만큼 효과가 뛰어나기 때문에 소울사이클의 가르침이 서툴거나 유치하게 느껴지지 않는 것이다. 회원들은 평생 가장 어려운 운동 수업에서 미친 듯이 땀을 흘리며 자신의 정신적인 면을 돌아볼 수 있다. 하지만 이런 대비가 모순처럼 느껴지지 않고 오히려 현대적인 자아실현 개념과 일맥상통한다.

오늘날 사람들은 생각과 몸, 그리고 영혼 중에 하나만 고르는 대신 모두 돌보고 싶어 한다. 서양 문화에서는 생소하지만 동양 철학에서 이야기하는 세 가지 사이의 연결성을 알아보기 때문이다. 과거 1980년대 에어로빅 수업에는 나를 찾아가는 정신적인 여정 부분은 없었다. 하지만 점차 사람들이 운동할 때 흘리는 땀뿐 아니라 그 이상을 원하자 소울사이클은 이 요구에 부응했고, 그 결과 원피스 치수를 한 단계 낮춰주는 것에 그치지 않는 몸과 마음의 통합적인 변화를 돕는다. 브랜드가 다양한 면모를 드러낼수록, 사실상 고객의 다양한 면과 소통하는 것이다. 사람들에게 다양한 면을 지니고 자신의 모순을 따뜻하게 받아들여도 된다는 위로를 건네는 행위다. '친절은 쿨하다(소울사이클 예절)'고 믿으면서도 경쟁심 넘치는 체육인이 될 수 있는 것처럼. 사람들은 자신을 평면적인 존재로 생각하지 않으니 좋아하는 브랜드도 평면적이지 않기를 바란다.

그러나 브랜드가 어조나 분위기에서는 마음껏 긴장감을 조성해도 되지만, 브랜드의 가치관에서는 한 치의 모순도 허용해서는 안 된다. 누구든 파티에서는 마음껏 놀고 진지한 대화에서는 사려 깊은 모습을 보이는 친구는 환영하겠지만, 열혈 환경 보호주의자라고 주장하면서 재활용 분리수거는 하지 않는 친구에게는 호감을 덜 느낄 것이다. 2019년 여름 소울사이클과 모기업인 럭셔리 피트니스 클럽 브랜드 에쿼녹스Equinox는 논란에 휩싸이며 항의시위에 시달려야 했다. 소유주이자 회장인 억만장자 스티븐 로스Stephen Ross가 트럼프 대통령을 후원하기 위해 참석자당 10만 달러씩 내는 모금행사를 열었다는 사실이 알려졌기 때문이다. 소울사이클 고객 대다수에게는 트럼프 대통령과 어떤 식으로든 결부된다는 건 브랜드가 내세우는 가치, 그리고 대상 고객의 가치관에 정면으로 어긋나는 일이었다. 에쿼녹스와 소울사이클 둘 다 포용성과 다양성, 열린 시각을 지지한다고 주장해왔는데 일반적으로 트럼프 대통령 하면 떠오르는 특성은 아니었다. 유명인들과 활동가들은 불매운동을 일으켰고, 그해 여름 소울사이클의 고객 수는 눈에 띄게 줄었다.

가치관에 뿌리를 둔 브랜드에는 이런 위험성이 있다. 그 가치를 실천하지 않는 모습이 눈곱만큼이라도 알려지면 사람들은 배신감을 느낀다. 물론 돈이 어디서 오는지 캐다 보면 오히려 털어서 먼지 안 나는 브랜드를 찾는 게 훨씬 더 어려울 정도이다. 하지만 소울사이클 사건에서 알 수 있듯이 사람들은 주의 깊게 지켜보고 있으며, 자신이 선택하는 브랜드의 언행이 일치한다고 믿고 싶어 한다. 브랜드의 개성을 보여줄 때는 사람들의 기대감을 들었다 놨다 하는 전략이 훌륭하지만, 브랜드의 핵심 정체성에서는 아니다. 긴장감과 유연성을 위선과 혼동해서는 안 된다.

통제의 끈을 늦추기

Q. 브랜드를 만들 때 일관성이 가장 중요하다고 배워왔는데. 뭐가 달라진 거지?

브랜딩의 중심축이 유연성 또는 '신축성'으로 기울어온 과정을 추적해가다 보면 미디어 지형이 어떻게 진화해왔는지, 그에 따라 우리 삶에서 마케팅의 역할이 어떻게 달라졌는지 알아봐야 한다. 독자 여러분이 아는 것처럼, 아니면 역사 교과서에서 읽었듯이, 과거에는 텔레비전을 시청하는 대가로 광고도 시청했다. 텔레비전 광고는 당연한, 누구나 견뎌야 하는 방해꾼이었고, DVR이 개발되기 전에는 보는 것 말고 달리 방법이 없었다. 그 시절은 광고를 피하기 어렵기도 했지만, 광고 보기와 콘텐츠 즐기기도 뚜렷하게 구별되던 때였다. 프로그램 속 간접광고product placement를 제외하면 프로그램 '중간광고시간'이 있었다. 오늘날에도 여전히 우리는 광고비 덕분에 각종 콘텐츠를 즐길 수 있다. 광고가 없다면 우리는 친구들의 아기 사진, 휴가 사진, 이상한 다이어트 사진을 즐길 시간이 없었을 것이다. 하지만 이제는 '중간 광고시간'이 없다. 사실상 광고시간이 따로 존재하지 않는다. 소셜미디어에서는 유료 광고를 통해서든 아니면 신기하게도 사람들이 알아서 찾아보고 참여하는 소유 콘텐츠owned content와 협찬 콘텐츠sponsored content를 통해서든, 브랜드가 온갖 다른 콘텐츠와 뒤섞여 있다. 누구나 광고 '당하는' 기분은 싫어하지만, 한편으로는 좋아하는 브랜드의 소식은 일부러 더 들으려 한다. 그러니 브랜드는 이 기회에 사람들이 실제로 보고 싶어 할 만한 콘텐츠를 만들면 된다. 지금처럼 선택의 여지가 많은 시대에 사람들의 주의집중력은 일종의 선물이며, 브랜드는 그만한 가치를 되돌려주어 그 호의에 보답해야 한다. 소셜미디어를 가장 효과적으로 활용하는 브랜드는 융통성 없는 일관성을 고집하기보다 소셜미디어 특유의 미적 취향과 언어를 자연스럽게 자기 것으로 만드는 브랜드이다. 고도로 세련되고 엄선한 게 뻔한 전략은 브랜드의 웹사이트에는 잘 어울릴지 모르지만, 인스타그램 사용자들이 원할 만한 내용은 아니다. 그런 내용이라면 친구도, 인플루언서도, 브랜드도 사절이다.

사람들이 좋아하는 브랜드와 소셜미디어에서 소통하는 이유는 더 새롭고 친밀한 소통이 가능한 곳이기 때문이다. 오늘날은 브랜드가 반지르르한 마케팅으로 시선을 끌어서가 아니라 대화 거리가 됨으로써 성공한다. 그리고 갈수록 점점, 대화에 참여하기 위해서는 불완전함을 겸허히 인정하고 브랜드와 고객의 조금 다른 면, 더 진실한 면을 드러내야만 가능하다. 물론 브랜드가 인스타그램 계정에 올릴 이미지를 고를 때는 당연히 웹사이트에 올릴 사진만큼 주의를 기울인다. 하지만 역사상 처음으로, 브랜드는 '실제 사람들'을 등장시키고 더 친근하고 소박한 미적 감각을 동원해 효과를 볼 수 있게 되었다.

처음부터 이랬던 건 아니다. 내가 2000년대 초반 전통적인 광고업계에서 일할 때는 포커스그룹 조사를 진행하는 동안 사람들이 "나와 더 비슷해보이는" 광고모델, "더 현실적인" 모델이 나왔으면 좋겠다고 할 때마다 옆방(보통 한쪽 방에서 조사를 진행하는 동안 옆방에서 한쪽은 거울이고 반대쪽은 유리창인 단방향 투과성 거울을 통해 인터뷰 현장을 관찰할 수 있음-옮긴이)에서 팀 동료들과 냉소 섞인 한숨을 내뱉곤 했다. 그러시겠지, 말은 꼭 저렇게 하더라(라고 생각했다). 하지만 항상, 늘, 어김없이, 가장 효과가 좋은 건 비현실적으로 아름답고 말도 안 되게 깡마른 광고모델이 출연한 광고캠페인이었다. 2005년 무렵 '사용자 제작 콘텐츠user-generated content, UGC, UCC'가 처음 인기를 끌 때도 우리 광고장이들은 비슷하게 회의적이었다. 많은 브랜드가 UCC를 소비자 참여뿐 아니라 무료 콘텐츠를 잔뜩 제작할 기회라고 생각했다. 〈타임〉은 2006년 올해의 인물로 "당신You"를 지명하기도 했다. 하지만 대부분의 UCC는 품질이 형편없었고, 이처럼 조악하게 찍고 조악하게 편집한 '현실 사람'의 이미지들은 브랜드 웹사이트에 별로 어울리지 않았다. 그저 지저분해 보이기만 하고 뭔가를 갖고 싶거나 친밀감이 일어나지는 않았다.

그러나 지금은 상황이 완전히 달라졌다. 지금은 누구나 사진작가이고 누구나 모델이다. 보통 사람이 하루아침에 인플루언서가 될 수 있고, 유명인도 거울 앞에서 여드름 짜는 사진을 올린다. 우리가 일상에서 보는 콘텐츠 대부분은 '사용자 제작'되었고, 사용자 제작 콘텐츠의 미적 스타일은 카메라가 좋아지면서 개선되었을 뿐 아니라 이제는 표준이 되었다. 마침내 과거 UCC의 장밋빛 약속이 실현되고 있다. 그렇다고 해서 모든 브랜드가 전문 사진 촬영에는 투자하지 않고 사람들의 셀카 사진에만 의존하면 된다는 이야기는 아니다. 다시 강조하지만, 맥락에 맞춰 센스 있게 등장해야 한다는 뜻이다. 웹사이트나 대형 옥외 광고판에 적합한 전략이 인스타그램에도 항상 효과를 발휘하지는 않을 것이며, 그 반대도 마찬가지다.

소셜미디어에서 실제 사용자 제작 콘텐츠를 잘 활용하는, 아니면 최소한 비슷한 느낌을 살리는 브랜드는 어디나 똑같은 전략을 취하는 브랜드보다 소셜미디어 활용 능력이 뛰어나다. 대외 이미지를 지나치게 다듬고 걸러내는 브랜드가 올리는 소셜미디어 콘텐츠는 사람들이 쭉 스크롤해 내려갈 때 딱 광고처럼 보이며, 안타깝게도 타깃 고객과 더 소탈하고 친밀하게 소통할 기회를 날려버리고 만다. 물론 사용자 제작 콘텐츠를 브랜드 스토리에 활용하기 위해서는 통제의 고삐를 조금 내려놓아야 한다. 사람들을 브랜드 세계의 일원으로 초대하는 순간 완벽한 일관성은 포기해야 한다. 사람들이 어떤 내용을 올릴지, 브랜드를 자기 개성에 맞게 어떻게 손을 댈지 일일이 관리할 수 없다. 하지만 잃는 것보다 얻는 것이 훨씬 더 많다.

브랜드가 항상 완벽해야 한다는 욕심을 버리면 고객의 접근성과 주도성을 높일 수 있으니 타깃 고객과 더 가까워질 기회가 훨씬 많아진다. 이런 전략을 잘 활용한 기업으로는 운동복 브랜드 아웃도어보이시즈Outdoor Voices가 있다. 아웃도어보이시즈는 타일러 헤이니Tyler Haney가 2013년 창업했다. 헤이니는 처음부터 전문 선수용이 아닌 일상 활동에 적합한 운동복을 만들고자 했다. 브랜드의 대표적인 스타일은 경쟁자들의 첨단기술을 자랑하는 고도로 남성스러운 스타일에 비해 훨씬 부드럽고 편안해 보이지만, 성능은 뒤지지 않는다. 아웃도어보이시즈는 한눈에 알아보기 쉽고 인스타그램 친화적인 컬러블록 레깅스로 금세 인기를 끌어 초기부터 제이크루J.Crew 구매담당자의 눈에 들었고, 결국 제이크루와의 컬래버레이션으로 언론의 긍정적인 평가를 한몸에 받았다. 그때부터 이 회사는 자체 오프라인 상점뿐 아니라 온라인에서도 꾸준히 성장했다.

아웃도어보이시즈의 웹사이트에는 여러 가지 체형의 사람들이 등장한다. 전체적으로 무척 매력적이면서 비교적 다양한 모습을 한 사람들이 우리가 한 번쯤 꿈꿀만한 체육활동, 이를테면 사막에서의 조깅 등을 즐기는 분위기이다. 하지만 브랜드가 제대로 빛을 발휘하는 곳은 인스타그램이다. 아웃도어보이시즈는 해시태그 #doingthings(이것저것 하기, 브랜드 구호인 "이것저것 하는 게 하지 않는 것보다 낫다"의 줄임말)를 내세우는데 사용자 체형, 운동 실력도 다양한 사람들이 재미있게 몸을 움직이는 모습이 차고 넘친다. 이 브랜드도 아직 완벽하게 다듬어진 몸매도 어느 정도 올리긴 하지만, 그에 준하게 보통 사람들이 일상에서 보통의 운동을 하는 모습도 실어 균형을 유지했고, 포스트에는 "모델 선정 탁월하네요!", "다양한 나이와 체형의 모델들 보기 좋네요!", "역시 남다름!" 같은 댓글이 달린다.

이런 이미지 중 다수는 아웃도어보이시즈에서 무료로 옷을 받고 포스팅하는 이른바 '브랜드 앰배서더'가 제작한다. 한 가지 짚고 넘어갈 사실은 이 브랜드가 실제로 제품 치수는 다양하게 갖추지 않았으면서 사진에만 플러스 사이즈 모델이 등장해 부정적인 평가도 받았다는 것이다(2019년 기준으로 '추진 중'이라고 했다). 그러나 대부분은 긍정적인 댓글로서 포스트에 올라온 사람들에게, 그리고 브랜드에게 박수를 보내는 내용이다.

또 아웃도어보이시즈는 광고모델의 셀룰라이트가 뚜렷하게 보이는 채로 광고를 내보냈고, 어마어마한 화제를 일으켰다. 업계 표준이라 할 수 있는 보정된 이미지 사이에서 이 광고는 확연히 눈에 띄었다. 이처럼 몸매가 멋진 여성이라 해도 현실의 여성은 이렇게 생겼다는 있는 그대로의 몸을 긍정하는 진정성 있는 이미지를 운동복 브랜드에서 내놓자, 브랜드의 팬과 언론은 열광하고 앞다투어 칭찬했다.

과거에는 운동 브랜드를 만들려면 다들 '동경의 대상이 되는'이라고 쓰고 '불가능한'이라고 읽는 몸매를 보여줘야 한다고 생각했다. 사람들에게 이런 것까지 할 수 있다는 꿈과 희망을 주기 위해서였다. 보통 사람들은 영롱한 식스팩 복근이나 완벽하게 매끈한 다리 근처에도 가보지 못하리라는 사실은 중요하지 않았다.

목표는 현실이 끼어들 틈은 요만큼도 없는 변함없이 완벽한 환상의 세계를 창조하는 것이었다. 하지만 이제 사람들은 브랜드에 그런 환상을 바라지 않는다. 아웃도어보이시즈가 당당하게 광고에 셀룰라이트를 올리자, 사람들은 신뢰와 존중으로 응답했다. 포토샵으로 보정한 모습이 아닌 타깃 고객의 실제 모습을 왜곡 없이 소개함으로써 오히려 고객을 존중했기 때문이다.

언뜻 보기에는 광고에 주름이나 흉터, 잡티 같은 결점이 등장하다니 의외일 수 있다. 소비자들은 수십 년 동안 극단적일 뿐 아니라 만화에 가까운 에어브러시 보정에 눈이 길들여졌기 때문이다. 하지만 여러 브랜드가 이런 고정관념을 흔들어 오히려 큰 성공을 거두고 있다. 오히려 이런 작은 결함과 불완전함이 있기에 브랜드가 더 매력 있다. 사람들은 이제 삶에서도 특정한 의미나 경계 안에 머물러야 한다고 느끼지 않기 때문에 브랜드에 대해서도 똑같이 생각한다. 심지어 아웃도어보이시즈라는 브랜드에게 붙는 애슬레저athleisure라는 분류부터 기존의 경계선이 흐려졌다는 증거이다. 창업자 헤이니는 애슬레저라는 말이 게으르거나 가짜 같은 느낌이 든다는 이유로 룰루레몬Lululemon의 창업자와 함께 공개적으로 거부감을 표시하기도 했다. 장비만 사고 운동은 하지 않는 사람을 위한 브랜드 같다는 것이다. 하지만 나는 그 개념이 좋다. 이제는 브랜드와 그 브랜드의 팬들이 남이 정해준 대로 하지 않아도 된다는 뜻이다. 당신은 당신대로 룰루레몬을 입고 핫요가 수업에 가고 나는 나대로 룰루레몬을 입고 브런치 약속에 가면 된다. 운동복이라고 해서 운동할 때만 입으라는 법은 없고, 운동 또한 선수 아니면 못 할 정도로 고강도일 필요도 없다. 누구든 제 속도대로 가면서 더 즐기면 된다.

예상을 뒤엎기

인간이라는 존재는 본래 복잡하고 다층적인 모순덩어리이며, 그들이 미치도록 빠지는 브랜드도 마찬가지다. 달리 설명하면 사람들은 알면 알수록 새로운 면이 있으니 브랜드도 마찬가지여야 한다. 지나치게 일관성만 추구하다가는 자칫 뻔해질 수 있다. 브랜드가 정해진 길만 가려 너무 애쓰면 신선함을 유지할 수도, 사람들을 계속 즐겁게 할 수도 없다. 지금은 비록 기억조차 어려울 만큼 가물가물하지만, 우버도 모두가 공공연히 미워하는 악의 제국이 되기 전 초기 시절에는 뛰어난 솜씨로 의외성과 긴장을 겹겹이 활용했다. 원래 우버의 첫 단계 브랜드 전략은 고급화된 경험이었다. 우버 로고는 금속 느낌의 은색 U자로서 만화책에 나오는 럭셔리 브랜드처럼 보였고, 차종도 프리미엄 타운카 또는 SUV뿐이었다. 좀 더 경제적인 우버엑스UberX와 우버풀UberPool을 출시하기 전이었다. 우버라는 이름까지도 과도하거나 우월하다는 뜻이다(독일어 über에서 유래한 구어 표현으로서 '엄청, 대단히'라는 뜻-옮긴이). 나도 처음으로 친구들 앞에서 우버를 호출했을 때를 잊을수 없다. 그때 캐딜락 에스컬레이드Escalade 한 대가 로어이스트사이드의 어느 술집 길모퉁이에 멈춰서자, 친구들은 내가 드디어고급 운전기사를 고용한 줄 알고 깜짝 놀랐다. 실제로 브랜드의슬로건도 원래 '모두의 개인 운전기사Everyone's Personal Driver'였다. 그때 우버의 경험은 더할 나위 없이 훌륭했지만, 브랜드는 지나치게 고고해 보이고 투자금융 종사자들이나 실리콘밸리 거물들을 위한 브랜드처럼 보일 위험도 있었다. 다행히 우버는 유머감각이 충만했다. 할로윈이 되자 우버 앱에 표시되는 차량 아이콘이 일제히 마녀가 타는 빗자루 모양으로 변했다. 2013년 전국고양이의 날에는 우버키튼즈UberKittens 프로그램을 시작해 우버차량마다 원하면 입양할 수도 있는 귀여운 새끼 고양이를 잔뜩실어 대도시 사무실마다 배달하기도 했다. 귀여운 새끼고양이랑놀 수 있게 데려와 주는 브랜드를 싫어하는 사람도 있을까?

　물론 우버는 세월이 흐르면서 창업자의 행실부터 기사를 대우하는 방식, 재난 상황에서 급등 가격을 다룬 방식까지 번번이 논란거리를 제공하며 점점 미워해야 마땅한 브랜드가 되어갔다. 소울사이클 사례에서도 알 수 있듯이 브랜드의 도덕성이 의심스러운 건 긴장감이라고 할 수 없으며, 기업의 행실이 계속 형편없으면 아무리 영리하게 군다 해도 비난을 면할 수 없다. 우버의 내부 운영방침이 알려진 뒤 소비자의 반응을 보면 브랜드의 목적의식은 안에서 시작해야 한다는 사실을 재확인할 수 있다.

그러나 스캔들 행렬이 이어지기 전 시절에는 우버가 이런 별난 행동 덕택에 어깨에 너무 힘을 준다는 인상은 면할 수 있었다. 기술 중심의 프리미엄 브랜드인데 '어라, 재미있네!' 같은 느낌이었다. 유머는, 특히 전혀 예상하지 못하다가 '빵 터질' 때는 브랜드의 인간적인 매력을 보여주고 친밀한 느낌을 주는 데 효과적이다. 또 진지한 주제를 다룰 때 경쾌한 분위기로 무게를 조금 덜어내면 효과가 더욱 커진다. 레드앤틀러가 남성 탈모 치료 브랜드 킵스의 웹사이트를 구축할 때 메뉴 중에 '탈모학 개론'을 꼭 포함해야 한다고 생각했다. 워낙 잘못된 정보와 거짓 효능이 판치는 업계였기 때문에 탈모의 원인이 무엇인지, 실제로 효과 있는 치료법이 무엇인지 정확히 알리는 것도 킵스의 중요한 사명이었다. 하지만 잘 해봐야 무미건조하고 최악의 경우 우울한 분위기로 흐를 수 있는 메뉴였다. 남성들이 이미 머리털이 빠지는 것 때문에 불안한데 불난 데 기름을 붓고 싶지 않았다. 그래서 우리는 문제점과 원인, 치료방법을 개괄적으로 설명한 후 페이지 제일 끝부분에 그림을 곁들여 '탈모를 일으키지 않는 것들' 목록을 덧붙였다. 내용 중에는 모자("그 페도라는 안 그래도 위험하겠지만요"), 자위 행위("소신껏 하세요"), 선천적인 남성호르몬 과다("아유 어쩌나, 남성 미가 넘쳐서 탈이라고 생각하고 싶은 맘 알아요") 같은 항목도 있다. 이 부분은 페이지를 한참 아래로 내려야 읽을 수 있어, 시간을 들여 충분히 조사한 사람들에게 주는 작은 선물이다. 또 브랜드와 타 깃 고객 사이에 좀 더 친근한 관계를 조성한다. 어느 정도 안심하 고 마음이 편해지도록 '물론 머리가 빠지면 스트레스를 받죠. 하 지만 함께 웃어넘겨요. 그리고 우리가 도와줄게요'라는 말을 건 네는 수단이다.

최근에는 전통적으로 금기시되었던 주제를 재치 있게 다루는 브랜드가 쏟아져 나왔고, 이들 브랜드는 솔직담백한 분위기로 사 람들을 기쁘게 하는 동시에 사회적 편견을 무너뜨리고 새로 대화 의 물꼬를 터왔다. 탈모와 발기부전 치료제뿐 아니라 미용 및 개 인 위생용품까지 판매하는 남성 웰니스 브랜드 힘즈Hims는 비아 그라 제네릭 약품(신약의 특허 기간 만료 후 같은 성분, 다른 제조법으 로 만드는 약-옮긴이)을 광고할 때 깜찍하고 시건방진 캠페인을 펼 쳐 큰 화제를 낳았다. 캠페인에서는 선인장류와 바나나 외에도 길쭉한 물건을 상징으로 두 가지 형태, 즉 당당하게 똑바로 서 있 는 모양과 푹 수그린 모습을 대비시켰다. 어떤 모습인지 상상이 갈 것이다. 안 간다면, 할 수 없다. 거기까지가 내 최선이다(이건 전체관람가 책이란 말이다!). 힘즈의 발기부전 광고는 과거 은발의 신사가 촛불이 은은히 빛나는 식탁 건너편의 부인에게 은근한 미소를 보내는 모습을 그리던 TV 광고와는 전혀 다른 모습이다. 힘즈는 재치와 세련된 디자인을 활용해 주 타깃층인 젊은 남성들에게 더 생생하게 와닿는 브랜드를 만들 수 있었다.

대담하고 세련된 전략으로 금기에 도전한 또 다른 브랜드로 띵스Thinx가 있다. 이 브랜드는 2013년 킥스타터 캠페인에서 성공을 거두고 창업한 뒤 주력 제품 '안심 생리 팬티'에 집중하고 있다. 제품은 일반 팬티처럼 생겼지만, 흡수성이 뛰어난 천으로 만들어 탐폰이나 패드 같은 생리용품을 완전히 대체하거나 보완할 수 있다(한 장이 탐폰 2개 용량을 흡수한다). 세탁 후 재사용할 수 있어 일회용 생리용품보다 훨씬 지속가능성이 큰 제품인 데다 탐폰 같은 제품(적어도 유기농 아닌 제품)의 안전성에 대한 걱정도 해결해준다. 이 분야야말로 수십 년 동안 큰 변화라고는 거의 찾아볼 수 없었던 산업이었다. 탐팩스, 플레이텍스, 코텍스 등 대형 브랜드들이 꾸준하되 미미하게 착용감이나 흡수성 등을 개선해왔지만, 관심이 늘고 있다 해도 아직은 틈새시장에 불과한 '생리컵'을 제외하면 여성이 생리 벨트에서 해방된 뒤 그리 대단한 변화는 없었다.

띵스가 이룬 혁신은 너무 대단하고 너무 새로워서 소비자도 믿기 어려울 정도였다. 우선 이렇게 일반 팬티와 똑같이 생겼는데 액체를 그렇게 많이 흡수할 수 있는지에 대한 회의적인 시선 외에도, 타당하든 아니든 '불편함'을 극복해야 했다. 그래서 무엇을 하든 영향력이 커야 했고, 사람들이 대화거리로 삼아야 한다는 뜻이었다. 그래서 2015년에는 뉴욕시 지하철, 보통 MTA라고 알려진 메트로폴리탄 교통국 산하에 광고 캠페인을 추진했다. 광고는 아름답게 촬영된 사진에 품격 있고 절제된 디자인을 적용했고, 알다시피 과일 이미지는 생식기를 표현할 때 흔히 사용되니까 띵스를 착용한 여성 이미지를 자몽이나 날달걀이 흐르는 모습 등과 나란히 배치해 "생리하는 여성을 위한 팬티Underwear for Women with Periods"라는 제목을 달았다. 내용만으로도 누구든 어떤 식으로든 진정성 있게 다룬 적이 거의 없는 주제를 대담하고 직설적으로 다룬 광고 캠페인이었다.

하지만 이 광고가 유독 돋보인 이유는 캠페인 운영을 둘러싼 논란 때문이었다. 띵스의 발표에 따르면 MTA는 협력사인 아웃프런트 미디어Out-front Media를 통해 광고 주제에 이의를 제기했고, **생리**라는 단어의 사용뿐 아니라 일부 이미지도 지나치게 암시적이라는 이유로 사용을 제한하려 했다. 캠페인을 올리기 전부터, 심지어 MTA 이사회의 공식 심사를 받으러 제출하기 전부터 띵스는 이 다툼을 공개해버렸고, 여러 언론에 입장을 발표하고 아웃프런트 미디어와 주고받은 이메일에서 민감한 정보만 삭제한 전문을 브랜드 페이스북 페이지에 공개했다. 띵스는 장애물이 될뻔한 사건을 오히려 기회로 삼아 몇몇 주제에 대한 일반의 반응이 얼마나 위선적인지 드러내고 MTA가 유방확대술 광고나 맨살을 거의 다 드러낸 여성이 등장하는 광고는 자주 올린다는 정보도 덧붙였다. 띵스는 광고에 보이는 이런 반응이 오로지 생리라는 주제를 불편하게 여기는 시선 때문이며 생리는 삶의 자연스러운 부분이자 건강과 보건에서 중요한 주제라고 주장했다. 이 사건으로 소셜미디어가 뜨겁게 달아오르자 띵스는 광고 캠페인을 수정 없이 진행할 수 있었고, 띵스는 여성을 가로막는 장벽을 허물기 위해 애쓰는 대변자로서 자리 잡았다. 그다음 해에는 트랜스젠더 모델 소여 드부스트Sawyer DeVuyst가 띵스의 보이쇼츠 제품을 입은 광고를 내보냈다. 이번에도 생리용품 브랜드로서 최초로 트랜스 남성을 모델로 내세우고 편견과 낙인찍기를 뿌리 뽑으려는 노력이었다. 2019년에는 처음으로 전국적으로 TV 광고를 내보냈다. 광고기획사 BBDO가 제작한 이 영상에는 생리에 관해 흔히 겪는 상황에 시스젠더(생물학적 성과 성 정체성이 일치하는 사람으로 트랜스젠더와 대비-옮긴이) 남성과 남자아이들이 등장한다. 남자아이가 아버지에게 다가가 생리를 시작한 것 같다고 말하는 장면, 한 남성이 침대 시트에 난 핏자국을 발견하는 장면

등이다. 광고 마무리에는 이런 문구가 나온다. "누구나 했다면 우리 모두 좀 더 편하게 생각할지도 모릅니다." 띵스의 주장을 뒷받침해주듯, 몇몇 방송사는 내용을 너무 불편해해 결국 핏자국 장면이나 탐폰 줄이 보이는 장면을 삭제한 영상을 추가로 제작해야 할 정도였다.

　이러한 띵스의 사명감은 광고 캠페인 하나로 시작하거나 끝나지 않는다. 이 회사는 여러 가지 사회 환원 프로그램을 운영하며, 청소년이 직접 운영하는 비영리단체 피리어드PERIOD와 협업해 미국 학생들에게 생리용품을 무료로 제공하거나 에브리바디(EveryBody, '모든 이'와 '모든 몸'의 이중 의미-옮긴이) 사춘기 교육 프로그램을 운영하고, 여러 차례에 걸쳐 전 세계에 생리용품과 관련 지원을 확대 제공하고 있다. 웹사이트에는 '피리어디컬(Periodical, 생리period와 정기간행물periodical의 합성어-옮긴이)'이라는 제목의 교육 메뉴가 있어 여성의 건강과 생리 외에도 대중문화부터 페미니즘까지 여러 주제의 기사를 다룬다.

　그러나 띵스도 2017년에는 창업자이자 CEO 미키 아그라왈 Miki Agrawal이 직장 내 성희롱과 부적절한 행동으로 기소되면서 논란에 휩싸였다. 아그라왈은 사임했고 마리아 몰랜드 셀비Maria Molland Selby가 새로운 CEO로 취임했다. 셀비와 경영진은 사내 교육과 인사정책을 바꾸고 기업문화를 다시 회복시키기 위해 노력했다. 여성의 힘을 강화한다는 긍정적인 평판을 쌓아오고 탁월한 소통과 실천을 보여온 기업의 창업자가 그런 일로 비난을 받았다는 소식이 무척 실망스러웠다. 하지만 띵스의 전체 경영진은 빠르고 단호하게 대응했다. 2019년 셸비는 브랜드를 전 세계로 확대할 기회를 찾고 있었고, 그해 9월 킴벌리클라크가 띵스에 2,500만 달러를 투자했다. 지금은 새로운 경쟁자들이 출현하고 띵스가 끝까지 성공할지는 아직 알 수 없지만, 이 브랜드가 생리를 주제로 더 정직하고 현실적인 논의를 시작하는 데 크게 이바지한 것만은 틀림없다. 띵스의 자몽은 상징적인 이미지가 되었고 지하철 캠페인은 지금도 뉴욕 사람들이 가장 사랑한 광고 캠페인 중 하나이다. 실제로 힘즈의 선인장 캠페인이 MTA에서 아무런 제재를 받지 않고 쉽게 개시되자, 사람들은 띵스가 그저 생리를 솔직담백하게 이야기하려는 것만으로 힘겨운 싸움을 겪었던 일을 떠올리며 MTA를 다시 한번 호되게 비난했다.

로고에 대한 착각

선인장부터 자몽까지 힘즈와 띵스 모두 상징을 영리하게 활용해 금기시되었던 주제를 신선할 만큼 솔직하게 다뤘다. 띵스의 경우 자몽을 인스타그램 아이콘으로 쓰며, 일관성의 신화에 대해 생각할 거리를 안긴다. 브랜드가 눈에 띌 수 있는 장소도 방법도 이처럼 다양한 요즘, 로고가 지배하던 시대는 끝났다. 띵스의 로고는 깔끔하고 우아한 세리프체(획의 끝부분이 살짝 돌출된 글씨체. 현재는 산세리프체 로고로 변경함-옮긴이) 워드마크이지만 자몽도 그에 못지않게 브랜드를 상징하는 심벌이다. 소울사이클도 워드마크와 노란색 자전거 바퀴 심벌이 있지만, 해적 표시로도 쉽게 알아볼 수 있다. 로고가 중요하지 않다는 이야기는 아니다. 로고는 당연히 브랜드의 정체성을 표현하는 핵심 요소이며, 잘 된 경우 브랜드의 존재 이유를 압축적으로 전달할 수 있다. 그렇지만 로고는 브랜딩의 여러 도구 중 하나일 뿐이며, 특히 디지털의 영역에서는 주변 맥락 없이 로고만 접하는 경우는 점점 드물어지고 있다. 일례로 인스타그램만 해도 브랜드의 이름 옆에는 항상 아이콘이 붙어있으니 띵스 같은 브랜드는 더 가볍고 자유롭게 표현할 여지가 생긴다. 우리 고객들이 "나만의 나이키 스우시swoosh 심벌"을 찾는데 너무 집착할 때면, 우리가 끼어들어 지금은 나이키 때와 전혀 다른 시대이고 요즘은 심벌 하나로 모든 것을 말하기보다 풍성하고 다양한 스토리텔링이 더 중요하다고 일깨워 줘야 한다. 브랜드는 로고만으로는 소비자와 친밀감을 쌓을 수 없다는 사실을 깨달아야 한다. 마스터카드가 로고에서 회사명을 없애고 두 개의 겹치는 원만 사용하겠다는 중대발표를 했을 때, 솔직히 내 반응은… '그러거나 말거나!'였다. 요즘 주변 맥락 없이 로고만 볼 경우가 어디 있다고 이름이 있는지 없는지 알아차리기나 하겠는가? 로고 변경은 마스터카드가 '카드'를 넘어서서 고객에게 다른 IT 솔루션과 서비스를 제공하겠다는 신호였다. 하지만 이 정도 인식의 전환은 행동과 경험을 통해 생기지, 새로운 로고 때문은 아니다. 로고는 전체 브랜딩 시스템 속 한 부분으로서 중요한 의미를 지니며, 우리 팀도 로고가 정확한 느낌과 개념을 표현하는지 확실해질 때까지 몇 주씩 공들여 개발한다. 그렇다 해도 퍼즐의 한 조각일 뿐이다. 종종 새로운 잠재고객이 찾아와 브랜드 이름과 로고가 있으니 "이미 브랜드는 있다"고 말하는 경우가 있는데, 그럴 때면 이들에게 로고가 브랜드는 아니며 오히려 브랜드를 나타낼 때 로고(와 슬로건)에만 과하게 의존하면 여지없이 일관성의 함정에 갇혀버리게 된다고 따로 교육해야 한다. 지하철에서도 패널마다 헤드라인 옆에 똑같은 로고를 도배해놓은 광고를 볼 때도 있는데, 사람들과 교감의 순간이 될 수도 있었던 기회를 저렇게 날려버리다니 안타까울 뿐이다. 로고가 반복되면 반드시 피해야 할 광고 같은 느낌을 준다. 하지만 자몽은 사람들이 새로 발견하고 소통할 거리를 제공한다. 대화를 열어주는 것이다.

현실은 그리 깔끔하지 않아

이미지부터 메시지, 전체 분위기까지, 요즘 브랜드들은 결점 하나 없이 완벽하게 다듬어진 모습이 이제는 공감을 얻기 어렵다는 현실을 직시함으로써 고객의 사랑을 얻는다. 사람들은 현실에 가깝고 공감이 가는 브랜드, 기업보다 인간 냄새가 나는 브랜드와 사랑에 빠진다. 어찌 보면 브랜드가 실수하더라도 그 자리에서 진심으로 겸손하게 실수를 바로잡는다면 용서받을 수도 있다는 뜻이다. 브랜드 정체성이 유연해지고 고객이 참여할 길이 열리면 통제하기는 더 어려워지지만, 좋은 일이다. 통제의 끈을 조금 늦추면 소비자들이 브랜드 스토리의 일부로 들어오기 때문이다. 브랜드가 자신이 만든 콘텐츠를 소개해주고 브랜드 스토리에 자신의 모습이 담기면 소비자도 더욱 관심이 높아진다. 고객 참여는 톱다운 식으로 브랜드가 소비자에게 하달하는 게 아니라 대화이며, 대화는 원래 예측이 안 된다. 적어도 풍성한 대화라면 말이다. 만약 브랜드가 뭐라고 말할지 정확히 안다면 구태여 귀 기울일 필요가 있을까? 브랜드가 덕심을 키우려면 타깃 고객을 끌어들여 이리저리 굴곡도 있고 때로는 길바닥에 갈라진 틈도 있는 완벽하지 않은 길을 함께 가야 한다.

8장

모든 건
사람으로부터

브랜드가 내부에서 시작해야 한다면,
시작점은 창업자들이다.
창업자가 타깃 고객 특성을 똑같이
지니지는 않았다 해도, 적어도 만들고자 하는
브랜드의 가치관과 분위기는 체화해야 한다. ▬

한 회사의 창업자로서 나는 자기 홍보를 불편해하는 마음을 극복하느라 늘 끙끙댔다. 나는 트위터도 안 하고 블로그도 운영하지 않으며, 내 목소리를 전면에 내세우는 것도 힘들어한다. 이 책을 쓸 때조차도 '나'나 '내' 같은 단어를 쓰는 게 영 불편해 익숙해지기까지 시간이 꽤 걸렸다. 보통은 내가 속한 레드앤틀러의 브랜드가 전면에 나서거나 우리 작업으로 평가받는 게 좋다. 하지만 지난 세월 동안 내 정체성이나 내 공동창업자들의 정체성과 우리가 창업한 회사의 정체성을 분리할 수 없다는 사실도 깨달았다. 우리가 최고의 고객들과 일하고 최고의 인재들을 뽑으려면 일단 앞에 나서야 한다. 아무리 민낯이 드러나는 것처럼 두려워도, 오히려 두려울수록 더 나서야 한다. 면접을 보러 온 지원자들이 우리 중 한 명이 출연하는 팟캐스트를 들었거나 기사를 읽고 오기도 하며, 이들이 듣거나 읽은 내용으로 우리가 어떤 회사인지 더 깊이 이해하기도 한다. 사람들은 회사를 움직이는 사람들이 누구인지 궁금해한다. 앞에 나서라는 조언은 우리 고객들에게도 늘 해주지만 나 자신도 항상 되새겨야 했다. 결국, 브랜드가 내부에서 시작해야 한다면 시작점은 창업자 자신일 것이다.

사람냄새가 나게 만드는 건 결국 사람

가만히 생각해보면 사람들이 특정 브랜드를 '사랑'한다고 이야기하다니 재미있다. 제품이라면 직접 만지고 느끼고 사용할 수 있으니 제품을 사랑한다면 몰라도 브랜드는 **추상적**인 개념이다. 그런데도 사람들이 분명 특정 브랜드에 기능적인 만족에 그치지 않는 유대감을 느끼는 건 사실이다. 마치 회사가 아닌 어떤 **사람**에 관해 이야기하는 것 같다. 이런 깊이 있는 관계야말로 대성공을 거둔 브랜드와 나머지를 나누는 결정적인 요인이다. 사람들이 이런 브랜드의 덕후가 되는 이유는 그저 제품이 자기 생활에 어떻게 어울리는지에 골몰해서가 아니다. 이런 브랜드를 사랑하는 마음이 **자기정체성**의 일부가 되기 때문이다. 이렇게 되는 건 오직 브랜드가 얼굴도 영혼도 없는 기업이 아닌, 성격과 의견과 감정이 있는 살아 숨 쉬는 존재처럼 느껴지기 때문이다. 즉, 더 **인간**적으로 느껴지기 때문이다.

브랜드가 더 인간적인 느낌을 주는 비결은⋯ 실제 인간을 내세

우는 것이다! 보통 성공한 브랜드 뒤에는 브랜드 스토리와 떼려야 뗄 수 없는 관계를 맺고 있는 창업자들이 있다. 창업자에게 공적인 페르소나가 있는 건 전혀 새로운 일이 아니다. 포드나 디즈니 같은 기업이 대표적이고 더 최근에 와서는 나이키의 필 나이트, 애플의 스티브 잡스, 스타벅스의 하워드 슐츠, 허핑턴포스트의 아리아나 허핑턴이 있다. 하지만 인터넷 시대에는 브랜드 스토리에서 창업자의 역할이 크게 바뀌었다. 오늘날 사랑받는 브랜드의 창업자들은 과거의 비범하고 수수께끼 같은 공적 페르소나를 취하기보다 우리 주변에 있을만한 사람의 모습을 띤다. 또 소비자들은 그들을 인간적으로 잘 알게 되고, 특히 소셜미디어의 엄청난 접근성 덕택에 시시콜콜한 것까지 보고 직접 연락까지 하니 그 브랜드를 더 깊숙이 들여다볼 수 있다. 브랜드를 만드는 사람이 누구인지 알고 친밀감을 느끼면 그 브랜드를 응원하고 지지하기 훨씬 쉬워진다. 창업자들이 회사를 왜 시작했는지 공개적으로 이야기하면 그 회사의 존재 이유를 명확하게 알 수 있다. '이런 필요성을 느끼고 문제를 해결하려 나선 사람이나 팀이 정말 있구나.' 이런 브랜드가 수백만 달러씩 투자를 유치한 다음에도 그 모든 것을 시작한 사람들을 계속 접할 수 있으니 브랜드는 계속 편안하고 친밀한 느낌을 유지할 수 있다.

우리 팀이 새로운 고객과 일을 시작하면 브랜드 스토리에서 창업자들이 어떤 역할을 할 것인지 반드시 논의한다. 창업자들이 모두 전면에 나서서 브랜드의 얼굴이 되고 싶어 하는 건 아니다. 다수는 '자신을 내세우고' 싶어 하지 않는다. 그러면 우리는 창업자가 나서는 건 자아도취가 아니라 접근성을 높이는 일이라고 설명한다. 제품 상자에 얼굴을 새길 필요는 없지만, 소비자들은 물건을 살 때 물건을 만든 사람이 누구인지 궁금해한다. 소비자들이 창업자를 신뢰하면 그 회사를 좋아하는 즐거움이 더 커진다. 또 누군가 지녔을 창업의 꿈을 키워주는 역할도 있다. 내가 했으니 당신도 할 수 있다는 메시지다.

창업자들의 이야기와 브랜드 스토리는 따로 떼어 생각하기 어려운 경우가 많다. 창업자들의 시각이 브랜드의 시각을 이끈다. 특히 창업한 이유가 지극히 사적이고 개인적인 경험에서 올 때는 창업자의 관점과 브랜드의 관점을 따로 떼어놓기 어렵다. 엄마가 이유식 회사를 창업하거나 의사가 새로운 헬스케어 회사를 시작하는 경우를 생각하면 된다. 창업자가 타깃 고객의 입장이 되어 봐서 고객의 요구를 훤히 꿰고 있다면, 또는 지각변동을 일으키러 나선 그 산업에 직접 종사한 적 있다면 소비자들이 더 공감하고 신뢰할 수 있다. 소비자들은 창업자들이 돈을 버는 것 외에 사업을 시작하는 이유에 더 쉽게 공감할 수 있으며, 더 기분 좋게 돈을 쓸 수 있다. 실제로 아무리 뜯어봐도 타깃 고객의 특성과 전혀 맞지 않는 창업자들과 일할 때는 우리도 무척 힘들었다. 그렇다고 모든 창업자가 대상 고객이어야 하는 건 아니다. 하지만 창업자와 창업의 사명에 소비자들이 공감할 수 있을 때는 분명 효과가 대단하다. 그래서인지 성공한 기업 뒤에는 지극히 사적인 이유로 사업을 시작한 사람들이 있는 경우가 매우 많다.

Q. 만약 내가 개인적인 연결고리가 전혀 없는 브랜드를 만들려 한다면? 그냥 브레인스토밍으로 사업 아이디어를 내고 싶다면?

우리와 일하고 싶어 하는 창업자들에게 가장 먼저 묻는 것 중 하나는 지금 하려는 사업을 시작하는 이유이다. 그리고 항상 개인적인 이유가 있는 창업자들과 일할 때 더 신바람 난다. "투자은행 일을 그만두고 싶었어요. 그래서 아이디어 회의를 통해 소비자 산업 중 가장 변화가 필요한 영역이 어딘지 분석해봤죠." 그렇다고 해서 브레인스토밍으로 사업 아이디어를 내면 절대로 성공하지 못한다는 이야기는 아니다. 하지만 아이디어가 뛰어난 데다 창업자들이 그 아이디어를 실현할 적임자이기까지 하다면 분명 유리하다. 적임자인 이유가 문제 많은 업계에서 오래 일했기 때문일 수도 있고, 사적인 경험에서 온 순간의 번뜩임일 수도 있다. 와비파커의 창업자 중 하나인 데이브 길보아Dave Gilboa는 창업 아이디어를 어떻게 얻게 되었는지 자주 이야기한다. 그는 고급 디자이너 브랜드 안경을 잃어버리고 난 뒤 비슷한 안경을 다시 사려면 700달러를 내야 한다는 사실에 경악했다. 새 아이폰을 사는데 썼던 돈보다 훨씬 큰 금액이었다. 그는 그때 처음으로 왜 안경이 지금만큼 비싸야만 하는지 의심하기 시작했고, 그 길로 안경 산업을 바꾸는 여정에 나서게 되었다. 사적인 경험이나 깨달음을 통해 사업 아이디어를 찾는 창업자들은 더 열정적일 수밖에 없으며, 그런 열정은 회사에서 일하는 사람들뿐 아니라 소비자에게도 퍼진다.

창업 스토리에서 시작하는 브랜드

우리가 함께 일한 창업자 중 너무나 많은 이들이 사적인 여정을 거쳐 사업을 시작하게 되었다. 플러스 사이즈 의류 브랜드 헤닝Henning의 창업자 로렌 챈Lauren Chan도 그중 한 명이다. 로렌은 우리가 출연한 팟캐스트를 듣고 연락해 함께 일할 수 있는지 물어왔다. 우리는 로렌이란 인물과 그녀의 이야기에 푹 빠졌다. 로렌은 캐나다 출신으로 포드모델Ford Models 소속 플러스 사이즈 모델로 일하면서 뉴욕에 왔고, 나중에는 〈글래머Glamour〉 잡지 패션 분야 편집자가 되어 플러스 사이즈 패션의 변화를 다뤘다.

플러스 사이즈 모델로서, 기자와 편집자로서, 그리고 무엇보다 소비자로서 한 경험을 통해 로렌은 플러스 사이즈 소비자들의 충족되지 못한 요구를 발견했다.

사회에서는 있는 그대로의 몸을 긍정하는 움직임이 힘을 얻기 시작했지만, 로렌은 여전히 자기 몸에 맞는 잘 만든 고급 여성복을 찾을 수 없었다. 미국 여성의 2/3가 옷 치수로 14를 넘어섰지만, 주류 브랜드는 계속 말로만 플러스 사이즈를 외칠 뿐 제품은 매우 제한적으로 출시해 대부분 나오자마자 품절되거나, 아니면 플러스 사이즈는 완전히 외면했다. 그러다 보니 로렌은 이런저런 옷을 어렵사리 조합해 빈티지 남성복 재킷을 수선하고 패스트 패션 옷과 적당히 맞춰 입어야만 했다. 로렌은 플러스 사이즈 여성이 고급소재로 만든 멋스러운 옷을 고를 수 없으면 성공에 장애가 된다고 믿는다. "저는 12부터 20까지 뭐든 입어야 했어요. 패션업계에서 일할 때 항상 어느 회의를 하러 가든 플러스 사이즈를 입는 유일한 사람이었고, 혼자만 소외된 느낌이었어요. 옷과 콘텐츠를 놓고 보면 우리를 대변해주는 게 전혀 없어요. 패션계 팀마다 다양성이 없었고, 제가 입을 수 있는 옷과 없는 옷을 보기만 해도 알 수 있었어요. 저와 함께 일하는 사람들은 매일 셀린 Céline, 드리스 반 노튼Dries Van Noten 같은 디자이너 브랜드를 입는데 혼자만 포에버21을 입는 거죠. 저한테 맞는 옷은 값싼 패스트 패션밖에 없었으니까요."

로렌에게는 이 문제가 옷을 맞춰 입기 힘든 정도를 넘어선 심
각한 문제였다. 여성이 무엇을 입는가는 삶에 너무나 큰 영향을
미친다고 여겼기 때문이다.

"우선은 디자이너 브랜드 원피스 무리 속에서 값싼 패스트 패
션을 걸쳤으니 왠지 위축되었고, 그게 태도에서도 드러났어요.
사람들도 저를 능력이 부족하고 세련되지 못하고 남들만큼 유능
하지 못한다고 여겼어요. **게다가** 패션 전문 기자이면서 한 번도
입어보지 못한 옷에 관한 기사를 써야 했지요. 저에게는 이중, 삼
중으로 불리했어요. 계속 생각했어요. 어느 시즌에고 누군가는
나서서 치수가 큰 여성을 위해 고급 옷을 만들어줄 거라고. 하지
만 그런 일은 없었죠."

로렌은 자신의 경험 외에도 〈글래머〉에서 일하는 동안 좋은
옷에 투자하고 싶지만 갈 곳이 없는 플러스 사이즈 여성을 수없
이 많이 접했다. 이들이 이용할 수 있는 옷은 대부분 값싸게 제작
된, 몸매를 가리는 헐렁한 원피스로, 상점 뒤쪽 구석에서나 찾을
수 있었다. 이 여성들은 패션의 재미와 패션계의 관심에서 소외
되었다. 그래서 로렌은 문제를 직접 해결하기로 마음먹고 직장을
나와 늘 꿈꾸던 브랜드를 만들었다. 고급 품질에, 타협은 허용하
지 않고, 플러스 사이즈 몸매에 꼭 맞춰 재단하고, 뉴욕의 공장에

서 미국 디자이너 브랜드 제품과 같이 재봉했다.

우리 팀은 로렌과 긴밀히 소통하며 브랜드 이름을 헤닝이라고 지었고, 전체적인 정체성은 강하고 두려움 없는 느낌으로 잡는 한편 각 제품을 얼마나 사려 깊고 꼼꼼하고 세련되게 만들었는지도 강조했다. 브랜드 전략은 '강인함을 입다wear your strength'로서, 헤닝을 입으면 세상에 무서울 게 없다는 선언이었다. 우리 팀이 담당한 브랜딩 부분이 끝났을 때 정식 출시일까지는 몇 개월이 남아있었고, 로렌은 첫 컬렉션의 디자인과 제작을 이어갔다. 일반적으로 우리는 고객에게 공식 출시일까지 브랜드를 비공개로 유지하라고 권한다. 업계 통념상 살 수 있는 제품이 생길 때까지는 브랜드를 '너무 탈탈 털리'지 않아야 한다. 사업이 처음 시작할 때 언론의 관심과 인기를 최대한 많이 끌어야 하기에 창업자들과 일할 때는 무엇을 하든 대망의 출시일에 초점을 맞춘다.

하지만 로렌은 출시까지의 여정에 타깃 고객을 참여시키겠다는 뜻이 확고했다. 그래서 헤닝 웹사이트를 공개하기 전에 소셜미디어와 언론 모두에 브랜드를 소개했고, 로렌의 직감은 적중했다. 로렌은 이때를 돌아보며 이렇게 말했다. "우리는 제품 출시 6개월 전에 소셜미디어랑 이메일 소통을 시작했어요. 다들 미쳤다고 했죠. 하지만 그때가 헤닝의 성장에 있어서 가장 중요한 6개월이 되었어요. 그 기간에 제 과거 독자 중 팔로워가 된 사람들과 소통할 수 있었고, 이들이 다시 고객이 되었죠. 우리가 나눌 수 있었던 대화가 헤닝의 혁신을 주도했어요. 진솔하고, 지적이고, 유익하고, 굉장히 구체적이었어요. 타깃 고객과 이렇게까지 개인적으로 교류할 수 있다니 정말 감사했어요. 그리고 사업 관점에서는 고객들이 구김 방지를 원하는지 신축성 있는 소재를 원하는지, 어떤 색을 좋아하는지 직접 물어볼 수 있었죠."

로렌이 출시를 준비하는 동안 헤닝의 인스타그램 계정에서는 소재 수급에서부터 명함 인쇄까지 브랜드의 모든 제작 현장을 생생히 중계했다. 로렌은 모델로 활동했을 때의 경험, 옷의 치수와 상관없이 성공한 여성들의 이야기, 소셜미디어와 포커스 그룹에서 수집한 실제 소비자의 반응을 적절히 섞어 소개했다. 헤닝을 창업함으로써 해결하려는 문제들을 "럭셔리는 내게 허용되지 않았던 세계다"와 "내가 값싼 옷을 입을 때 패션업계에서의 성공에도 타격을 입는다" 같은 글로 생생히 와닿게 표현했다. 로렌의 고객들은 다른 방법으로도 도움이 되었다. "첫 출시 직전에 사진 촬영 현장에서 문제가 발생했어요. 재킷의 소매구멍이 너무 높아 팔이 높이 달리고 겨드랑이 부분이 꽉 끼었던 거예요. 그 재킷을 5명 정도가 입어보고 나서야 문제를 인식했어요. 계획대로라면 그 주에 생산을 시작해야 했어요. 어찌할 바를 몰라 허둥지둥하다가, 이런 생각이 들었어요. 우리 고객 모두에게 소매구멍과 팔

꿈치 위쪽 치수를 보내달라고 하면 어떨까? 그런데 여성 수백 명이 치수를 보내줬어요. 제품 출시 전에, 판매 실적을 생각하기 전에 내 사람들과 소통하는 것, 열 일 제치고 그들이 겪는 문제를 알아보고 해결할 방법을 물어보는 일은 회사의 영원한 자산이 될 거예요. 이제는 혹시 실수하더라도 (언젠가는 하겠죠) 우리에게 공감하고 해결에 도움을 주려는 사람들이 있을 거예요. 고객들은 봇(bot, 자동 처리 프로그램-옮긴이)이 아니라 인간과 소통하고 있단 걸 확실히 느낄 거예요."

2019년 9월 드디어 첫 출시를 했을 때는 관심도 많고 참여도 적극적이었던 고객들이 출시를 손꼽아 기다리는 상태였다. 고객들은 헤닝이 정식으로 나오기 전부터 브랜드의 덕후가 되어있었고, 이런 높은 관심은 대부분 로렌이 끌어낸 것이었다. 우리는 헤닝 브랜드와 창업자 로렌의 관계에 대해 한참 이야기를 나눴다. 로렌은 자기의 역할을 어떻게 생각하는지 이야기했다. "처음에는 저를 내세우는 게 맞는지 망설였어요. 고작 인스타그램에 팔로워 몇 명 있다고 취미 삼아 하는 프로젝트처럼 보이고 싶지 않았거든요. 저는 수십억 달러짜리 사업을 일구고 싶어요. 그런데 소셜미디어에서 가장 결과가 좋은 건 전부 내 개인적인 이야기예요. 그건 셀카나 깜찍하게 찍고 인스타그램 댓글에 답해서가 아니라 플러스 사이즈를 제대로 이해하는, 플러스 사이즈 여성이 운영하는, 플러스 사이즈 브랜드이기 때문이죠. 플러스 사이즈 브랜드 중 플러스 사이즈 여성은커녕 여성이 운영하는 곳도 별로 없어요. 옷 디자인만 봐도 표가 나죠." 내가 로렌에게 과연 창업자가 타깃 고객과 닮아야 한다고 생각하는지 물었더니 그녀는 이렇게 답했다. "자, 한편으로는 플러스 사이즈 여성 아닌 사람이 이런 의류를 만드는 데서 정당성이 생겨요. 우리가 늘 주장해왔던 플러스 사이즈 시장의 사업성을 입증하거든요. '우리가 해결하려는 건 그저 감정적인 문제가 아니다'를 입증하는 거죠. 표준 사이즈 남성도 이런 사업을 하는 건 '숫자상으로도 사업이 된다'는 뜻이 돼요. 말하자면 '맨스플레인(mansplain, 남자man와 설명explain의 합성어로 남자가 여자에게 네가 알아봐야 얼마나 알겠냐는 태도로 설명하는 것-옮긴이)' 해주는 거죠! 그렇지만 창업자가 고객에게 개인적으로 공감하지 못하면 금방 표시 나요. 소셜미디어에 어떤 내용을 올리는지, 제품이 어떻게 생겼는지 딱 보면 알죠." 로렌은 타깃 고객과 깊이 공감하기 때문에 제품을 준비할 때도 훨씬 사려 깊은 태도를 유지할 수 있다. "우리 옷에 설계한 요소 모두 제가 직접 겪었고 어떻게 해결해야 하는지도 아는 문제에서 나왔어요. 전에 제 경력을 통틀어 가장 중요한 면접을 보러 가는 날 정장 바지 뒤쪽이 찢어져서 엉덩이가 드러난 채 앉아있었던 적도 있어요. 지금 헤닝 바지들은 뒤쪽 박음질을 더 강화했어요. 셔츠 틈으로 가슴이 비집고 나오는 채로 회의에 앉아있었던 적도 있죠. 그래서 우리 셔츠에는 단추 사이에 비밀 버튼을 넣었어요. 이런 해결책을 구현하는 데 기껏해야 1달러면 되거든요."

헤닝이 헤닝다운 건 로렌 덕분이며, 로렌은 현명하게도 전면에 나서서 브랜드 스토리의 핵심 역할을 수행하고 있다. 실제로 그녀는 브랜드 스토리에서 자신의 역할이 어느 정도 중요할지 처음부터 가늠해봤다. "패션 잡지 편집자 자리를 그만둘 당시는 컨설팅 회사를 차리거나 여러 브랜드가 치수 범위를 확장할 수 있게 돕는 '핏fit' 기술을 개발하려 했어요. 그렇지만 전 그쪽에는 적임자가 아니에요." 로렌은 〈글래머〉에서, 그리고 모델로서 경력을 쌓으며 대중에게 알려진 덕분에 월간 칼럼 쓰기부터 디자이너 레인 브라이언트Lane Bryant와 〈글래머〉의 공동 컬렉션 디자인 협업까지 다양한 기회를 접할 수 있었다. 로렌은 사람들이 공감하기 쉬운 인물이었고, 수없이 많은 독자가 사연과 궁금한 점을 담아 편지와 이메일, 다이렉트 메시지DM를 보냈다. "그런 걸 전부 알고 나니 내 목소리를 내는 내 브랜드를 시작해야 한다는 결론이 났어요. 패션 산업의 중심에 있는 플러스 사이즈 인물이라는 데서 사람들이 제게 공감했어요. 이런 사람이 많지 않거든요. 이런 인지도를 헛되이 흘려보낸 채 기술 기업을 차리고 싶지 않았어요. 저는 운이 좋았으니 상황을 더 개선해 나와 비슷한 사람들,

즉 우리 고객들에게 보답하는 게 제 의무이죠. 그들에게 보답하는 길은 성공한 사업가로서 〈패스트 컴퍼니Fast Company〉 표지에 등장하는 것이에요. 제 목표는 지금껏 사회에서 소외당하는 느낌을 안고 살아온 사람들을 도와 사회의 일원이 된 느낌을 누리게 돕는 것이에요."

애비게일 스톤Abigail Stone 역시 개인적인 경험을 따라 창업한 사람 중 한 명이다. 우리 팀이 소비자 직접판매 향초 회사 어더랜드Otherland의 창업자 애비게일을 처음 만났을 때, 그녀는 어린 시절 이야기를 들려주었다. 사랑하는 할머니는 애비게일이 어릴 때 '작은 손길로 큰 활기extra verve를 더한다'는 생활철학을 손녀에게 늘 전해줬다. 핵심은 생활의 큰 차이를 만들어낼 수 있는 작은 부분에 신경 쓰는 것이었다. 예를 들어 가게에서 귤 한 봉지를 사면 잠시 시간을 들여 아름다운 그릇에 담아보자. 아주 작은 행동이지만 주변 환경과 일상에 긍정적인 영향을 미친다.

애비게일은 할머니를 열렬히 흠모했고 회사 이름을 정하기 전 임시 이름도 할머니가 말씀하시던 활기를 뜻하는 버브Verve였다. 애비게일은 우리 팀에게 향초 하나를 켜는 힘을 설명했다. 작은 행동 하나로 주변 분위기를 완전히 바꾸는 효과였다. 회사의 창업 아이디어를 얻은 계기를 이렇게 설명했다. "저는 20대에 양초에 푹 빠졌어요. 어릴 때부터 늘 양초를 갖고 싶었죠. 저를 봐주던 돌보미에게 양키캔들이 하나 있었지만, 엄마는 절대로 켤 수 없다고 했어요. 20대에 드디어 친구들과 아파트를 얻어 독립했고 그때부터 양초를 사기 시작했어요. 보통 아침에 명상하면서 초를 하나 켜고, 퇴근한 뒤나 경영대학원 수업이 끝난 다음 집에 들어와서 〈왕좌의 게임Game of Thrones〉을 본 뒤에도 초를 하나 켰어요. 초는 제게 기분이 좋아지는 습관이자 의식이에요. 점점 디지털화되는 우리 세상에서 자신을 돌보는 일이기도 해요. 성냥을 긋고, 방 안에 온전히 머무는 것. 하지만 상쾌하고 세련된 향에 디자인까지 좋은 초는 너무 가격이 비쌌어요. 하나 사들인다 해도 떨려서 도저히 켤 수 없죠." 첫 대면 이후 애비게일은 우리 각자의 이름이 새겨진 맞춤 초를 하나씩 주었다. 우리는 새로운 향초 회사의 잠재성을 따져보며 사람들이 집과 자신이 머무는 공간에 얼마나 관심이 많은지, 그리고 비교적 저렴하게 분위기 변신을 가져올 수 있는지 이야기 나눴다. 우리는 향초를 거의 매주 한 개씩 사는 향초 덕후들의 이야기를 들었다. 어떤 향을 맡는가에 따라 새로운 분위기나 마음가짐으로 옮겨갈 수 있으며, 결국 이런 개념에 착안해 다른 나라라는 뜻의 어더랜드를 회사 이름으로 정했다.

창업자 애비게일은 어더랜드 브랜드 스토리의 핵심이다. 애비게일의 취향, 그리고 미술과 디자인을 사랑하는 마음이 브랜드의 미감에 큰 영향을 주며, 특히 새로운 컬렉션을 출시할 때는 이를 바탕으로 큰 주제를 정해 제품의 향과 모든 시각디자인을 견인한다. 애비게일은 스스로 미술사를 공부하고 랄프로렌에서 미술품 구매자로 일한 일평생 미술 애호가라고 설명한다. 애비게일의 미술 사랑은 어더랜드 브랜드가 생명력을 얻는 데 큰 역할을 한다. 애비게일은 미술과 브랜드의 관계를 이렇게 표현한다. "우리 어더랜드에서는 미술이 전부예요. 우리는 시각이 가장 중요한 브랜드죠. 가정용 향 제품의 미래는 시각적이어야 해요. 온라인에서 향을 팔려면 향을 맡아보고 사지 못하는 걸림돌을 넘을 수 있을 만큼 시각적으로 아름다워야 해요. 인스타그램에서도 마찬가지예요. 우리는 새로운 컬렉션에 대해, 향에 대해, 향을 맡았을 때 떠오르는 느낌에 대해 이야기할 때 항상 미술을 활용해요. 중요한 건 기억과 그리움이고, 그 느낌은 제품에서, 색에서, 레이블, 토퍼 뚜껑, 성냥 상자의 생김새에서 전달되어야 해요. 이런 방향성은 인스타그램 스토리에 싣는 내용에도 고스란히 이어져요. 향이라는 건 그저 장미와 레드커런트 열매가 아니에요. 향이라는 건 어린 시절 어머니가 따뜻한 라테를 만들던 기억, 해변에서 보낸 어느 날 야외샤워기로 소금기를 씻어내던 느낌이죠. 우리는 경험을 담은, 또 소비할 수 있는 오브제를 파는 거예요."

초는 애비게일의 추억에서 탄생하고, 그 추억은 브랜드 커뮤니케이션에 녹아 들어간다. 예를 들어 2019년 여름 컬렉션 중 스톤 프룻Stone Fruit은 애비게일이 어머니와 해변으로 떠나던 휴가에서 탄생했다. 낸터켓 해변의 야생 자두로 어머니가 잼을 잔뜩 만들면 가족들은 그 잼을 이듬해 2월까지 아껴두었다가 여름을 떠올리며 먹었다. 또 뉴욕에서 첫 직업이었던 US오픈 테니스대회 볼걸로서의 경험을 담아 테니스를 주제로 한 매치포인트Match Point가 탄생했다(향 구성은 깎은 잔디와 오이, 그리고 당연히 테니스공). "우리 시대에는 그리움이 중요해요. 디지털 피로감을 해소해 줄 수 있으니까요. 기억을 불러일으키는 데는 향만 한 자극이 없어요. 저는 보통 먼저 무드보드(mood board, 디자인 분야에서 어떤 느낌이나 아이디어, 콘셉트를 표현하기 위해 이미지와 소재 등을 콜라주 형식으로 배열한 판-옮긴이)부터 만들어요. 추억거리를 생각한 다음 그게 시각적으로는 어떻게 나타날지 표현해요. 그다음에 짧은 글로 설명한 다음 조향사와 만나죠. 하지만 가장 마법 같은 순간은 고객들이 우리 시선에 영감을 받아 마음에 와닿는 제품을 사고, 다시 자신의 이야기를 들려줄 때 일어나요."

여러 가지 면에서 애비게일은 어더랜드 브랜드의 얼굴이다. 우리 팀은 어더랜드의 웹사이트 홈 화면에 애비게일을 내세우기로 했고, 그녀는 브랜드 인스타그램에서도 전면에 나선다. 언뜻 그리 특이하지 않아 보이지만, 브랜드 대부분은 창업자를 웹사이트 홈 화면에 등장시키지는 않는다. 설령 창업자가 등장한다 해도 '회사 소개' 페이지에서이며, 웹사이트 사진에서는 보통 브랜드가 추구하는 라이프스타일에 잘 어울리는 모델이 등장한다. 하지만 어더랜드는 애비게일이 머리끝부터 발끝까지 그 라이프스타일의 결정체이며, 특유의 큼직한 귀고리만 해도 내가 같은 디자인을 두 번 본 적이 없을 정도이다. 여기서도 할머니의 '작은 손길로 큰 활기를'을 성실히 지킨다. 이 회사 전체가 애비게일의 취향과 관심사에서 태어났기 때문에 브랜드의 정체성은 애비게일의 정체성과 단단히 얽혀있다.

물론 개인과 회사의 균형을 잡기가 말처럼 늘 쉬운 건 아니다. 특히 창업자들이 각자 스포트라이트를 받는 부담감을 극복해야 할 때는 쉽지 않다. 애비게일은 이런 균형에 대해 "제 소셜미디어 울렁증을 떨쳐내야 했어요. 하지만 어더랜드는 곧 저이고 저는 곧 어더랜드예요. 둘을 따로 뗄 수 없어요."라고 설명한다. 그녀는 자신을 드러내는 게 어더랜드의 세계에 얼마나 중요한지 잘 알고 있다. "우리 브랜드는 사람들과 교류해야 하고, 사람들은 추상적인 브랜드보다 자신과 유사한 사람들과 더 쉽게 교류해요. 어더랜드 브랜드는 브랜드 스토리, 컬렉션, 그 뒤의 영감(제 추억 말이죠)으로 구성되어 있죠. 하지만 만드는 현장에서는 어떤 일이 벌어지는지, 제작 과정은 어떤지, 어디에서 영감을 받는지, 여성

창업자로서 좋은 날과 힘든 날도 보여주고 싶어요." 이런 곳에서 애비게일은 어려움과 고민도 나눈다. 브랜드로서 어더랜드와 창업자인 애비게일이 분리되는 지점이다. 애비게일이 보는 둘의 차이는 다음과 같다. "어더랜드는 고유의 생활방식과 그 안에서의 제품을 보여줘요. 여기에서는 이야기를 매끄럽게 전달해야 하니 뭐든 정교하게 구성하고, 세련되게 다듬고 편집해요. 이해하기도 쉽죠. 한편 제 개인 인스타그램에서는 그냥 포스팅하면 돼요. 제작 과정에서는 어떤 일이 일어나는지, 창업자로서의 경험이 어떤지 가감 없이 보여줘야 해요. 이 부분은 매끄럽게 광내지도 않고 재미있는 이야기만 있지도 않아요." 하지만 이런 이야기야말로 가장 좋은 이야기다. 가장 현실적이고 공감할 만하며 인간적이기 때문이다. 애비게일이 없다면 어더랜드는 겉보기에는 아름다울지 몰라도 수면 아래의 영혼이 실종된 모습일 것이다.

로렌 챈과 마찬가지로 성공한 창업자 중에는 기존의 브랜드로 자신의 요구가 충족되지 않았을 때 사업 아이디어를 찾은 경우가 많다. 이들은 소외당하는 느낌을 안고 의기소침해 있는 대신 소비자로서 자신이 바라던 회사를 직접 만든다. 트리스탄 워커Tristan Walker 역시 개인적인 경험에서 영감을 얻은 브랜드로 성공한 창업자이다. 흑인 남성으로서 워커는 주요 편의점 브랜드가 대부분 유색인종의 요구를 외면하는 데 불만을 품었다. 그는

2013년 '유색인을 위한 프록터 앤 갬블P&G'를 목표로 워커앤컴 퍼니Walker & Company를 설립했다. 첫 브랜드는 흑인 남성을 위한 면도용품 브랜드 베블Bevel이었으며, 베블의 첫 제품은 다중 면도날이 아닌 단일 면도날을 쓴 면도기로써 흑인 남성의 억세고 구불구불한 수염을 잘 깎고 수염이 피부 속으로 파고들거나 피부에 염증이 생기는 문제를 막기 위한 제품이었다.

미국 어느 지역이든 웬만한 편의점에는 흑인 고객의 요구에 맞는 제품이 '흑인용 진열장'에 있는데, 일반적으로 상점 뒤쪽 한 구석에 있고 요즘 소비자 눈에 들지 않는 고루한 브랜드만 가득하다. 워커는 베블이라는 브랜드를 통해 사람들이 자랑스럽게 지지할 만한 굉장히 구체적인 사회 문제를 제기했다. 그는 다양성이 높은 팀을 꾸려 회사를 성장시켰고 처음에는 소비자 직접판매로 시작해 2015년에 대형마트 타깃에 입점했다. 브랜드는 또한 추천 프로그램을 만들어 전국의 이발소를 프로그램에 등록시키는가 하면, 이발소를 통째로 빌려 동네 사람들을 대상으로 브랜드 행사를 열고 지역 커뮤니티를 브랜드 스토리에 참여시켰다. 나중에는 뉴욕 브루클린의 바클레이즈 센터Barclays Center 등에 브랜드 경험 공간을 만들고 흑인 문화에서 이발소의 중요성을 보여주는 영상 시리즈물을 만들어 몇 가지 상징적인 머리 스타일을 선보였다.

워커앤컴퍼니의 두 번째 브랜드는 흑인 여성을 위한 모발 관리 제품을 판매하는 폼Form이었다. 폼 역시 베블처럼 대부분의 대형 소비자 기업에서 외면해왔던 문제를 해결하려는 브랜드였다. 2018년에는 워커의 목표였던 프록터 앤 갬블이 업계에 지각변동을 일으킨 워커앤컴퍼니를 인수했다. 인수 금액은 비공개였지만 대략 2,000만 달러에서 4,000만 달러 사이로 추정되며, 워커가 CEO로 남는 조건이었다. 워커가 기업의 얼굴이자 사업의 동력 역할을 하지 않았다면 베블과 폼 두 브랜드가 지금과 같은 성공을 거두기 어려웠을 것이다. 워커가 개인적으로 공감하는 문제를 해결하기 때문에 사람들은 워커의 브랜드를 신뢰하고 공감하며, 이런 마음은 인위적으로 만들어낼 수 없다.

창업자라는 브랜드

베블의 경우처럼 어떤 인기 브랜드는 창업자의 존재 없이 지금만큼의 성공을 거둘 수 없었을 것이다. 뷰티 브랜드 글로시에 역시 창업자 에밀리 와이스Emily Weiss 없이는 지금만큼 성공하기 어려웠을 것이다. 와이스는 대학 시절 MTV에서 인턴으로 일하며 TV 리얼리티 프로그램 〈더 힐스The Hills〉에 몇 번 출연하기도 했다. 점점 패션에 관심이 커지면서 와이스는 〈틴 보그Teen

Vogue〉 잡지에서 인턴으로 일하고 졸업 후에는 〈더블유W〉와 〈보그Vogue〉에서도 일했다. 와이스는 패션 시장 안에서의 뷰티 소식을 다루는 사람이 없다는 데 착안해 2010년 〈인투 더 글로스Into the Gloss〉라는 블로그를 시작했다. 패션모델과 뷰티 및 화장품 업계 주요인물, 유명인과 인플루언서를 인터뷰해 일상 속 이른바 '뷰티 루틴'과 가장 좋아하는 제품을 알리는 블로그였다. 블로그는 엄청난 인기를 끌어 200만 명이 넘는(게다가 점점 늘어나는) 열성 독자가 생기고 주요 여성 잡지보다 훨씬 활발한 댓글과 대화가 오가며 온라인 소통의 장을 열었다. 와이스는 패션 화보 촬영 업무를 하며 뷰티 팁을 많이 수집할 수 있었지만, 소비자들에게 '일방적으로' 말하고 보통 여성이나 이들의 생활을 담지 않는 전통적인 화장품 기업에 별로 공감할 수 없었다. 그리고 〈인투 더 글로스〉 블로그에서 오가는 대화를 통해 다른 여성들도 비슷하게 느낀다는 사실을 알게 되었다.

이런 맥락에서 와이스에게 자신의 이름을 건 제품 출시는 자연스러운 수순이었다. 처음에는 블로그 독자들과 '양방향 소통'을 시작했다. 전통적인 뷰티 산업이 고객들과 거리를 두고 움직이는 것과 완전히 반대였다. 독자들이 어떤 제품을 찾고 있는지, 현재 화장품 시장에 어떤 제품이 부족한지 답하자 그 정보를 바탕으로 2014년, 4가지 제품으로 글로시에를 시작했다. 첫 제품은 글로시에의 '피부 먼저, 메이크업 나중skin first, makeup second' 브랜드 철학을 반영해 밀키 젤리Milky Jelly 클렌저와 밤 닷컴Balm Dotcom 립밤, 프라이머 역할을 하는 모이스처라이저와 미스트 스프레이였다. 밀키 젤리 클렌저를 개발할 때 와이스는 블로그 독자들에게 설문을 올려 물었다. '당신이 바라는 가장 이상적인 클렌저는 어떻게 생겼을까요? 향은 어떨까요? 발랐을 때 느낌은? 해주는 일은? 하지 말아야 할 일은? 이 클렌저가 영화에 등장한다면 어떤 배우가 연기할까요?' 여기에 380개도 넘는 댓글이 달렸고, 와이스는 그 과정에서 여성들이 화장을 지우는 메이크업 리무버와 얼굴을 씻는 페이스 워시 둘 다 사용해야 하는 일이 번거롭고 짜증스러운 일이라는 사실을 알게 되었다. 그래서 와이스는 두 가지 기능을 모두 포함하는 클렌저를 개발했다.

글로시에는 화장을 한 듯 안 한 듯한 '꾸안꾸 메이크업'의 선구자로 알려져 있고, 와이스 자신이 '자연스러운 미인'인 것도 이 평가에 한몫한다. 글로시에가 강조하는 아름다움은, '당신의 장점을 돋보이게 하는' 제품으로 '물기를 살짝 머금은 듯 빛나고 촉촉한 피부'를 구현하는 것이다. 무엇보다 글로시에 브랜드의 메시지는 '화장은 보수작업이 아니라 가장 재미있는 일이어야 해'이다. 어쩌면 여러 가지 면에서 글로시에는 뷰티업계 밖의 뷰티 브랜드이다. 대기업 없이 독립적으로 출시하고 소비자 직접판매 방식을 택했으며, 업계를 지배하는 금빛과 구릿빛, 어두운 보라색 색채와 극명하게 대비되는 강렬하면서 절제된 스타일을 디자인 정체성으로 삼았다. 디자인은 검정, 흰색, 핑크를 주 색조로 삼아 밝고 경쾌한 느낌이다. 이런 디자인 덕에 글로시에는 고루한 백화점 화장품 브랜드 행렬을 대체할 만한 현대적인 대안으로 떠올랐을 뿐 아니라 인스타그램에서도 아름답게 보일 수 있다. 인스타그램에서 사람들의 욕실 선반 '셀피' 사진을 스크롤하다 보면 글로시에의 강렬한 검정색 로고는 쉽게 눈에 띈다. 제품의 절제되면서 생기 있는 모습은 모델들의 아름다움과도 닮아있고, 그런 제품과 모델 모두 수많은 사진 중에서도 돋보인다.

글로시에는 뷰티 업계의 다른 브랜드에 비해 훨씬 무게를 덜 잡고 재미와 긍정을 추구한다. 배송할 때는 제품을 핑크색 '버블랩(Bubble Wrap, 일반적으로 완충용 기포가 들어있는 비닐 포장재를 뜻하나, 글로시에에서 상표등록까지 추진할 정도로 핵심 BI요소-옮긴이)' 주머니에 넣으며, 각자 원하는 대로 꾸미도록 장난기 넘치는 귀여운 스티커도 보내준다. 브랜드는 '아름다움을 대중화'하고 개인을 당당히 내세우는 것을 목표로 삼는다. 글로시에가 첫 바디 제품군인 바디 히어로Body Hero를 출시했을 때 광고 캠페인에서는 몸집도 몸매도 다양한 누드 여성을 등장시켰고, 그중에는 플러스 사이즈 모델 팔로마 엘제서Paloma Elsesser와 올림픽 메달리스트 농구선

수 스윈 캐시Swin Cash도 있었다. 2018년에는 연매출 1억 달러를 넘어섰고 가장 인기 있는 제품 보이 브라우Boy Brow는 32초에 하나씩 팔린다.

글로시어 브랜드는 창업자 와이스의 양방향 소통방식을 꾸준히 지키며 특히 수많은 다이렉트 메시지와 인스타그램 포스트를 통해 고객들과 가깝게 연락한다. 새로운 제품을 출시할 때마다 가장 먼저 고객들의 이야기를 듣고, 계속 고객의 실제 요구를 해결할 수 있도록 아이디어를 시험해 보고 의견을 묻는다. 글로시에는 적극적이고 관심이 높은 고객이 있기에 이만큼 성장했다고 밝히는데, 실제로 글로시에 고객들은 제품 사용 모습을 셀카로 찍어 올리고 인스타그램뿐 아니라 도시별 슬랙 채널과 팝업 행사에서 브랜드와 다양하게 소통한다.

와이스는 〈인투 더 글로스〉 블로그 초기부터 대상 고객의 눈높이에 맞는 뷰티 브랜드 분위기를 만들었다. 소비자에게 당신의 '뷰티인싸 베프'가 되고 싶다고 말하는 브랜드는 많지만, 글로시에는 이 역할을 실제로 잘 해낸다. 사람들은 브랜드뿐 아니라 창업자 와이스에게도 편하게 연락할 수 있다고 느낀다. 글로시에는 대부분의 뷰티업계 브랜드처럼 기업적이고 고루한 느낌을 풍기는 대신 살아있는 사람들이 제품을 개발하고 살아있는 사람들이 인스타그램 피드에 등장하는 커뮤니티 같은 느낌을 준다. 글로시에는 스스로 '사람들이 스스로 만들어가는 뷰티 생태계'라고 부르며, 와이스는 고객들을 '공동창작자'라고 부른다. 창업자로서 본보기면서도 댓글 속에서 성실하게 고객들과 소통한다.

전통적으로 기업들은 대외적으로 소통할 때 오로지 브랜드로서의 목소리만 내왔다. 보통은 우리가 에스티로더에서 일하는 실제 사람들의 이야기를 직접 듣지 못한다. 에스티로더 제품 광고를 볼 뿐이다. 제품 개발을 하는 사람이 누구인지, 광고는 누가 담당하는지, 사업은 누가 키우는지 모른다. 에스티로더는 그냥 존재한다. 익명의 기업 나라에서 부모 없이 태어나 잡지에 홀연히 나타날 뿐이다. 간혹 새로운 소식이나 불미스러운 사건이 있을 때 경영진 중 한 명이 나와 성명을 발표하겠지만, 소비자 브랜드의 세계와는 완전히 동떨어져 보일 뿐이다. 하지만 요즘은 창업자도 브랜드 스토리의 일부이다. 물론 브랜드로서의 글로시에는 와이스와 구별되는 나름의 목소리가 있고, 와이스의 정체성은 글로시에의 정체성과 분리되어 있다. 글로시에가 외부와 소통할 때는 꼭 와이스가 말한다고는 볼 수 없다. 하지만 여전히 와이스의 이야기도 직접 들을 수 있다. 회사로서의 글로시에가 말할 때가 되면 기사이든 소셜미디어에서든 기업 대변인이나 얼굴 없는 고객서비스 책임자가 아니라 와이스가 항상 적극적으로 나와 자기 관점을 소개한다.

이런 창업자들이 뒤에서 얼마나 용의주도하게 전략을 세우든 고객들은 이 창업자들에게 쉽고 편하게 연락할 수 있다는 느낌을 받는다. 이들은 패널과 팟캐스트에 등장해 제품을 팔지 않고 브랜드 비전을 홍보한다. 또 개인 인스타그램 계정에서 사업 목표 달성에 아이처럼 들뜬 모습을 보이면 사람들은 마치 직장에서 막 큰 성과를 거둔 친구를 대하듯 응원해준다. 그러려면 창업자 자신이 개인 정체성과 브랜드 정체성 사이의 경계를 어느 정도 편하게 넘나들어야 하며, 이 방식이 모든 창업자에게 잘 맞는 건 아니다. 하지만 제대로 해낸다면 사람들은 브랜드를 시작한 사람의 팬이 되는 순간 브랜드와의 유대감도 더 강하게 느낀다.

유명인 창업자

와이스는 글로시에를 창업하는 과정에서 유명인사가 되었지만, 유명인이 창업자가 되는 일도 많다. 물론 과거부터 브랜드는 유명인들과 스폰서십이나 광고 모델 등으로 다양하게 협력해오며 유명인을 '브랜드의 얼굴'로 활용해왔다. 지금은 유명 스타들이 새로운 기업에 투자하거나 직접 회사를 설립하고, 대변인이 아닌 창업자나 경영자가 된다. 제시카 알바의 어니스트컴퍼니Honest Company든 리즈 위더스푼의 미국 남부 라이프스타일 브랜드 드레이퍼제임스Draper James든 클로이 카다시안과 굿아메리칸Good American이든 크리스틴 벨과 닥스 셰퍼드 부부가 설립한 아기용품 브랜드 헬로벨로Hello Bello든, 유명인들은 스타트업을 창업하고 키우는 데 적극적으로 뛰어들고 있다. 이들은 브랜드 스토리를 자신의 개인적인 이야기와 연결짓는다.

예를 들어 벨과 셰퍼드는 헬로벨로의 브랜드 메시지에서 배우가 아닌 부모 역할을 내세운다. 심지어 조지 클루니에게 테킬라 브랜드 카사미고스Casamigos의 기원을 물으면 멕시코에서 친구들끼리 어울리며 완벽한 테킬라를 꿈꾸다가 직접 만들어 마시기로 한 일화를 나눈다(그 테킬라를 나중에 세계 최대의 주류기업 디아지오Diageo가 시원하게 10억 달러에 인수했다. 쉽지 뭐). 친구들과 술 마시며 사업 아이디어를 논해보지 않은 사람이 있을까? 우리도 조지 클루니가 될 수 있다!

배우 미셸 파이퍼가 새 향수 브랜드의 출시를 도와달라고 연락했을 때, 우리 팀은 곧바로 그녀의 사명에 끌렸다. 미셸은 엄마가 되자, 음식부터 뷰티 제품까지 사용하는 모든 제품의 성분표시를 주의 깊게 살펴보기 시작했다. 많은 엄마가 이런 과정을 겪고, 우리 팀이 맡았던 클린 뷰티 브랜드 과제들을 돌아보면 사람들이 안전한 제품을 찾게 되는 계기는 보통 부모가 되었을 때였다. 미셸은 사용하던 제품을 모두 바꿔나갔지만, 단 하나 더 나은 대안을 찾을 수 없었던 영역이 향수였다. 상세히 조사하자, 향수 브랜드는 원료를 공개할 의무조차 없었다. '영업 비밀'이라는 가림막 뒤에 숨을 수 있었기 때문이다. 사실 향이라는 말부터가 무엇이든 포함될 수 있는 광범위한 개념이었다.

미셸은 향수를 완전히 끊었고, 그 뒤부터 몇 년을 투자해 인류의 건강과 환경을 보호하기 위해 설립된 비영리 단체인 미국 환경운동그룹EWG이 안전하다고 인증한 원료만으로 고급 향수를 만들 수 있는지 알아보기 시작했다. 미셸이 우리 팀을 방문했을 때는 처음 개발한 다섯 가지 향수의 조제법을 막 완성해가고 있었다. 미셸은 업계에서는 전례 없는 까다로운 기준을 세웠고, 향을 개발하는 일은 미셸과 조향회사 모두에게 굉장히 어렵고도 신나는 일이었다. 각각의 향은 사람과 장소, 경험에 대한 미셸 본인의 기억에서 탄생했다. 우리 팀은 미셸과 공동창업자 멜리나 폴리Melina Polly를 도와 브랜드를 만드는 역할로 합류했는데, 고급스럽고 품질도 훌륭하면서 안전하고 지속가능한 이미지를 내세우는 브랜드여야 했다. 이 브랜드는 나중에 헨리 로즈Henry Rose가 되었다.

헨리 로즈는 고급 향수 브랜드 중 최초로 원료를 완전히 공개했다. EWG와 친환경 인증기관 크래들 투 크래들Cradle to Cradle 인증을 모두 획득했고, 이에 걸맞은 향수병과 패키지 소재와 재활용성을 갖췄다. 모순과 대조의 관점에서 헨리 로즈 브랜드는 완벽한 사례이다. 보통 책임감과 섹시함은 공존하지 않지만 우리는 투명성과 신비로움, 안전성과 관능성의 팽팽한 긴장감을 담았다. 미셸은 향수 업계를 완전히 뒤집고 싶어 했고 우리 팀에게 젠더와 아름다움, 럭셔리에 대한 인식을 뒤흔들 이미지를 활용해달라고 주문했다.

대부분의 향수 브랜드는 향을 설명할 때 종종 예를 들어 '머스크'나 '바닐라'처럼 실제 원료와 일치하지 않는 용어를 사용하지만 우리는 이런 단어 대신 글과 이미지를 만들어 어떤 느낌을 자극하고, 향에 대한 기억을 탐색했다. 그 결과 헨리 로즈의 브랜드는 친밀하면서 영화 같은 느낌으로 추억과 그리움을 자극하는 현대적인 분위기를 담았다. 더욱 중요한 건 헨리 로즈가 보통의 유명인을 활용한 향수 브랜드와는 한참 다르다는 사실이다. 오랫동안 향수 회사들은 브랜드의 매력을 단기간에 높이기 위해 엘리자베스 테일러부터 브리트니 스피어스까지 유명인의 이름을 빌려왔다. 하지만 헨리 로즈 브랜드에서는 미셸이 창업자로서 멜리나 폴리와 함께 경영 전반을 책임지고 있다. 라이선스 계약이 아니라 미셸의 열정과 수년 동안의 노력이 깃들어 있는 결과물이다. 브랜드 웹사이트에도 미셸의 이름이 가장 아래쪽에 등장하긴 하지만 우리는 브랜딩에 그녀의 사진을 앞세우지는 않는다.

헨리 로즈의 방식은 어더랜드와 애비게일 전략과는 정반대인데, 미셸의 대단한 명성에 오히려 헨리 로즈의 브랜드 스토리가문힐 수도 있다고 판단했기 때문이다. 대신 미셸은 '브랜드 소개'페이지에 글을 실어 브랜드의 사명을 설명했다. 브랜드 스토리에서 미셸은 자신이 해결하려 나선 문제와 브랜드의 연결고리 역할을 한다. 유명한 얼굴을 앞세워 한 병이라도 더 팔려는 게 아니다. 페이스북에서 헨리 로즈 광고를 접하고도 미셸 파이퍼와 관련 있는지 전혀 모를 수도 있고, 향수병에도 그녀의 이름이 없다.물론 미셸은 영화 스타로서 사랑과 존경을 받는 인물이지만, 엄마로서 그리고 한 산업을 완전히 바꾸고자 하는 성실한 창업자로서도 공감을 얻을 수 있다.

Q. 브랜드가 유명인의 힘에 의지해 제품을 판매한 건 어제오늘 일이 아니다. 헨리 로즈 사례는 어떻게 다른 건가?

소비자들은 좋아하는 브랜드를 만든 창업자들에게 진심으로 공감하고 싶어 하며, 기존 제품에 유명인이 라이선스 계약으로 눈먼 명성을 얹어준다고 공감이 절로 생기지 않는다. 물론 새로운 기업에 어떤 형태로든 유명인이 가담하면 대단히 유리해진다.당장 언론이 보도해주고 유명인의 팬들도 무조건 주목할 테니 말이다. 하지만 갈수록 누군가의 얼굴이 광고에 나온다고 해서 사람들이 무조건 좋아하지도 않는다. 소비자들도 과거보다 훨씬 더 많은 정보를 접해 그 어느 때보다 빈틈이 없으며, 마케팅 꼼수다 싶은 것에는 잘 넘어가지 않는다. 유명인이 기업과 진정성 있는 관계를 맺지 않았다면 유명인 홍보대사는 그만큼 무게를 얻기 힘들다. 브랜드 스토리의 핵심이 아닌 의미 없이 덧붙인 포장이다. 인플루언서 홍보도 마찬가지다. 인플루언서를 활용해 성공한 브랜드도 많지만, 무분별하게 뭐든 '#광고'하려는 인플루언서는 소비자가 금세 알아보고 거부한다. 인플루언서가 브랜드를 홍보하려면 이 분야에서 이 사람이 왜 신뢰할 만한지, 브랜드를 홍보할 만한 관계인지 설득력 있는 근거가 필요하다. 그런 근거 없이는 유명인이든 인플루언서든 모두 뒷광고에 불과하며 사람들은 이를 환히 꿰뚫어 본다.

중요한 건 팀

브랜드가 처음부터 사업의 핵심으로 들어있어야 한다면, 브랜드를 만든 팀만큼 중요한 것도 없으며, 그 팀은 창업자에서 시작된다. 새로운 기업이 생기면 처음에 창업자들이 대내적, 대외적 분위기를 잡는다. 스타트업 창업자 사이에는 사업 아이디어를 낸 사람이 자동으로 사업을 시작하는 적임자라는 생각이 지배적이다. 하지만 창업을 꿈꾸는 사람들이 한 번쯤 자신이 정말 적임자인지 자문했다면 어떨까? 투자유치에 성공하는 스타트업 대부분은 백인 남성이 경영하는데, 이는 소비자 지형을 전혀 반영한 모습이 아니다. 그렇다고 해서 창업하는 팀마다 타깃 고객의 성격을 똑같이 투영해야 한다는 뜻은 아니다. 창업하는 사람들이 넓은 고객층을 돕는 회사를 만들고 특히 자신과 다른 고객을 돕는 데 열정과 전문성을 들이는 건 좋은 일이다. 나부터도 그 많은 백인 남성 창업자들이 자기들과 똑같이 생긴 사람을 위한 물건만 만드는 건 싫다.

하지만 우선 당신이 남성이고, 여성을 위한 제품 위주로 만드는 사업 아이디어를 냈다고 가정해보자. 그럴싸한 말에 그치지 않고 실제로 여성을 생각하는 기업이 되기 위해서는 뭐, 아무도 안 하겠지만 공동창업자로 여성을 들이는 게 어쩌면 합리적일 수 있다. 우리 고객 중 전원 남성인 창업자 팀이 브랜드 정체성으로 상징성 있는 페미니스트를 내세우면 어떤지 물어온 적이 있는데 우리 팀은 반대했다. 뜻은 훌륭했지만, 남성으로만 운영되는 브랜드에 페미니스트 이미지만 빌려왔다가는 오히려 가식적인 인상을 주기 때문이었다. 또 창업자 중 타깃 고객과 공통분모가 별로 없는 사람들은 자신의 직감이나 결정에 자신이 없는 경우도 많다. 때로 우리 고객 중 뉴욕이나 샌프란시스코 사는 사람이 "이 아이디어가 뉴욕과 샌프란시스코에 살지 않는 사람들에게는 와 닿지 않을 것 같아요"라고 걱정하거나, 아니면 어김없이 남성들 인데 우리가 제안한 디자인이 "'여성스러운' 느낌이 부족해 보인" 다고 걱정하는 때도 있다. 이때도 물론 창업팀이 최종 고객을 생 각하다니 무척 훌륭하지만, 이런 걱정이 증거도 근거도 없는 넘 겨짚기가 된다면 위험하다.

사람들은 자신이 사는 물건을 만든 사람이 누구인지 그 어느 시대보다 주의 깊게 살펴본다. 그들은 기업이 아니라 신뢰하는 팀을 돕고 싶어 한다. 새로운 기업들이 창업팀을 브랜드 스토리 의 중심으로 내세우는 이유가 여기 있다. 그래서 팀을 꾸리기 전 에 누가 믿음직스럽게 기업의 얼굴로 언론 앞에, 그리고 무엇보 다도 고객 앞에 나설 수 있을지 생각해봐야 할 것이다. 누가 전면 에 나서서 회사에 관해 이야기할지, 누가 인스타그램에서 사람들 의 댓글에 답할지, 누가 나서서 고객의 목소리를 경청하고 이해 한 느낌이 들게 소통할 것인지 정해야 한다. 비단 대외적인 인식 만이 아니다. 당신이 처음부터 통찰과 공감에 뿌리를 둔 브랜드 를 만들고 있는지, 대상 고객이 겪는 문제를 깊이 있게 이해하는 지 점검하는 것이다.

창업자들은 내부 기업 문화를 이끌기도 하며, 이 문화가 브랜드의 대외적 성공에 영향을 준다. 직원들이 브랜드의 방향성을 깊이 있게 이해하지 못한다면, 또 그 방향성을 매일매일 생활 속에서 실천하지 않는다면, 사업이 성장하면서 창업정신을 유지하기는 무척 어려워진다. 창업자들은 직원들을 가장 중요한 고객으로 대하면서 브랜드가 회사 내부에도 속속들이 스며들도록 노력해야 한다. 좀 더 격식을 차려 브랜드의 사명과 가치를 명확하게 정의할 수도 있고, 소소한 손길로 브랜드 정신을 기업 문화에 스며들게 할 수도 있다.

와비파커는 새로 입사한 직원에게 공책 한 권과 브랜드 스타일 가이드 책자, 그리고 마틴즈 프레첼Martin's pretzels 한 봉지를 준다. 공동창업자 닐 블루멘탈Neil Blumenthal의 어머니가 창업 초창기에 가져다주던 간식이었다. 이런 작은 장치로 새로운 구성원도 회사의 초기 시절을 맛보고 한배를 탄다.

더스킴이 더 큰 사무실로 이전할 때 창업자 칼리 재킨과 대니엘 바이스버그는 직원들에게 직접 공간을 디자인할 권한을 주었다. 더스킴 팀은 페인트 회사에 의뢰해 브랜드 색인 파랑을 정확히 구현한 맞춤 색을 만들었고 회의실마다 범죄 수사 드라마 〈로앤오더Law & Order〉 등장인물 이름을 붙였다. 재킨과 바이스버그가 처음 소파에 앉아 뉴스레터를 쓸 때 이 드라마를 배경에 틀어놓곤 했던 초기 시절을 기념하기 위한 장치였다. 또 박스드의 CEO 체이 후앙Chieh Huang이 직원의 결혼식과 자녀 대학 등록금을 부담하는 것처럼, 창업자들은 브랜드의 가치관을 내부에 실질적으로 보여줄 방법을 고민한다. 이런 회사는 브랜드가 단순히 겉포장이 아니라는 사실을 이해한다. 브랜드는 모든 층에 겹겹이 스며있어야 하며, 기업의 DNA에 입력되어 있어야 한다. 브랜드는 창업자들에서 시작해 새로 합류하는 사람마다 익히고 내면화해야 한다. 그렇게 해야 어느 면으로 보나 사랑받는 브랜드가 탄생하며, 그 사랑이 첫날부터 먼 미래까지 이어지는 것이다.

Q. 그렇다면 이제 다 된 건가? 이 원칙들을 바탕으로 브랜드를 만들고 초고속으로 성공 가도를 달리면 되는 건가?

흔히 '브랜드'란 한번 만들고 나면 딱히 신경쓰지 않아도 되는 결과물이라고 오해한다. 그러나 브랜드는 살아 숨 쉬는 존재이다. 브랜드는 창업자가 회사의 성장에 발맞춰 내부 팀과 꾸준히 만들어가는 조직문화이며, 회사가 보여주고 행동하는 모습 하나하나이고, 세상의 변화에 따라 기업이 무엇을 이야기할지, 무엇을 제공할지 끊임없이 진화시켜 가는 과정이다. 브랜드가 어떤 가치를 내세우는지, 그 가치가 왜 중요한지 힘들게 정의한 뒤에도, 그 생각을 표현해 소비자에게 보여주고 그 표현을 항상 신선하게 유지하려면 어마어마한 창의성과 전문성이 필요하다. 이 책에서 브랜드는 단지 로고가 아니라 그 이상이라고 여러 번 이야기했지만, 브랜드를 겉으로 표현하는 방법은 무척 중요하다. 이런 표현이 브랜드의 인상을 만들고, 사람들은 이런 인상에 힘입어 브랜드를 이해하고 결국 브랜드 덕후가 되기 때문이다. 다시 말해 표현 하나하나가 중요하다. 세심한 디자인과 명확하고 매력적인 메시지가 있어야 소비자들이 주목하고 브랜드를 자신의 세계로 초대하며, 시간이 지나도 계속 관심을 유지하는 것이다.

이 책에서 디자인을 별로 언급하지는 않았지만, 디자인이 중요하지 않아서가 아니다. 이 책의 주제가 어떤 원칙을 세워야 디자인을 견인했을 때 효과를 발휘하는가이기 때문이다. 디자인이 강력한 효과를 발휘하는 가장 큰 이유는 겉보기에 '쿨'하거나 그럴듯하거나 매력적이어서가 아니라, 어떤 개념을 전달하고 때로 말보다 쏙쏙 박히게 전달하기 때문이다. 신뢰를 예로 들어보자. 누군가가 "날 믿어"라고 하는 순간 그 반대로 하고 싶은 게 사람 심리다. 하지만 훌륭한 디자인과 그 디자인의 구현에 꾸준히 일관성 있게 투자하는 브랜드는 신뢰할 만하고 정통성이 있다는 인상을 준다. 이는 뭔가 새로운 것을 세상에 내놓을 때는 특히 더 중요하다. 사람들에게 들도 보도 못한 회사를 위해 카드를 긁으라고 할 거면 '실존하는 회사'가 맞는지 의심하는 일은 없어야 하지 않을까. 사업 아이디어가 얼마나 굉장하든 상관없이 당신이 새롭고 생소한 것을 내놓을수록 브랜드를 통해 유대감을 쌓는 일은 더욱더 중요하다. 사람들이 아무리 흥미진진하고 신선한 걸 좋아한다고 주장해도 몸에 밴 행동을 바꾸는 건 쉬운 일이 아니다. 극소수의 진정한 얼리어답터를 제외하면 사람들 대부분은 늘 하던 대로 행동해도 전혀 불편해하지 않는다. 반면 스타트업 대부분은 산업을 완전히 바꾸거나 심지어 새로운 산업을 창조하려 하는데, 이 둘을 맞부딪히면 얼마나 어려운 일인지 빤히 보일 것이다. 온라인이 아무리 편리하다 해도 사람들이 상점에서 직접 만지고 경험했던 물건을 온라인으로 구매하게 만들기는 쉽지 않다. 사람들이 전과 다른 시각으로 자기 건강을 바라보거나, 어린 시절부터 접해온 브랜드를 더는 사지 않도록 설득하기도 쉽지 않다. 이런 변화를 만들고 유지하고 결국 업계의 새 리더로 올라서려면 전략적으로, 미적으로, 감성적으로 모든 면에서 사람들과 공감대를 형성하는 브랜드가 필요하다.

하지만 사람들과 공감대를 이루고 나면, 거기서 멈춰서는 안 된다. 당신이 제시한 새롭고 더 나은 방식이 언젠가 업계의 표준이 되고 나면, 그때는 어떤 방법으로 다시 예상을 깰 것인가? 고객들과 좋은 관계를 이어가려는 노력을 그만둔다면 당신의 브랜드도 금세 누군가가 일으키는 지각변동에 저항하는 구세력으로 전락할 것이다.

소비자들이 어떤 브랜드에 빠지는 이유는 삶에 끊임없이 좋은 영향을 주기 때문이다. 그러니 처음부터 제대로 만들고 브랜드의 성장에 맞춰 계속 새 숨을 불어넣어야 한다. 명확한 목적의식을 세워 모든 결정과 행동의 길잡이로 삼아야 하며, 참신하고 예상하지 못한 방식으로 그 목적의식을 표현해야 한다. 고객이 접하는 모든 단계마다 유용하고, 기억에 남고, 기쁨을 주는 경험을 만들어야 한다. 결국에는 머리부터 발끝까지 고객을 위해 존재하는 브랜드를 만들 때 고객의 덕심이 우러나오는 것이다. 오늘날 성공하는 브랜드는 권력이 기업에서 소비자로 이동한 현실을 알아보고 존중하며, 이를 매일 행동으로 보여주는 브랜드이다. 과거 어느 때보다도 선택의 폭이 넓고 소비자와 기업 사이에 있던 전통적인 중간 세력들이 사라진 지금, 문자 그대로 모든 것이 소비자의 손바닥 안에 있다. 어떤 이들은 요즘 들어 인기를 끄는 새로운 브랜드들을 묶어 '밀레니얼 브랜드'라고 부르고 싶어 하지만, 정확히 말하면 시기적으로 소비자들이 상대하고 싶은 기업도 직접 고르고, 또 기업에 훨씬 많은 걸 요구할 수 있게 되었을 때 밀레니얼 세대가 성인기를 맞이한 것뿐이다.

이런 스타트업들이 나타내는 가치는 밀레니얼 세대만이 아니라 거의 모든 사람이 공감하는 가치이다. 투명성, 진정성, 더 나은 고객 서비스, 기업의 사회적 책임은 물론이고 단순함, 용이성, 그리고 절대 과소평가해서는 안 되는 재미까지! 이런 브랜드의 매력은 특정한 나이나 지역에만 통하지 않는다. 성공하는 브랜드는 주체적이고 힘 있는 소비자 모두의 마음을 얻는다. 이들은 자신의 선택 하나하나가 자기표현이라고 생각하며, 신뢰하는 브랜드를 지지하기 위해서라면 큰 수고도 마다하지 않는 사람이다. 소비자들만 좋아하는 브랜드의 덕후가 되는 게 아니다. 창업자들도 덕후가 되어야 한다. 이들은 소비자들에게 늘 새로운 방법으로 가치와 기쁨을 주는 데 덕력을 모아야 한다. 창업 첫날부터 고객의 편에 선 브랜드를 만들겠다는 단 한 가지 목표에 집중해야 한다. 또 이런 일에는 완성도 끝도 없다는 사실을 알아차려야 한다. 아직 브랜드를 고민할 여력이 없다는 창업자들에게 되묻고 싶다. 그럼 미룰 여력은 되는지?

감사의
말

출판 에이전시 잰클로우앤네스빗Janklow & Nesbit의 앨리슨 헌터
는 이 책 전체를 기획하고 추진했을 뿐 아니라 처음부터 끝까지
훌륭한 에이전트이자 후원자이자 친구가 되어주었다.

탁월함과 열정, 전폭적인 지원을 해준 포트폴리오 출판사 팀
원 모두에게 감사드린다. 여러분 모두에게 덕·심·충·만! 처음부
터 저를 믿고 이 원고가 모습을 갖추기까지 통찰력과 조언을 해
준 편집자 코식 비스바나스에게 감사한다. 포트폴리오 창업자이
자 회장 애이드리언 잭하임, 비전을 공유하며 활기 넘치는 대화
를 해주었다! 편집자 니나 로드리게즈-마티, 디자이너 젠 호이
어, 홍보에 마리솔 살라만, 마케팅에 니콜 맥카들, 디자인에 메이
건 카바너, 프로덕션 에디터 제니퍼 테잇, 교정교열에 앤젤리나
크란까지. 감사드린다. 또 열정으로 참여하고 유용한 피드백을
주고 이 책을 결승점까지 이끌어준 트리시 달리에게 열렬한 감사
를 보낸다.

뛰어난 조사원 애슐리 홍과 바네사 팅에게도 깊은 감사를 표한
다. 두 사람을 보면 우리 미래가 창창하니 우리는 그저 옆으로 물

러서서 Z세대가 주도하게 두면 된다는 희망이 생긴다. 이 여정을 시작하게 도와준 아세트 그룹 주필 로렌 마리노에게 감사한다.

이 책의 가능성을 믿고 열정적으로 지원해준 출판 미디어 홍보회사 케이브 헨드릭스 커뮤니케이션즈Cave Henricks Communications의 패멜라 피터슨과 바버라 헨드릭스에게 감사드린다.

나를 믿고 우리 팀에게 자신의 브랜드 스토리를 맡겨 준 레드앤틀러의 고객 모두에게 감사드린다. 세계에서 가장 영감을 주는 기업가, 마케터와 함께 일할 수 있어 운이 좋았습니다! 이 부분으로만 책 한 권을 채울 수는 없으니 몇 명만 대표로 언급하겠다. 캐스퍼의 필립 크림, 닐 파리크, 게이브 플레이트만, 루크 셔윈, 제프 채핀, 올버즈의 조이 즈윌링거, 팀 브라운, 줄리 채닝, 친환경 및 지속가능성 소비재 브랜드리스Brandless의 티나 샤키, 식음료 전문 디지털 미디어 테이스팅테이블Tasting Table의 제프 발타코빅스와 존 맥도날드, 킵스의 스티브 구텐탁과 드미트리 카라가스, 바우어리의 어빙 페인과 케이티 씨웰, 대안 대학교육 미션유MissionU의 애덤 브라운, 헨리로즈의 멜리나 폴리와 미셸 파이퍼, 덴아이멧유의 샬럿 조와 데이빗 조, 웰니스 프로그램 메이드포Madefor의 팻 도셋과 블레이크 마이코스키, 친환경 가정용품 그로브컬래보레티브Grove Collaborative의 스튜어트 랜디스버그와

조던 새비지, 럭셔리 별장 부틱Boutiq의 윌 매튜즈, 원격 피부과 브랜드 큐롤로지Curology의 데이비드 로트셔, 패비안 씰바크, 유기농 식음료 브랜드 어반 레미디Urban Remedy의 니카 파스칼와 폴 콜레타, 회원제 집 임대 서비스 랜딩Landing의 빌 스미스, 온라인 고급 맞춤 실내장식용품 원 킹스 레인One King's lane의 수전 펠드먼와 알리 핀커스, 알코올 중독 치료 지원 모뉴먼트Monument의 마이크 러셀, 럭셔리 침대 버스 캐빈Cabin의 톰 쿠리어와 게이타노 크루피, 박스드의 체이 후앙, 힌지의 저스틴 매클라우드와 케이티 헌트, 자외선 차단 피부관리용품 수퍼굽!Supergoop!의 홀리 쌔거드와 어맨다 벌드윈, 최첨단 초호화 스니커즈 코어서Courser의 마이클 페트리와 로리 스피로, 착한 파인 주얼리 오레이트AUrate의 소피 칸과 부슈라 에자라우이, 패린 와이너, 애니아 골드버그, 스마트 재산관리 및 투자 베터먼트Betterment의 존 스타인, 기술과 미디어, 문화 정보 큐레이션 리데프REDEF의 제이슨 허시혼, 음악 및 경험 마케팅을 다루는 뉴에이전시NUE Agency의 제시 커시바움, 프리미엄 캐너비스를 제공하는 아일랜드캐너비스Island Cannabis의 레이 랜그래프와 브랜든 밀스, 고급 실험실 다이아몬드를 취급하는 그레이트하이츠Great Heights의 앨릭스 와인들링과 라이언 보니파시노, 맞춤 가구회사 버로우Burrow의 스티븐 쿨과 커비어 초프라, 닉 스턴, 크리스 잭슨, 저스틴 유릭, 도

심항공모빌리티UAM 아처Archer의 애덤 골드스틴과 브렛 애드컥, 피어싱 및 귀고리 구독 서비스 로완Rowan의 루이자 스나이더, 디지털 기업 보험 엠브로커Embroker의 맷 밀러와 찰리 휴즈, 응급처치 및 재난대비 키트 주디JUDY의 조쉬 유다쉬킨와 사이먼 헉, 닉 브라운, 수지케익스SusieCakes 베이커리의 수전 새리, 벤 힌드먼, 리백Rebag의 찰스 고라, 세입자 보험업 굿커버Goodcover의 크리스 러츠와 댄 디 스팔트로, 소규모 기업 주문형 보험 씸블Thimble의 재이 브레그먼, 르뱅Levain 베이커리의 커니 맥도널드와 팸 윅스, 아기 피부관리용품 피펫Pipette의 캐롤라인 해드필드, 알코올 극복 프로그램 템페스트Tempest의 헐리 위태커, 처방약 약국 알토Alto의 맷 가마쉬-애슬랜과 딕샤 이드나니, 스캇 존슨, 캐럿Carrot의 데이비드 어틀리와 비지 버, 콜라겐 뷰티 영양 음료 스킨티SkinTē의 바씨마 므루에, 질로우Zillow의 맷 다임러, 수전 다임러, 홈 카페용 압축 커피 자트Jot의 펠로 허킨과 앤드류 고든까지 모두 고맙다. 또 이 책에 실을 인터뷰에 응해준 분 모두, 넉넉한 마음으로 시간을 내준 데 감사드린다. 어사메이저의 올리버 스웨트맨과 에밀리 도일, 스노우의 안드레스 모닥과 레이첼 코헨! 프로즈의 아르노 플라와 폴 미쇼, 헤닝의 로렌 챈, 어더랜드의 애비게일 스톤 모두 감사하다. 또 우리 고객은 아니지만 훌륭한 창업자이며 자신의 경험을 기꺼이 이야기해 준 미스제시즈의 미코 브랜치에게도 감사인사를 드린다.

책을 쓸 수 있는 완벽한 환경과 맛있는 콜드브루를 몇 잔이고 제공한 덤보하우스Dumbo House 직원들도 고맙습니다!

평소 존경하는 모든 작가, 특히 이 책을 쓰면서 따로 조언을 구한 조녀선 필즈, 린다 로튼버그, 스캇 벨스키에게도 인사한다. 특히 스캇은 우리가 처음 레드앤틀러를 시작한 계기를 마련해주었고, 레드앤틀러의 걸음걸음마다 도움을 아끼지 않은데 깊이 감사한다.

레드앤틀러 말이 나온 김에, 이 놀라운 팀 없이는 이 책도 존재하지 않을 것이다. 내가 브랜드 만들기라는 주제를 놓고 한마디라도 할 수 있는 건 모두 여러분 덕분이며, 나는 매일 여러분에게 새로운 걸 배우고 있다. 특히 라파엘라 산체즈와 니콜 오티즈는 내가 글 쓸 시간을 만들어주고 맹렬히 지켜주어서. 조나 페이-허비츠는, 너무나 많이 가르쳐주고 일을 너무나 재미있게 해주어 고맙다. 지치지 않고 늘 최고의 고객 파트너를 데려와 주는 블레이크 리온, 내 최애 남부 신사들 보 브라운과 헤인즈 데이빗, 우리 회사가 성장하고 번창하게 노력해주어서 감사한다. 일은 이렇게 하는 거라는 모범을 보여주는 해나 린지와 줄리아 페이지도 빼놓을 수 없다. 애다 매이어와 제나 나빗스키는 항상 영감이 되는 창의력을 발휘한다. 그리고 표지에 대한 조언도 고마웠다! 우리가 하는 일이 돋보이도록 홍보해주고 이 책의 성공에 핵심 역할을 한 켈시 로워가 아니었다면 지금도 모두 헤매고 있었을 것이다. 마르니 클라인펠드-헤이즈는 초기 원고를 읽고 정곡을 찌르는 피드백을 주었다. 팩토리PR Factory PR CEO이자 명예 레드앤틀러인 마크 실버에게, 항상 쿨해서, 또 그 쿨함을 나눠주어서 감사한다. 레드앤틀러의 최고 후원자이자 고마운 친구 코빈 데이, 우리가 성공할 수 있도록 이루 다 헤아릴 수 없이 많이 도와주셔서 고맙다.

마지막으로 내 공동창업자 제이비 오즈본과 사이먼 엔드레즈에게, 슈퍼-울트라-메가톤급 요란 벅적한 감사인사를 날린다! 두 사람은 최고의 파트너이자 친구들이다. 스프링 거리의 제이비네 집 앞에 갔던 그 날부터 '아로마'에 앉아 작당 모의를 한 뒤 오늘까지. 우리 엄마의 조언을 듣고 훌륭한 너를 따라나서 '내 마차를 네 별에 묶어(hitched my wagon to your star, 미국 사상가 랄프 왈도 에머슨의 hitch your wagon to a star 인용함. 마차를 기둥이 아닌 별에 묶어 훌륭한 사람과 어울리고 올바른 목표를 잡아 성공하라는 뜻—옮긴이)' 얼마나 다행인지. 영원히 고마워.

친구와 가족의 도움이 없었다면 책을 쓰기는커녕 아무것도 이룰 수 없었을 것이다. '우린 드디어 해냈어!' 벤 크리스텐, 알리 윈터, 레이첼 페이어먼! 난 너희 없이는 못 했을 거야. 이 책을 쓴다고 이야기한 순간부터 앞뒤 가리지 않고 응원해 준 에밀리 월러쉬 고마워. 이 모든 과정에서 지혜와 조언을 나눠준 에밀리 그리핀 고마워. 전략과 멘토링과 신발에 대해 내가 아는 모든 걸 가르쳐 준 내 밑천 쿨 커프먼에게 고맙다. 골 때리고 우악스러운 패거리 '앉아서 스틸러스'들, 선동가 티파니 그라프와 간식 담당 코리 생클러, 그리고 볼륨 담당 나딘 니코지아! 지난 한 해, 그리고 언제나 도움과 응원을 아끼지 않은 레이젤 마이민, 알리싸 버신, 앨릭스 마슨, 존 로버츠, 엘리즈 스타인버그 고맙습니다. 나노 위든, 네 모습 그대로여서, 항상 힘이 되어줘서 고마워. 우리 튼실이 아가씨 스프라우티도 고마워. 달라스 데자르딘 고마워요. 창의적이고 재미있고 재기 넘치는 내 가족 전부, 이루 다 젤 수 없을 만큼 고맙습니다. 할머니와 할아버지, 엘렌과 키키, 또 로라와 조엘, 시에라와 아이작도, 칼리와 리지, 헨리도, 워싱턴 DC 헤이워드 일가, 토니와 머나, 애런, 조슬린과 니코와 히로, 그리고 무엇보다 새라와 데이빗, 엄마, 아빠, 조건 없는 사랑과 응원 고맙습니다.

내가 늘 밝고 행복할 수 있도록 힘을 주는 제이크, 고마워. 그리고 무엇보다도 제스에게, 하나부터 열까지 모두 고마워. 당신은 내 가장 친한 친구이자 모든 일에 함께하는 짝, 그리고 평생의 사랑이야.

옮긴이 정수영

디자인과 공학을 공부한 뒤 기업에서 제품과 브랜드를 소비자와 이어주는 디자인 전략 업무를 했다. 글밥아카데미 수료 후 현재 바른번역 소속 번역가로 활동하고 있다. 옮긴 책으로 〈핑크북〉, 〈경험의 함정〉 등이 있다.

미치게 만드는 브랜드

초판 1쇄 발행일 2021년 8월 17일
초판 3쇄 발행일 2021년 11월 30일

지은이 에밀리 헤이워드
옮긴이 정수영

발행인 박헌용, 윤호권
편집 신수엽 **디자인** 박지은
발행처 ㈜시공사 **주소** 서울시 성동구 상원1길 22, 6-8층(우편번호 04779)
대표전화 02-3486-6877 **팩스(주문)** 02-585-1755
홈페이지 www.sigongsa.com / www.sigongjunior.com

ISBN 979-11-6579-672-3 03320

*시공사는 시간을 넘는 무한한 콘텐츠 세상을 만듭니다.
*시공사는 더 나은 내일을 함께 만들 여러분의 소중한 의견을 기다립니다.
*알키는 ㈜시공사의 브랜드입니다.
*잘못 만들어진 책은 구입하신 곳에서 바꾸어 드립니다.